# भारतीय भाषाएं और
# हिन्दी अनुवाद समस्या-समाधान

# भारतीय भाषाएँ और हिन्दी अनुवाद समस्याएँ-समाधान

सम्पादक

डॉ. कैलाशचन्द्र भाटिया

वाणी प्रकाशन

**वाणी प्रकाशन**

*4695, 21-ए, दरियागंज, नयी दिल्ली 110 002*

फ़ोन : +91 11 23273167 फ़ैक्स : +91 11 23275710

**शाखाएँ**

*अशोक राजपथ, पटना 800 004, बिहार*

*कॉफ़ी हाउस कैम्पस, महात्मा गांधी मार्ग, इलाहाबाद 211 001, उत्तर प्रदेश*

*महात्मा गांधी अन्तरराष्ट्रीय हिन्दी विश्वविद्यालय, वर्धा 442 001, महाराष्ट्र*

www.vaniprakashan.in
marketing@vaniprakashan.in
sales@vaniprakashan.in

BHARTIYA BHASHAYEN AUR HINDI ANUVAD
SAMASYAYEN-SAMADHAN
*Edited by* Dr. Kailashchandra Bhatia

ISBN : 978-93-5000-991-8
Linguistics



संस्करण 1996, 2004
संस्करण 2019

मूल्य : ₹ 395



*एम.एस. प्रिंटर्स, दिल्ली-110 095 में मुद्रित*

*वाणी प्रकाशन का लोगो मक़बूल फ़िदा हुसेन की कूची से*

# अपनी बात

'अनुवाद' अत्यन्त महत्त्वपूर्ण भाषायी प्रक्रिया है जिसके मूल में एक भाषिक संरचना/अभिव्यक्ति का दूसरी भाषिक संरचना/अभिव्यक्ति में रूपान्तरण है। 'अनुवाद' का शाब्दिक अर्थ है—किसी के बाद कहना, किसी कथन के पीछे अनुवर्ती कथन, पुन:कथन अथवा पुनरुक्ति। जिस सीमित अर्थ में आज 'अनुवाद' का प्रयोग किया जाता है वह प्राचीन नहीं है। वस्तुत: पहले जो व्याख्या रूप में पुन:कथन की प्रक्रिया थी, वही अनुवाद था जो प्राय: उसी भाषा में किया जाता था। पर आज तो उन विचारों को भिन्न भाषा में अभिव्यक्त करना या रूपान्तरित करना अनुवाद है। एक भाषा में कही गई बात को या बातों को दूसरी भाषा में ज्यों-का-त्यों कहना या बतलाना ही अनुवाद है। अनुवाद का विस्तृत शास्त्रीय विवेचन इस लेखक ने अपनी 'अनुवाद कला : सिद्धांत और प्रयोग' पुस्तक में किया है।

भारत की सभी भाषाओं के साहित्यिक एवं अन्य ग्रन्थों के अनुवादों द्वारा राष्ट्रीय एकता को सुदृढ़ आधार दिया जा रहा है। इस राष्ट्रीय महत्त्व के कार्य में अनेक द्विभाषी/बहुभाषी विद्वान जुटे हुए हैं। अनुवाद के माध्यम से आदान-प्रदान की प्रक्रिया में एक-दूसरी भाषा से शब्द लेने में संकोच नहीं किया जाता। इस प्रक्रिया से एक ओर जहाँ हिन्दी भाषा का अखिल भारतीय रूप निखर रहा है वहाँ साहित्य भी समृद्ध हो रहा है। इस प्रकार अनुवाद भावात्मक एकता की दिशा में सेतु का कार्य करता है।

उपर्युक्त परिप्रेक्ष्य में 'भारतीय भाषाएँ और हिन्दी अनुवाद : समस्याएँ-समाधान' इस पुस्तक का महत्त्व स्वयं प्रतिपादित हो जाता है। इस पुस्तक में भारतीय संविधान की अष्टम अनुसूची में समादृत पन्द्रह भाषाओं—असमिया, बंगला, उड़िया, गुजराती, मराठी, तेलुगु, कन्नड़, मलयालम, तमिल, सिंधी, पंजाबी, कश्मीरी, संस्कृत, उर्दू तथा हिन्दी—को तो लिया ही गया है, साथ ही कुछ अन्य राज्य भाषाओं के रूप में स्वीकृत चार भाषाओं—मणिपुरी, नेपाली, डोगरी, कोंकणी को पहली बार लिया गया है जो अष्टम अनुसूची में सम्मिलित होने के लिए आतुर हैं। इस माह में ही प्रसारित सूचना के अनुसार संसद के अगले अधिवेशन में 'मणिपुरी' को सम्मिलित करने के लिए संविधान संशोधन बिल प्रस्तुत किया जाएगा। इधर गोवा में मन्त्रि-मण्डल ने 'कोंकणी' को सम्मिलित करने के लिए सर्वसम्मति से प्रस्ताव पारित कर केन्द्र सरकार को भेज दिया है। 'नेपाली' के लिए पहले से ही प्रयास चल रहा है। जम्मू-कश्मीर राज्य में उर्दू-कश्मीरी के साथ डोगरी को भी मान्यता प्राप्त है। इस प्रकार पहली बार एक साथ हिन्दी और अठारह भारतीय भाषाओं की समस्याओं को उठाया गया है। समस्याओं की संक्षिप्त, उदाहरण सहित सरल शैली में प्रस्तुत किया गया है। सभी लेखक अपने-अपने क्षेत्र के मान्य विद्वान हैं। 'उर्दू' को प्रायः छोड़ दिया जाता है क्योंकि भाषिक संरचना की दृष्टि से हिन्दी-उर्दू एक हैं (डॉ० अशोक केलकर ने इसको 'हिर्दू' की संज्ञा दी है)। मात्र लिप्यंतरण की समस्या है। हिन्दी एक विशाल भू-भाग की भाषा है जिसको संविधान में राजभाषा के रूप में मान्यता दी गई है। हिन्दी में अनेक जनपदीय बोलियाँ हैं जिनसे उनके मानक रूप को निरन्तर समृद्धि प्राप्त होती रहती है।

प्रयत्न यह किया गया है कि आलेख मूलतः हिन्दी में लिखा जाए चाहे लेखक हिन्दी से इतर भारतीय भाषाओं के हों। कुछ आलेख इतर भारतीय भाषा में लिखे गये जिनका अनुवाद करवाया गया पर बाद में लेखक महोदय ने स्वयं अनुवाद प्रस्तुत कर दिया जैसे गुजरात राज्य में गुजराती के नियामक (निदेशक) श्री कालिदास त्रिवेदी का आलेख। बाद में दोनों आलेखों का तुलनात्मक अध्ययन भी किया। अनुवादित रूप में आलेख ठीक होते हुए भी यहाँ गुजराती के उस हिन्दी रूप को दिया जा रहा है जो लेखक ने ही प्रस्तुत किया। 'संचालक तन्त्र' तथा 'संचालकीय' को क्रमशः 'प्रशासन' तथा 'प्रशासकीय' रूप देना लेखक ने उचित समझा। गुजराती के मूल शब्द 'पाड' को ईश्वर की कृपा अथवा प्रभु की कृपा कहना सार्थक है। वस्तुतः यह 'पाड' ही 'पाद' (प्रसाद) है। जब हिन्दीतर भाषाभाषी मूलतः हिन्दी

में लिखता है तो उसकी मातृभाषा का प्रभाव स्वभावतः हिन्दी की संरचना में दिखाई देने लगता है और यही प्रवृत्ति हिन्दी के अखिल भारतीय स्वरूप की ओर बढ़ती दिखाई दे रही है। कुछ भाषाओं—डोगरी, कोंकणी, मणिपुरी, नेपाली—से सम्बन्धित सामग्री हिन्दी में पहली बार प्रकाश में आ रही है। कुछ भाषाओं के लेखक ऐसे हैं जिन्होंने अपने आलेख की दिशा में विस्तार से लिखा है, जैसे, मलयालम के अधिकारी विद्वान डॉ० विश्वनाथ अय्यर की कई कृतियाँ आई हैं जिनमें उल्लेखनीय है 'अनुवाद-भाषाएँ : समस्याएँ' (1986 ई०)। वैसे मेरे प्रिय शिष्य डॉ० जी० गोपीनाथन ने भी 'हिन्दी और मलयालम' के पारस्परिक अनुवाद की भाषिक समस्याओं पर पर्याप्त लिखा है। कुछ आलेख जो पूर्व प्रकाशित हैं, उन्हें लेखक ने स्वयं अद्यतन कर संशोधित किया है। इस दृष्टि से 'तमिल' पर लिखी गई पूर्व सामग्री श्री र० शौरिराजन के द्वारा ही संशोधित की गई। कुछ भाषाओं से वह सामग्री नहीं आ सकी जो आनी थी क्योंकि देश की राजनीतिक स्थिति आड़े आ गई।

ऐसा नहीं है कि अनूदित सामग्री हमेशा मूल से खराब हो, अस्वाभाविक हो। बढ़िया अनुवाद हमेशा सराहा जाता है जो मातृभाषी ने किया हो चाहे इतर भाषाभाषी ने। यह माना गया है कि सफल अनुवादक को मूल भाषा का अच्छा ज्ञान होता है तथा लक्ष्य भाषा पर अधिकार। अतः यह सर्वथा उचित ही है कि अनुवादक की स्वभाषा अनुवाद की लक्ष्य भाषा हो। अनुवादक स्वभाषा में अनुवाद करें। अच्छे अनुवाद की सराहना मूल लेखक भी करता है। डॉ० महेन्द्रनाथ दूबे ने शीलभद्र जी की 'अपराजेय' कृति को अनुवादित किया है (ज्ञानपीठ, दिल्ली, 1990) जिस पर मूललेखक की प्रतिक्रिया इस प्रकार हुई—

> "आप द्वारा किया गया अनुवाद सचमुच ही सर्वोत्तम है। जगन्नाथ डाक्टर के संवाद तो इतने स्वाभाविक बन पड़े हैं कि मैंने स्वयं उनका एक नये रूप में आस्वाद लिया। आपके द्वारा यत्र-तत्र अपनी ओर से जोड़े गये कुछ शब्दों ने तो कहानी के सौन्दर्य को चार चाँद लगा दिये हैं। आपका अनुवाद इतना सुन्दर है कि यह अनुवाद जैसा न लगकर बिल्कुल सहज स्वाभाविक मौलिक लगता है। हिन्दी की मौलिक कहानी जैसा।"

शीलभद्र (रेवती मोहनदत्त चौधरी)

मूल लेखक के द्वारा प्रकट किये गये ये उद्‌गार अनुवाद की साख को बढ़ाते हैं।

जैसा कहा जा चुका है अनुवाद का सम्बन्ध हमेशा दो भाषाओं—स्रोत भाषा तथा लक्ष्य भाषा से होता है जिनका अच्छा ज्ञान आवश्यक है अन्यथा पग-पग पर अर्थ का अनर्थ होने की सम्भावना है। इस सम्बन्ध में हिन्दी तथा भारतीय भाषाओं के सन्दर्भ में डॉ० सुरेश कुमार के विचार उपयोगी है, "अहिन्दी-भाषी का मूल भाषा का (जो उसकी स्वभाषा होगी) बोधन बेहतर होगा तो हिन्दी-भाषी की हिन्दी में अभिव्यक्ति अच्छी होगी। अनुवाद (अनुवादित पाठ) क्योंकि अभिव्यक्ति-पर्यवसायी लक्ष्य हैं, इसलिए उसे प्राथमिकता देना आवश्यक है। बोधन में हम दूसरे व्यक्ति या कोश आदि उपकरण से भी सहायता ले सकते हैं, परन्तु अभिव्यक्ति में हमें अपनी कल्पनाशीलता तथा भाषादक्षता पर ही प्रायः सर्वांश में निर्भर रहना होता है। इसलिए केवल अहिन्दी भाषी अनुवादकों की अपनी हिन्दी भाषादक्षता की न्यूनता (यदि वह वास्तविक है) को अनुवाद की समस्या के रूप में देखना भ्रामक होगा।"

बहुत कम ऐसे व्यक्ति/साहित्यकार हैं जिनका स्रोत भाषा तथा लक्ष्य भाषा में समान अधिकार है। डॉ० प्रभाकर माचवे मराठी भाषा-भाषी होते हुए भी लक्ष्य भाषा—हिन्दी के अधिकारी विद्वान रहे हैं। यही कारण है कि उनके द्वारा मराठी से हिन्दी में किये गये अनुवाद अधिक स्वाभाविक हैं। जिस भाषा की मूल प्रकृति की रक्षा वफ़ादारी से की जाएगी तो कुछ-न-कुछ उसका प्रभाव दूसरी भाषा पर ज़रूर पड़ेगा। तब ही तो गुजराती साहित्यकार म०प्र० देसाई ने कहा है, "एमनी भाषानी मूळ प्रकृतिना काठाने बफादार रहीने आपणी आंतरभाषा हिन्दी बनशे अने चालशे।"

'अनुवाद' के साथ ही लिप्यंतरण की समस्या जुड़ी हुई है। भारतीय भाषाओं की विशिष्ट ध्वनियों को नागरी लिपि में रूपान्तरित करने के लिए केन्द्रीय हिन्दी निदेशालय, नई दिल्ली के तत्त्वावधान में 'परिवर्धित देवनागरी' प्रकाशित है। अनेक संस्थाएँ देवनागरी को इस दिशा में सक्षम बनाने के लिए प्रयत्नशील रही हैं। बहुत पहले बंगाल में 'एकलिपि परिषद्' की स्थापना की गई और देवनागर पत्र निकाला गया। लखनऊ की संस्था भुवन वाणी ट्रस्ट ने इस दिशा में उल्लेखनीय कार्य किया है। लिप्यंतरण की समस्या भी प्रत्येक भारतीय भाषा में पृथक् है, कश्मीरी, सिंधी के सन्दर्भ में कष्टकर है। यही कारण है 'सिंधी' के आलेख में इस पर विस्तार से लिखा गया है।

सांस्कृतिक सन्दर्भों से भरपूर रचनाओं को अनूदित करना भी समस्या-प्रधान है। इस दिशा में अभी तक कोई विशेष उल्लेखनीय कार्य नहीं हुआ है जिससे एकरूपता बनी रहे। गतवर्ष भारतीय अनुवाद परिषद्, नई दिल्ली ने इस विषय पर संगोष्ठी का आयोजन किया था। आवश्यकता है, नागरी लिपि में भारतीय नगरों के नाम, सुप्रसिद्ध व्यक्तियों के नाम, सुप्रसिद्ध रचनाओं के नाम प्रकाशित किए जाएँ। नागरी लिपि परिषद् तथा अनुवाद परिषद् जैसी संस्थाएँ मिलकर इस विशाल कार्य को कर सकती हैं।

आधुनिक भारतीय भाषाओं का व्यतिरेकी अध्ययन इस दिशा में उपयोगी सिद्ध होगा। कुछ भाषाओं का अध्ययन हो चुका है, कुछ प्रगति में हैं पर आवश्यकता इस बात की है कि इस समस्त अध्ययन को व्यवस्थित रूप में 'कम्प्यूटर' में डाल दिया जाए। अब वह समय आ गया है, हिन्दी की संस्थाओं तथा भारतीय भाषा संस्थान को मिलकर आगे बढ़ना होगा। मैंने लालबहादुर शास्त्री राष्ट्रीय प्रशासन अकादमी में रहते हुए हिन्दी तथा भारतीय भाषा विभाग में इस प्रकार के कई कार्य करवाये।

समस्त भारतीय भाषाएँ शब्दावली तथा अभिव्यक्ति के स्तर पर कहाँ तक समान हैं यह बात लगभग प्रत्येक आलेख में उद्‌घाटित की गई है। स्थान-स्थान पर समान शब्दावली तथा समान होते हुए भी भिन्नार्थी शब्दावली की चर्चा महत्त्वपूर्ण है। इस दिशा में हिन्दी तथा सभी भारतीय भाषाओं के सन्दर्भ में भारत सरकार द्वारा शब्द सूचियाँ प्रकाशित हुईं और बाद में केन्द्रीय हिन्दी संस्थान, आगरा तथा भारतीय भाषा संस्थान, मैसूर से भी प्रकाशित किये गये। कुछ विश्वविद्यालयों द्वारा शोधप्रबन्ध भी स्वीकृत किये गये। केन्द्रीय हिन्दी निदेशालय, नई दिल्ली से प्रकाशित 'तत्सम शब्द कोश' भी उल्लेखनीय प्रयास है। 'राजभाषा' सम्बन्धी शब्दावली में भी एकरूपता यहाँ द्रष्टव्य हैं—

| हिन्दी | निवेदन | नौकरशाही | निविदा | आदेश |
|---|---|---|---|---|
| पंजाबी | बेंनती, निवेदन | नौकरशाही | टंडर | हुकम |
| उर्दू | गुज़ारिश, अर्ज़ दरख़ास्त | नौकरशाही | टेंडर, पेशदाद | हुक्म |
| कश्मीरी | अहज | नौकरशाही | टेंडर | हुक्म |
| सिंधी | अर्ज़ु | नौकरशाही | टंडर | आर्डर |
| मराठी | कथन, निवेदन | नौकरशाही | निविदा, टेंडर | आज्ञा, नोटिस |

| | | | | |
|---|---|---|---|---|
| गुजराती | अरज, निवेदन | नोकरशाही, सरकारी नोकरोना | जाहेरखबर | हुक्म |
| बंगला | निवेदन | अमलातत्व | मुल्यवंदन पत्र | आदेश |
| असमिया | निवेदन | अमोला तांत्रिक | निविदा | आदेश |
| उड़िया | निवेदन | नौकरशाही | निविदा | आदेश |
| तेलुगु | निवेदन, मनवि | उद्योगतंत्रमु | टेंडर | उत्तरवु |
| तमिल | पणिदनुप्पुदल | अदिकारवर्गमु | अरिकिप्पु | आणै |
| मलयाळम | निवेदनम् | उद्योगस्य मेघा | टेंडर, दर्वास | ओर्डर |
| कन्नड़ | निवेदने | अधिकारीगल | टेंडर, नीडिक | आज्ञ |

इसी दिशा में विधि-शब्दावली पर विधायी आयोग ने महत्त्वपूर्ण कार्य किया है—

| हिन्दी | प्रवेश | न्याय | अधिनियम | संविदा |
|---|---|---|---|---|
| असमिया | प्रबेश | न्यायविचार | अधिनियम | संविदा |
| बंगला | प्रबेश | न्यायविचार | आइन | संविदा |
| गुजराती | प्रवेश | न्याय | अधिनियम | करार |
| कन्नड़ | प्रवेशकावकाश | न्याय | अधिनियम | करारु |
| मराठी | प्रवेश | न्याय | अधिनियम | संविदा |
| मलयाळम | प्रवेशम् | नीती | आकु | करार |
| उड़िया | प्रवेश | न्याय | अधिनियम | चुक्ति |
| पंजाबी | पहुँच | निआं | एक्ट | मुआयदा |
| संस्कृत | प्रवेशः | न्यायः | अधिनियमः | संविद् |
| तमिल | पोय्वरुगै | नीदि | सेय्चट्टम् | ओप्पुन्दम् |
| तेलुगु | प्रवेशमु | न्यायमु | चट्टमु | कांट्रक्टु |
| उर्दू | दाखला | इन्साफ़ | एक्ट | मुआहेदा |
| अंग्रेजी | Access | Just | Act | Contract |

स्पष्ट है कि तमिल को छोड़कर सभी भारतीय भाषाओं का मूलाधार संस्कृत भाषा है। उर्दू ही नहीं पंजाबी, कश्मीरी, सिंधी में अरबी-फ़ारसी की ओर झुकाव है।

इस प्रकार समस्याओं की अनेक दिशाएँ हैं जिनमें से कुछ ही यहाँ रेखांकित की गई हैं। मशीनी अनुवाद की ओर बढ़ने की दिशा में हमको पहले इनसे जूझना पड़ेगा और एक-एक को सुलझाना होगा।

अन्त में मैं उन सभी सहयोगियों का आभारी हूँ जिन्होंने व्यस्त रहते हुए भी इस योजना को मूर्त रूप देने के लिए अपने आलेख दिये। संपादन मात्र इतना ही किया गया है कि आलेख हिन्दी की प्रकृति के अनुकूल हों। पाठकों को यह बात ध्यान में रखनी चाहिए कि हिन्दीतर लेखकों द्वारा लिखे जाने पर उनकी मातृ-भाषा भी यत्र-तत्र झाँकती दिखाई देगी। अपने ये मित्र इतने निजी हैं कि उनके प्रति आभार प्रकट कर मित्रता को कम नहीं करना चाहता। वस्तुतः यह कृति तो उन सबका ही सामूहिक प्रयास है।

कैलाशचन्द्र भाटिया

हिन्दी-दिवस
14.9.1991

# अनुक्रम

## पूर्वांचल



## पश्चिमांचल



## उत्तरांचल

# पूर्वांचल

**असमिया**
**उड़िया**
**नेपाली**
**बंगला**
**मणिपुरी**

# असमिया

## डॉ० रमानाथ त्रिपाठी

उत्तर भारत की प्रमुख भाषाएँ आर्यकुल की हैं। इनकी वाक्य-रचना तथा शब्द-भण्डार प्रायः समान है, अतः इनके हिन्दी अनुवाद में कठिनाई कम होती है। गड़-बड़ तब होती है जब हम स्रोत भाषा की प्रकृति को हिन्दी की प्रकृति मान बैठते हैं।

पूर्वांचल की तीनों भाषाओं—असमिया, बंगला, उड़िया—की काव्य-रचना और शब्द-भण्डार में भी समता है। इनसे हिन्दी में अनुवाद करते समय प्रायः एक जैसी भूलें होती हैं।

दर्पण किसी का भी बिम्ब ज्यों-का-त्यों प्रस्तुत कर देता है। अनुवादक को भी दर्पण का कार्य करना चाहिए किन्तु दर्पण में चिन्तन शक्ति नहीं होती तथा उसके बिम्ब और शब्दबिम्ब में अन्तर होता है अर्थात् शब्द को यथावत रूपान्तरित नहीं किया जा सकता है। उसमें अन्तःछवि होती है। जिसे अनुवादक अपनी पटुता के बल पर लक्ष्य भाषा की प्रकृति के अनुसार व्यक्त कर देता है। उद्देश्य यह रहना चाहिए कि स्रोत भाषा के रूप और कथ्य को यथासम्भव अविकृत रूप में प्रस्तुत किया जाए।

'मृणालिनीर मुख विवर्ण हल।' का दर्पणवत् अनुवाद होगा। 'मृणालिनी का मुख विवर्ण हो गया।' किन्तु निम्न पंक्ति का दर्पणवत् अनुवाद अशुद्ध होगा : —

'नावत उठार समयत' (=नाव पर उठने के 'समय'में / पर) पूर्वांचलीय भाषाओं में उठा जाता है, जबकि हिन्दी में चढ़ा जाता है। 'समय' के साथ अधिकरण की विभक्ति अनावश्यक है। शुद्ध अनुवाद होगा—नाव पर चढ़ने के समय।

अन्य पूर्वांचलीय भाषाओं की तरह असमिया की क्रिया में भी लिंग-वचन का भेद नहीं होता। 'जाओ'[1] क्रिया के चार अर्थ होंगे :—

---

1. इस बात को ही श्री तरणिकांत रामा ने इस प्रकार स्पष्ट किया :

| | |
|---|---|
| ध्रुव लिखता है। | ध्रुबइ लिखे। |
| गुप्ता जी लिखते हैं। | गुप्ताई लिखे। |

1. (मैं) जाता हूँ।
2. (मैं) जाती हूँ।
3. (हम) जाते हैं।
4. (हम) जाती हैं।

इससे विशेष असुविधा तो नहीं होती, किन्तु कभी-कभी भ्रम हो जाता है। असमिया उपन्यास 'नीलकण्ठी ब्रज' पढ़ते समय मैं 'ए गराकी' को एक स्त्री समझ गया, जबकि यहाँ यह शब्द पुरुषवाचक है। यह शब्द स्त्री-पुरुष दोनों के लिए ही प्रयुक्त हो सकता है।

असमिया में अंग्रेजी से शी (she) की तरह सर्वनाम है 'ताइ'[1] इसका ठीक हिन्दी पर्याय नहीं दिया जा सकता। बंगला और उड़िया की अपेक्षा असमिया का उच्चारण कुछ जटिल है। असम पर दीर्घकाल तक आहोम राजाओं का अधिकार रहा। मंगोलवंशीय इन राजाओं का पूर्ण आर्यीकरण हो गया था। ये लोग ऊष्म ध्वनियों—श, ष, स और त वर्ग का उच्चारण नहीं कर पाते थे अतः इन्होंने आदेश दिये थे कि प्रजा जन भी इन्हीं की तरह बोलें। आज भी असमिया लोग अंग्रेजी के फ़ादर (father) को 'फाडर' कहते हैं। असमिया उच्चारण के अनुसार दीपचन्द को 'दीपसण्ड' और सीता को 'खीटा' कहेंगे। कठिनाई तब होती है जब ये लोग असमिया से भिन्न भाषा के शब्द का प्रयोग करते हैं। 'नीलकण्ठी ब्रज' में प्रयुक्त 'लत्थार मेला' का शुद्ध हिन्दी रूप मैंने लेखिका से पूछा तो उन्होंने 'लट्ठा का मेला' बतलाया। 'त्थ' और 'ट्ठ' दोनों 'ट्ठ' ही पढ़े जाएँगे। समझ में नहीं आया कि ब्रज[2] में 'लत्था' का मेल होता है या 'लट्ठा' का।

श-ष-स का उच्चारण 'ख' या 'ह' जैसा होता है। जब असमिया व्यक्ति इनका उच्चारण सही रूप में करना चाहता है तो लिखता है 'च' या 'छ' क्योंकि इनका उच्चारण स है:

चिरि—सीढ़ी
बेछि—बेशी
चानाइ—शहनाई
चिढीबाछ चार्भिछ—सिटी बस सर्विस

---

1. डा० महेन्द्र नाथ दुबे ने अपने आलेख 'हिन्दी और असमिया के सर्वनाम' में इस समस्या पर लिखा है:
संस्कृत अंग्रेजी की भांति असमिया अन्य पुरुष एक वचन में सः, स, य, He, She की तरह पुल्लिग 'सी' के स्थान पर स्त्रीलिंग ताइ का प्रयोग होता है। (संपादक)
2. वृन्दावन के रंग जी के मन्दिर में 'लट्ठे का मेला' होता है। (संपादक)

शब्दों की यह वर्तनी हिन्दी-भाषी को ही नहीं असमिया-भाषी को भी भ्रमित कर देती है। एक असमिया लेखिका ने अपनी कृति का अनुवाद किसी अनाड़ी हिन्दी-भाषी व्यक्ति को बोल-बोलकर कराया। वाक्यांश इस प्रकार था :

चाह खाब एरि। उच्चारण 'साब खाबो एरि'।

अनुवाद किया गया—'बादशाही छोड़कर'।

असमिया लेखिका हिन्दी की प्रकृति और हिन्दीवाली असमिया की प्रकृति से अपरिचित थे, अतः दोनों इस अनुवाद से सन्तुष्ट हो गये। सही अनुवाद होगा—'चाय पीना छोड़कर'।

इन्हीं दोनों ने चिरि (सीढ़ी) का अनुवाद चिड़िया किया। 'आकाश गोमा' का 'आकाश गुमसुम था'। गोमा का अर्थ है बादलों से भरा हुआ—क्लाउडी।

पूर्वांचलीय भाषाओं में 'य' का उच्चारण शब्द के प्रारम्भ में सदैव 'ज' असमिया में 'ज़' होता है। लिखा जाएगा याब, पढ़ा जाएगा ज़ाबो। क्रिया शब्दों की वर्तनी नागरी में 'ज' की जा सकती है किन्तु यक्ष्मा और योजना को 'जक्ष्मा' और 'जोजना' कैसे लिखा जाए ! 'य' से आरम्भ होने वाले विदेशी शब्दों को इस प्रकार लिखा जाता है—इयोरूप (Europe)। श्री वीरेन्द्र कुमार भट्टाचार्य उच्चारण होना चाहिए है 'इयारुइंगम'। यह नगा भाषा का शब्द है और इसका के उपन्यास का शीर्षक 'यारुइंगम' बंगला में 'व' ध्वनि है ही नहीं। असमिया में अधिकांश 'व' बंगला की तरह 'ब' ही लिखे जाते हैं। इस भाषा में 'व' ध्वनि है किन्तु 'व' और 'ब' को लेकर अराजकता-सी है। संस्कृत की 'व' ध्वनि कभी स्वीकार होती है कभी नहीं। नियम कोई नहीं। कुछ उदाहरण प्रस्तुत हैं :

कविता, पवन, कबिराज (वैद्य), पवित्र।

अनुस्वार का उच्चारण भी हिन्दी जैसा न होकर 'इंग्' जैसा होता है—

रं—रंग।

शिलं—शिलौंग—शिलांग।

हिन्दी में लिप्यन्तर के समय 'अं' को उच्चारण के अनुसार लिखा जाना चाहिए। 'डाबर आरुबाइ' (बादल छँट गये) के हिन्दी अनुवाद में असमिया के 'इंराज' शब्द को ज्यों-का-त्यों ले लिया गया है। उच्चारण 'इंग्राज' है। हिन्दी में 'अंग्रेज' लिखा जाना चाहिए।

'नीलकण्ठी ब्रज' उपन्यास से रोचक वाक्यांश उद्धृत हैं :

भां चोदा खाइ

उच्चारण—भांग सोडा खाइ अर्थ—भांग सोडा पीकर।

यहाँ यह भी ध्यान देने योग्य है कि पीने के लिए भी खाना क्रिया का प्रयोग होता है। पेय पदार्थों के अतिरिक्त सिगरेट-बीड़ी भी खायी जाती है किन्तु 'चुम्बन खाओ' का अनुवाद 'चुम्बन पीता/खाता हूँ' न होकर 'चुम्बन लेता हूँ' होना चाहिए।

लिप्यन्तर के समय असमिया शब्दों को ज्यों-का-त्यों लिखा जाना चाहिए—अं के कुछ प्रयोगों को छोड़कर इतर भाषा के शब्दों को असमिया वर्तनी के अनुसार नहीं अपनी वर्तनी अथवा प्रकृति के अनुसार लिखा जाना चाहिए। 'चीनाबर सोत' (चिनाब का स्रोत) उपन्यास में एक हिन्दी गीत इस प्रकार लिखा गया है--

लागादो हाठ पर मेहेण्डी।

इसी लेखिका (मामनि गोस्वामी) के साहित्य अकादमी द्वारा पुरस्कृत उपन्यास 'मामरे धरा तरोवाल' (जंग लगी तलवार) में मजदूर नारा लगाते हैं—

जो हामसे तकरायेंगा चूड़चूड़ हो जाएगा। (पृ० 49)

पूर्वांचलीय लोग हिन्दी के कथोपकथन एवं उद्धरणों को प्राय: विकृत कर देते हैं। यहाँ तक कि रवीन्द्र, शरत् आदि भी इस दोष से मुक्त नहीं हैं।

असमिया में प्रयुक्त कई शब्द हिन्दी में प्रयुक्त शब्दों से भिन्न अर्थ रखते हैं।

परिवार—पत्नी, घरवाली।

तेज—रक्त

क्षीर (खीर)—दूध

उन्मादना—उत्तेजना

(तेज प्रवाहव एने एक उन्मादना) (रक्त प्रवाह में एक ऐसी उत्तेजना)

कुछ शब्द संज्ञा भी हैं जो विशेषण के रूप में प्रयुक्त होते हैं।

परिष्कार पथ—स्वच्छ पथ

अन्धकार रात्रि—अंधेरी रात

कुछ और भी शब्दों से हिन्दी भाषी भ्रमित हो सकते हैं : कणा मालिनी—अन्धी मालिन (कानी नहीं)

'शुइ' का अर्थ 'सोकर' नहीं, 'लेटकर'।

सकल बहुवचन की विभक्ति है। 'पण्डित' सकल को इसी रूप में न लिखकर 'पण्डितों' या 'पण्डित लोग' लिखना चाहिए।

असमिया की वाक्य रचना कई बार हिन्दी की प्रकृति के अनुकूल नहीं होती। अनुवाद के समय हिन्दी की प्रकृति और मुहावरे का ध्यान रखना चाहिए। नीचे 'नीलकण्ठी ब्रज' उपन्यास के वाक्यों के साथ कोष्ठक में शाब्दिक अनुवाद और तत्पश्चात् सही अनुवाद दिया जा रहा है :

1. कि ये बीभत्स आछिल सेइखन छबि (क्या जो वीभत्स था वह चित्र) कैसा —वीभत्स था वह चित्र।
2. भय खाइ (भय खाकर)—डर कर।
3. मने-मने थाका (मन मन में रहो)—चुप रहो।
4. शैशवर कथा मनत परिलताइर (शैशव की बात मन में पडी उसकी)—उसे शैशव की बात याद आयी।

5. मयूरजनीक अत्यन्त कुत्सित देखा गल (मयूरी को अत्यन्त कुत्सिव देखा गया)—मयूरी अत्यन्त कुत्सित दिखायी दी।
6. धवल कुष्ठ रोगत आक्रांत (धवल कुष्ठ रोग में पर / आक्रांत)—सफेद कोढ़ से पीड़ित।

श्री योगेश दास के उपन्यास 'डाबर आरु नाइ' (बादल और नहीं) का अनुवाद 'बादल छँट गये' शीर्षक से श्री नवारुण वर्मा ने किया है। अनुवाद के कुछ वाक्य शुद्ध करके प्रस्तुत किये जा रहे हैं—

1. शहर को उन्माद कर डाला (पृ० 9)। (शहर को उन्मत्त कर दिया / पागल बना दिया।)
2. स्कूल में गया (पृ० 37) (स्कूल गया।)
3. दुर्योधन ने उसी समय घर से निकालकर चौकीदार से मिलकर बता दिया कि (पृ० 54) (दुर्योधन ने उसी समय घर से निकलकर और चौकीदार से मिलकर बता दिया कि)
4. मेरे प्राण कभी-कभी बड़े रो पड़ते हैं (पृ० 65) (कभी-कभी मेरा मन बहुत रो उठता है।)
5. बेचारा अपमानित पति मन के क्षोभ के मारे काफी देर तक नींद से जूझकर वह शायद सो पड़ा था। (पृ० 75) (बेचारा अपमानित पति मन के क्षोभ के कारण काफी देर तक नींद से जूझकर शायद सो गया था।)

पूर्वांचलीय भाषाओं की प्रकृति को हिन्दी के अनुकूल न ढल सकने के कारण प्रायः इसी प्रकार की भूलें हुआ करती हैं।

कुछ उपमाएँ प्रदेश विशेष की धरती की होती हैं। रामायण में कैकयी को 'सोनगुइं' कहा गया है, इस शब्द का हिन्दी पर्याय 'विषएवापर' या 'विषखोपरा' है जो अधिक प्रचलित नहीं है, नागिन का प्रयोग किया जा सकता है।

इसी रामायण में अष्टमीर छाग (अष्टमी का बकरा) का भी बहुत प्रयोग है। असम पर कामाख्या की उपासना का प्रभाव रहा है बकरों की बलि तो अभी तक प्रचलित है। अनुवाद होना चाहिए—बलि का बकरा

'नीलकण्ठी ब्रज' में एक प्रयोग है—तैंमुरा-जैसी बात करना। जब व्यक्ति बहुत बूढ़ा हो जाता है उसका सिर दोनों घुटनों से लग जाता है या वह दोनों घुटनों पर सिर रख कर बैठता है। तैंमुरा का अर्थ हुआ—तीन सिर वाला, ज्ञानी वृद्ध। 'तैंमुरा जैसी बात करना' का हिन्दी अनुवाद होगा—पुरखे या बुजुर्ग जैसी बात करना।

# उड़िया

## शंकरलाल पुरोहित

विश्वयुद्धों के बाद कोई देश अपनी लम्बाई-चौड़ाई मीलों या किलोमीटरों में नहीं नापता। घण्टे और मिनटों ने वह स्थान ले लिया है। अतः भाषिक व्यापकता भी सिमटकर घण्टों तक आ गयी है। इस प्रकार अपरिचितों के परस्पर बहुत पास-पास आ जाने का अहसास स्वयं को अचानक एक अनचाही परिस्थिति में घिरा हुआ मानने जैसा लगता है। भारत जैसे विस्तृत देश में स्वाधीनता के बाद यह बात और भी स्पष्टता के साथ उभरकर आयी है। असंख्य मंच—संसद से लेकर गाँव की पंचायत की चौपाल तक ऐसे अनेक मंच निर्मित हो गये जहाँ विविध भाषा-भाषी लोग आपस में विचार-विमर्श करते हैं और जीविका निर्वाह करते हैं। परस्पर समझने-बूझने, भावात्मक आदान-प्रदान और इस नयी परिस्थिति में अपने उपयोग के लिए भाषिक व्यवस्था में या तो सुधार हो या फिर नयी व्यवस्था का निर्माण हो। जो हो, हमारे संविधान के निर्माताओं ने हिन्दी को ध्यान में रखकर कुछ व्यवस्थायें बनायी थीं। परिस्थितियों और हमारी अपनी मानसिकता ने उन व्यवस्थाओं को पूरा नहीं होने दिया। क्षेत्रीयता और साम्प्रदायिकता के विभिन्न नारों ने राष्ट्रभाषा को तथा राष्ट्रीय एकता को नेपथ्य में डाल दिया। क्रमशः हमारे जीवन में बदलते नये मूल्य एवं नयी विचारधाराओं ने संस्कृत का महत्त्व घटा दिया। अंग्रेजी के प्रति वैसे ही राष्ट्रीयता के कारण एक उपेक्षा भाव बढ़ गया। इस प्रकार हिन्दी को, कोई चाहे या न चाहे, एक विशेष स्थान मिल गया है और जहाँ नहीं मिला वहाँ भी भविष्य में मिलेगा इसमें सन्देह का कोई कारण नहीं। हाँ, अपनी-अपनी मातृभाषा का दैनन्दिन जीवन या शिक्षा में स्थान पिछले तीस बरसों में न खास बढ़ा और न खास घटा। आज हम जिस मोड़ पर खड़े हैं तथा जो भाषायी समीकरण बन रहा है, उसमें हर राज्य की अपनी भाषा और हिन्दी—इन दो का ही आपसी व्यवहार पनपेगा। इतना ही नहीं, अब हमारी राष्ट्रीयता की समग्र अभिव्यक्ति क्रमशः हिन्दी के जरिये होगी। राष्ट्रीय मानस की क्षेत्रीय विशेषताओं का बोध हिन्दी के जरिये ही हो सकेगा। उसी प्रकार राज्यों में हमें जाना होगा—वोट से लेकर सामाजिक परिवर्तन तक—प्रत्येक की अपनी राज्यभाषा में। यह एक ऐसी सच्चाई है जो धीरे-धीरे, अनायास उधर कर आ रही है—बावजूद

अनेक बाधा-विघ्नों के। अतः भाषायी स्तर पर हिन्दी और राज्यों की भाषाओं के बीच सम्बन्ध विनिमय आज के युग की आवश्यकता है। इसकी इतनी तीव्र अनुभूति आज से पहले कभी नहीं रही। ऐसे में अनुवाद के सहारे भाषागत सम्बन्ध सुधारने की नितान्त आवश्यकता है।

उड़ीसा की भौगोलिक स्थिति विशिष्ट है। इसके दक्षिण में आर्येतर भाषा समुदाय शुरू होता है और उत्तर में आर्यभाषा संघ, पूरब में अनन्त तक फैला बंगोपसागर और पश्चिम में शुद्ध हिन्दी। खड़ी बोली का विशाल भूखण्ड। करीब-करीब जंक्शन पर अवस्थित होने के कारण उड़ीसा विविधताओं के सर्वाधिक संकुल क्षेत्रों में गिना जाता है। गंजाम, कोरापुट जिले तेलगू भाषी, कटक, पुरी, बालेश्वर जिले बँगला भाषी और सुन्दरगढ़, संबलपुर, बलांगीर तथा कालाहांड़ी हिन्दी भाषी क्षेत्रों से सटे हैं। अतः इनका आपसी मेलजोल इन्हीं भाषाओं से होता रहा है। इसके अलावा उड़ीसा का बहुत बड़ा भाग आदिवासी भाषाओं का आता है।

परन्तु आश्चर्य की बात तो यह है कि उड़ीसा की मूल प्रकृति का उड़ीसा की आदिवासी भाषाओं के साथ उतना मेलजोल नहीं है जितना हिन्दी के साथ है। सम्भवतः इसमें आदिवासी भाषा बोलने वालों का संकोची स्वभाव एव एकान्तप्रियता है जबकि हिन्दी क्षेत्रों और उड़िया भाषा-भाषियों के बीच सम्बन्ध कुछ अलग प्रकार के हैं।

इधर आवागमन, व्यवसाय, धर्म-दर्शन एवं सांस्कृतिक-साम्प्रदायिक विभिन्न क्षेत्रों में आदान-प्रदान चल रहा है। अतः आज हिन्दी एवं ओड़िया दोनों भाषाएँ एक-दूसरे से खूब परिचित हैं। इस परिचय के लिए मात्र संस्कृत की दुहाई देना उचित नहीं होगा। युगों से श्रीक्षेत्र और वृन्दावन की धुरियों में बसा आकर्षण भी महत्त्वपूर्ण माना जायेगा।

अतः अन्य किसी भी अनुवाद से उड़िया-हिन्दी अनुवाद की जरूरत अधिक है। उसी प्रकार इस क्षेत्र में अन्य सारे रूपान्तरों से कम समस्याएँ हैं और अन्य सारे द्विभाषी कार्यों से अधिक क्षेत्र है जहाँ बहुत कुछ आदमी कर सकता है।

अनुवाद में सबसे अधिक तो शब्दों या शब्दावली से सामना करना पड़ता है। चाहे साहित्यिक अनुवाद (कविता या कहानी, नाटक या उपन्यास) हों या गैर-साहित्यिक (जैसे वैज्ञानिक एवं तकनीकी विषय अथवा मानविकी विषयों पर ग्रन्थ) हों। शब्द के स्तर पर समानान्तर इकाई ढूंढ़ना प्रथम और मूलभूत समस्या होगी। उड़िया एवं हिन्दी में यह कोई विशेष बड़ी एवं गहन समस्या नहीं होगी। दोनों का मूल स्रोत संस्कृत तो है ही। इसके अलावा अंग्रेजी राजत्व के कारण अंग्रेजी शब्दावली को भी वर्तनी के अन्तर से समान रूप में अपनाया है। इससे भी पहले मुगल शासन को झेलने के कारण अरबी-फारसी के न केवल साशकीय शब्द वरन् सांस्कृतिक

जीवन से जुड़ी शब्दावली भी धीरे-धीरे घुलमिल गयी। इस प्रकार कुल मिलाकर 70% शब्दावली समस्रोतीय है और समानार्थी भी। उच्चारण एवं वर्तनीगत अन्तरों की बात को गौण मान लें तो दोनों की शब्दावली का 80% करीब-करीब एकसार होगा। अब बचे 20% भेद में अधिकांश तो स्थानीय वस्तुओं, पदार्थों आदि के नाम हैं, यथा उड़ीसा के दूर-सुदूर दूर तक फैले समुद्र की मछलियों के सैकड़ों नाम, विराट घने जंगल की वनस्पतियों एवं कुछ स्थानीय जन-जीवन एवं आदिवासी व्यवस्था से सम्बन्धी शब्द समूह आता है। अनुवाद के समय यह अंश ही सर्वाधिक कठिनाई प्रस्तुत करता है। ये शब्द यहाँ की माटी की उपज हैं। इनमें यहाँ की माटी की महक भरी होगी, यहाँ के वातावरण की ऊष्मा और यहाँ की संस्कृति के प्राणों का स्पन्दन होगा। इनको हिन्दी में ढालना एक बहुत बड़ी चुनौती होती है। खासकर जो रचना यहाँ के अपने अनूठे जन-जीवन की भित्ति/भूमि पर आधारित हो। गोपीनाथ महांती का 'परजा' उपन्यास इसी कारण अभी भी हिन्दी अनुवादक की पकड़ से बाहर की चीज है। परजा उड़ीसा की एक जनजाति है और इस उपन्यास के सैकड़ों शब्द उसके इर्द-गिर्द घूमते जीवन से आये हैं। उनके प्रति शब्द हिन्दी में पाना कठिन होगा। इस प्रकार की कठिनाई 'माटी मटाल' के अनुवाद के समय भी आयी थी। प्रकृति के विराट कैनवस में छुपे वैभव में उड़िया के विशिष्ट रंगों के समानान्तर रंग हिन्दी में बहुत जगह नहीं मिल पाये। फलस्वरूप उनके लिए बहुत नजदीक के मिलते-जुलते (मैचिंग कलर्स) रंगों का व्यवहार कर एक समान्तर फ्रेम बनाकर रखा गया। यहाँ मूल का हूबहू प्रतिरूप हिन्दी प्रतिबिम्ब जैसा कार्य तो सम्भव नहीं था, परन्तु अप्रॉक्सिमेशन का सहारा लेकर अनुवाद कार्य सम्पन्न हुआ। कई जगह मूल शब्दों को छोड़ देना पड़ता है। नये शब्द हिन्दी के शब्द समूह (रजिस्टर आफ वर्ड्स) से लेकर वहाँ अवस्थापित करने पड़ते हैं।

मुहावरे और कहावतें तो इस मामले में बहुत ही अड़चनें पैदा करती हैं। ये तो स्थानीय जीवन से और भी गहराई से जुड़ी होती हैं, जरा भी हटने का नाम नहीं लेंगी। इन्हें तो पूर्णतः छोड़ना ही पड़ेगा। सिर्फ भाव या दृष्टिकोण को लेकर हिन्दी में उस भाव पर आधारित कहावत या मुहावरा ढूंढ़ना पड़ता है और उसे ही स्थापित करना पड़ता है। यहाँ एक-दो उदाहरण देना समीचीन होगा: 'उठिला गछ पतरु जाणि।' शाब्दिक अर्थ है 'उगते पेड़ को पत्तों से पहचानें।' मगर इस कहावत को हिन्दी की कहावत—'पूत के पैर पालने में ही दिख जाते हैं।' के साथ तुलना कर देखें। लेकिन 'एका हाथ रे ताली बाजे नाँहि' (एक हाथ से ताली नहीं बजती) या 'ओंठ चाटिले सोस भरे नाँहि' (होंठ चाटे प्यास नहीं बुझती) किस्म के उदाहरण कई मिल जायेंगे। ऐतिहासिक तथ्यों की कठिनाई भी जैसे 'काँहि मुकुन्द-देव राजा, काँहि मुकुन्दा भण्डारि।' (कहाँ राजा मुकुन्द देव और कहाँ मुकुन्दा नाई) इसे हिन्दी में कहना चाहें तो कह लें—'कहाँ राजा भोज और कहाँ भोजवा

तेली।' अतः अनुवादक की व्यापक सांस्कृतिक जानकारी और समतुल्य संरचनाओं को खोज पाने की क्षमता का यहाँ बहुत महत्त्व है।

शब्दों और वाक्यांशों में आने वाली कठिनाइयों के बाद वाक्यों के स्तर पर एक और तरह की बात सामने आती है। यह है वाक्यों के गठन को लेकर। उड़िया में वाक्य-निर्माण का पैटर्न होता है—कर्त्ता और फिर क्रिया। परन्तु आजकल कुछ लोग बिल्कुल उलटा करते हैं। यह मानो उनकी शैली बन गयी है—कर्त्ता को वाक्य के अन्त में रखते हैं या क्रिया के बाद। अनुवाद के समय प्रश्न उठता है कि इस क्रम को रखा जाय या बदलकर हिन्दी में प्रचलित रूप में उतारा जाये? एक लम्बे वाक्य का छोटा-सा हिस्सा उद्धरण के तौर पर दिया जा सकता है—

"माघर खरा केमिति छुट्किना चालि जिबाकु बसिलाणि, आउ एइछुणुना चाहुँ चाहुँ संज चालि जिब घोसारि होइ होइ पहँरि पहँरि, आउ ता परे तो राति-चालि जिब शिरी पंचमीर रातिटा बि सेइठिक जेउठिक चालि जाआन्ति सबु राति सबु दिन…"

'माटी मटाल' का पहला वाक्य इससे भी आगे दस-बारह पंक्तियों तक विस्तृत है। करीब पूरा पैराग्राफ एक वाक्य है। हिन्दी में अनुवाद के समय इसे तीन पैराग्राफ में ही नहीं तोड़ा गया वरन् प्रत्येक वाक्य के कई छोटे-छोटे वाक्य बनाये गये। 'माघ की धूप कैसी चुपके से चली जाने को हुई। फिर देखते-देखते साँझ भी घसटती-सी तैरती हुई चली जायेगी। उसके बाद फिर रात चली जायेगी। यह श्री पंचमी की रात भी। वहीं जहाँ चले जाते हैं सब दिन, सारी रातें।" रेखांकित हिन्दी वाक्य में 'रात' वाक्यारम्भ में है और क्रिया बाद में। जबकि मूल रेखांकित उड़िया वाक्य का गठन इस प्रकार नहीं है। शान्तनु आचार्य के 'शताब्दीर नचिकेता' उपन्यास में तो आद्योपान्त कर्त्ता असंख्य बार वाक्य के अन्त में और मुख्य क्रिया प्रारम्भ में रखे गये हैं। कविता के विन्यास में परिवर्तन की बात उतना महत्त्व नहीं रखती। क्योंकि वहाँ लय अथवा अन्तर छन्द की दृष्टि से ऐसी बात अपेक्षित है। परन्तु गद्यकारों में अनुवाद के समय लेखक के उद्देश्य पर ध्यान देना पड़ेगा। अगर यों ही अनायास कोई क्रम व्यतिक्रमित हो गया है तो हिन्दी के वाक्य-विन्यास के अनुसार ढालने में हर्ज नहीं। परन्तु अगर ऐसा लगे कि रचनाकार सप्रयास ऐसे वाक्य-विन्यास का प्रयोग बार-बार कर रहा है जो सामान्यतः उड़िया में नहीं है तो उसको सम्मान देते हुए अनुवाद करते समय समायोजित करना उचित होगा। इसका यह अर्थ नहीं है कि अनुवादक शब्दों या वाक्यों का अनुवाद एक घोड़े की आँख पर दोनों ओर लगी पट्टी की तरह करता जायेगा। परन्तु मूल के शब्दों और वाक्यों को अपना मार्गदर्शक मानकर उनके अन्तर्निहित संकेतों को सम्मान देते हुए तो कार्य करना होगा। अतः इस सीमा में स्वतन्त्रता बरतने का पूरा अधिकार उसे होता है।

बहुधा यह बात जोर देकर कही जाती है कि व्यक्तिवाचक संज्ञा शब्दों का अनुवाद नहीं होता। उन्हें ज्यों का त्यों रखा जाये। लेकिन क्या यह सम्भव होगा ? हर भाषा का ध्वनि-विधान अपना-अपना अलग होता है, अतः वर्णों के उच्चारण में कम या अधिक विचलन किसी भी भाषा के लिए कोई नयी बात नहीं। उड़िया-हिन्दी दोनों की वर्णमाला बहुत पास-पास है और उच्चारणगत कन्फ्यूजन (Confusion) सहज ही हो जाता है। परन्तु दोनों भाषाओं के समवर्णों का उच्चारण समस्थानिक कभी नहीं होता। फिर व्यक्तिवाचक संज्ञाओं को भी अपनी भाषा में बदलने के बाद वर्तनी व उच्चारण-सम्बन्धी विशिष्टता के कारण वाग्यन्त्रके अन्तर को सुझाते हुए इसमें परिवर्तन कुछ हद तक कर लिया जाता है। इसमें किसी प्रकार के मूल्यों को जोड़ना उचित नहीं होगा। आखिर वह परिवर्तित शब्द (चाहे व्यक्तिवाचक संज्ञा ही क्यों न हो) अनूदित भाषा का एक शब्द है न कि कोई व्यक्ति अथवा स्थान अथवा पात्र। यह शब्द मूल उड़िया के शब्द के स्थान पर हिन्दी में बना है—हिन्दी भाषी वक्ता की प्रकृति को ध्यान में रखकर मामूली परिवर्तन के साथ। अतः हिन्दी के इस शब्द (विशेषतः व्यक्तिवाचक संज्ञा) को उड़िया शब्द मान का इसमें दिखते वर्तनी दोष पर दृष्टि डालना अनुवाद कार्य को जटिलता में बाँध देना होगा।

इसी प्रकार की कठिनाई तत्सम प्रवृत्ति के कारण आती है। संस्कृत के शब्दों का उड़िया में बहुत जगह आम बोलचाल में भी प्रयोग है, अतः धारा में उनका होना अटपटा नहीं लगता पर हिन्दी में वे शब्द अधिक 'भारी' होने के कारण धारा-प्रवाह के स्थान पर आलंकारिक लगेंगे। 'चीत्कार' की जगह 'चीख', 'अश्रु' की जगह 'आँसू', 'अनावृत' की जगह 'खुली', 'तुषार' की जगह 'बर्फ', 'पवन' की जगह 'हवा' शब्द को हिन्दी में प्रयोग में लाना अनुवादक के लिए अधिक उपयुक्त होगा। फिर कुछ शब्दों के अर्थ ही हिन्दी में बदल जाते हैं। जैसे 'कुलपति' शब्द के लिए हिन्दी में 'उपकुलपति' का प्रयोग तथा 'कुलाधिपति' शब्द के लिए हिन्दी में 'कुलपति' का प्रयोग होता है। इसी प्रकार उड़िया के 'अभिमान' शब्द का हिन्दी में 'मान करने' के समकक्ष प्रयोग होता है जबकि 'स्वर' शब्द उड़िया में बहुधा 'आवाज़' के लिए प्रयुक्त होता है। उड़िया में 'विक्षोभ' का प्रयोग प्रायः 'विरोध' प्रकट करने (हिन्दी में इसके लिए 'प्रदर्शन') और 'प्रदर्शन' का प्रयोग मात्र 'दिखाने' (Exhibit) के अर्थ में ही ज्यादा होता है।

यहाँ कुछ लोगों का यह दृष्टिकोण भी विचारणीय है कि समस्रोतीय भाषाओं में आपसी अनुवाद के समय बहुत कम अनुवाद होना चाहिये। कुछ तो अधिकतर लिप्यंतरण से काम चला लेते हैं। परन्तु यह स्थिति सहज नहीं है। पाठक इससे बहुत जल्दी ऊब सकता है। बीच-बीच में भाषा की अपनी गुत्थियाँ उसकी एकाग्रता भंग कर देती हैं। अतः अनुवाद में 'शार्ट कट' अपनाने से 'शार्ट सर्किट' जैसी दुर्घटना हो सकती है। अनुवाद करते समय मूल भाषा का आदर रहना जरूरी है,

मोह नहीं। लक्ष्य भाषा प्रधान हो जाती है। उसकी रुचि, परम्परा और प्रचलन का पूरा सम्मान करना होगा। इसके बिना लक्ष्य भाषा के पाठकों को वह अनुवाद आकर्षित नहीं कर सकेगा। अनुबादक जीवंत भाषा का एक जीवन्त वाहक बन जाये तो हर्ज क्या है? मृत भाषा की मशीन बनने से कोई लाभ नहीं होगा। इसी सन्दर्भ में भाषा के कुल ढांचे की बात स्मरण में आती है। अगर उड़िया का कोई ग्रामीण प्रयोग है—जैसा कि हीड़ माटी, भंगाहाड़ और घरडीह (नित्यानन्द महापात्र) की उपन्यास त्रयी में है। अब इसे हिन्दी रूपान्तर के समय खड़ी बोली या ठेठ हिन्दी (Chaste Hidi) का प्रयोग उपन्यास के प्रति न्याय नहीं होगा। अनुवादक राजस्थानी, भोजपुरी, बुंदेलखण्डी अथवा अवधी लोक भाषा के साथ अपने परिचय का भरपूर प्रयोग करे। तभी कथानक और पात्र, वातावरण और काल को सम्यक भान से हिन्दी में रूपान्तरित किया जा सकेगा। लेकिन आश्चर्य की बात है कि कई हिन्दी के विद्वान इस तरह के रूपान्तरण को हृदयंगम नहीं कर पाते और अनुवादक की क्षमता पर ही प्रश्नचिह्न लगाने बैठ जाते हैं। इससे तो वह अनुवाद कृत्रिम और जटिल हो जाता है।

इस प्रकार अनुवादक को शब्द-भण्डार में उपलब्ध उड़िया शब्दों के लोभ में बड़ी सावधानी से पड़ना चाहिए। हाँ, कुछ शब्दों के 'प्रेम' में पड़कर उन्हें ज्यों-का-त्यों रख सकता है बशर्ते कि उसे लगता हो कि यह शब्द हिन्दी की शब्दावली में जाना चाहिए। हो सकता है पहले कहीं प्रयोग होता रहा हो, और अब हम उसे करीब-करीब भूल गए हैं। उन्हें अप्रचलित कहकर बाहर ही रखना एक तरह की हठधर्मिता ही होगी। 'सुआग' शब्द का प्रयोग उड़िया में 'सोहाग' से आगे सौभाग्यवती के प्रेम सम्बन्धों को भी स्नेह के साथ समेट लेता है।

उड़ीसा का विस्तार गंजाम से बालेश्वर और कोरापुट से मयूरभंज तक है। उड़िया के विविध रूप साहित्यिक भाषा में अधिक स्थान नहीं पा सके। वरन् सारे प्रान्त में साहित्यिक भाषा के रूप में एक समान भाषा का विकास हुआ है। जबकि हिन्दी के सर्जनात्मक साहित्य में आंचलिक बोलियों की अपनी एक विशिष्ट भूमिका है। भोजपुरी, राजस्थानी, छत्तीसगढ़ी और गढ़वाली आदि विविध छोर हैं। उड़िया के सर्जनात्मक साहित्य में उपलब्ध इस ग्राम्य महक को कैसे उकेरेंगे? यहाँ भी अनुवादक का अपना ज्ञान काम आएगा। वह स्वयं भोजपुर, छत्तीसगढ़ या राजस्थान-हरियाणा-हिमाचल जिस क्षेत्र के सामान्य जन-जीवन से घुलामिला है, अपने विवेक के अनुसार उसी से प्रयोग करेगा। वही ग्राम्य शब्दावली या व्याकरणिक प्रयोग ध्यान में रखकर उसी प्रकार की आंचलिक भाषा समायोजित करते हुए एक सामग्रिक रचना का रूप बनाएगा। यहाँ अनुवादक को उस अंचल की भाषा में निमज्जित होते हुए अपना काम करना होगा।

यही सावधानी उड़िया में उपलब्ध संगीत-माधुर्य के लोभ में पड़ते समय भी

बरतनी पड़ेगी। बड़ी मोहक स्थिति होती है। परन्तु हिन्दी की प्रकृति, विशेषकर खड़ी बोली में उतना माधुर्य नहीं मिलेगा। अतः (काव्य में) वह माधुर्य नहीं आ पाएगा। अनुवादक इस लोभ में पड़ जाता है तो हिन्दी के लिए अपरिचित छन्द विधान और संगीतात्मकता का समावेश हो जायेगा जिनकी वजह से अनूदित सामग्री में वह प्रवाह, वह नैसर्गिकता नहीं लगेगी जो उड़िया में दिखाई देती है। यहाँ जरूरी हुआ तो तुकांत कविता को अतुकान्त और मुक्त छन्द में बदल अनूदित करना अधिक स्पृहणीय होगा।

उपर्युक्त चर्चा से यह नहीं ध्वनित होना चाहिए कि उड़िया के शब्द-भण्डार से चुनींदा शब्द लेकर हिन्दी के शब्द-भण्डार में वृद्धि न की जाय। वरन् यह काम सबसे अधिक सफलतापूर्वक अनुवादक ही कर सकता है। हिन्दी की शब्दावली में भारत की विभिन्न भाषाओं के शब्द न आए, न समाए और न स्वीकृत हुए तो हिन्दी का सर्वभारतीय रूप भला विकसित कैसे होगा? परन्तु यह काम है बहुत ही सावधानी का। हिन्दी के पाठक की रुचि उसके स्तर, ग्रहणीयता आदि का ख्याल रखते हुए ऐसे प्रयास करना उचित होगा। जिस प्रकार हिन्दी को कहीं जोर-जबरदस्ती लादना अनुचित होगा उसी प्रकार हिन्दी में भी अत्यधिक (Adventurist) होकर जबरदस्ती प्रयोगों को ठूँसना स्पृहणीय नहीं होगा।

यहाँ हमारे उद्देश्य को फिर एक बार स्मरण कर लेने से बात स्पष्ट हो जायेगी। अनुवाद के माध्यम से हिन्दी पाठक को उड़ीसा की कला, संस्कृति, इतिहास, साहित्य एवं जीवन से न केवल परिचित कराना है, वरन् उसमें हिन्दी पाठक की रुचि पैदा करनी है। यहाँ हम दफ्तरी अनुवादों या वैज्ञानिक अथवा तकनीकी अनुवादों को छोड़ रहे हैं। आज की खण्ड-विखण्डित होती जा रही, सिमटी-सिकुड़ती राष्ट्रीयता एवं प्रान्तीयता के वातावरण में साहित्यिक अनुवाद की पहले से अधिक आवश्यकता है। साहित्य ही तो आत्मा की भाषा है और उसका अनुवाद आत्मा की हर भाषा में सम्भव है, वह हर आत्मा को पास लाने का काम करेगा। अतः उड़िया से हिन्दी में अनुवाद इस प्रकार के मजबूत सेतु-निर्माण को ध्यान में रखकर किया जाना जरूरी है।

मगर यह एक विस्मयकर बात है कि ऐसा कोई संगठित प्रयास दिखाई नहीं पड़ता जो अनुवाद-कार्य को गम्भीरतापूर्वक स्वीकार करता हो। हाँ भारतीय भाषा परिषद् ने पिछले कुछ समय से आवाज उठानी शुरू की है। इसके अलावा भला उड़िया साहित्य के हिन्दी में प्रकाशन का महत्त्व कौन कितना अनुभव करता है? प्रकाशकों के अपने व्यावसायिक हित हैं, अर्धसरकारी या सरकारी संस्थाओं के अपने व्यवस्था-सम्बन्धी बन्धन हैं और अपनी नीतियाँ हैं। वर्ष-भर में एक-दो कृति का हिन्दी में रूपान्तर कोई मायने नहीं रखता। अतः आदान-प्रदान के लिए प्रकाशन की नियमित और सुचारु कोई व्यवस्था हुए बिना यह सपना कभी चरितार्थ नहीं होगा। आज जगन्नाथ जी की कृपा से उड़िया साहित्य इतना समृद्ध है कि हिन्दी में उसको लाए बिना सचमुच हिन्दी का सर्वभारतीय रूप अधूरा ही रहेगा, वह कोना अपूर्ण ही रहेगा।

# नेपाली

## डॉ० घनश्याम नेपाल

स्रोत-भाषा की किसी सामग्री का लक्ष्य-भाषा में अवतरण अनुवाद है। इस अवतरण की प्रक्रिया के स्पष्टतः दो विभाग हैं—विर्निर्माण और पुर्नानिर्माण। प्रथमतः अनुवादक स्रोत-भाषा के पाठ को कोश के द्वारा विर्निर्माण करता है, इसका विविध सम्भाव्य तरीके से वाचन कर लेता है। फिर स्रोत-भाषा के भाषिक प्रतीकों से उस पाठ या प्रोक्ति को अलग करके लक्ष्य-भाषा में प्राप्त तदनुरूप भाषिक प्रतीकों के माध्यम से उसका पुर्ननिर्माण कर लेता है।

भाषा एक सामाजिक-सांस्कृतिक उपज है। किसी एक भाषा का आर्जन ज्ञान प्राप्त कर के उसी में मौलिक लेखक से संलग्न लेखन एक विशिष्ट सांस्कृतिक-सामाजिक संहिता एवं प्रतीक-व्यवस्था से सम्बद्ध रहता है। परन्तु किसी एक भाषा के पाठ को किसी दूसरी भाषा में अवतरित करने वाले अनुवादक को एक साथ दो भिन्न-भिन्न सांस्कृतिक-सामाजिक संहिताओं तथा दो अलग-अलग भाषिक संरचनाओं से एक साथ जुड़े रहना पड़ता है। हर भाषा में अवधारणा एवं अभिव्यक्ति की अपनी एक विशिष्टता होती है। किसी एक भाषा में पाई जाने वाली अवधारणाएँ उस भाषा की संरचनागत विशेषताओं से संघटित होती हैं। ठीक उसी रूप में वे अवधारणाएँ अन्य किसी भाषा में बहुत ही कम मिलती हैं क्योंकि प्रत्येक जाति की अलग चिन्तन प्रणालियाँ और अभिव्यक्ति के तरीके होते हैं। भाषागत रूप-सामग्री का संयोजन भी हर भाषा में अपने-अपने ढंग से होता है। अतः पूर्णपर्याय एवं एकार्थकता की अवधारणाएँ वस्तुतः मिथ मात्र हैं। इसीलिए स्रोत-भाषा के किसी पाठ को लक्ष्य भाषा में संरचना के सभी स्तरों में यथावत् अवतरण करना असम्भव दिखायी देता है। इसी असम्भव को सम्भव कराने का प्रयास अनुवादक करता रहता है।

अनुवाद के एकाधिक तरीकों की चर्चा परम्परागत समीक्षाशास्त्रीय संहिता में पायी जाती है। वर्तमान शताब्दी में मानव-प्रज्ञा की विविध शाखा-प्रशाखाओं का विकास और विस्तार हुआ। फलस्वरूप प्रत्येक ज्ञानानुशासन को युगीन मानसिकता के आग्रह से नवीन एवं वैज्ञानिक दृष्टि से देखा जाने लगा। अनुवाद के प्रति भी अध्येताओं ने नया दृष्टिकोण अपनाया। इनमें से मूल रूप से भाषाविज्ञान

संकेतविज्ञान, कम्प्यूटरविज्ञान, तथा संस्कृति-विद्या के क्षेत्रों में नूतन दृष्टिभंगिमा के साथ अध्ययनरत अध्येताओं का विशेष योगदान रहा है। अनुवाद के बारे में विचार करने वाले ऐसे ही एक अध्येता हैं रोमन य'कोब्सन। उन्होंने अपने 'अन लिंग्विस्टिक आस्पेक्ट्स अॅव ट्रान्स्लेसन' शीर्षक अध्ययन-पत्र में अनुवाद के ये तीन प्रकार गिनाये हैं—

1. भाषान्तरिक अनुवाद, अर्थात् एक ही भाषा अन्तर्गत अनुवाद जिसमें एक ही भाषा स्रोत तथा लक्ष्य के रूप में रहती है, केवल युगीन भाषिक व्याकरण और कोशानुसार किसी दूसरे समय के पाठ का पुनर्लेखन किया जाता है। जैसे कि, प्राचीन नेपाली भाषा में लिखित 'राजा गगनीराज की यात्रा' (सन् 1413) को आधुनिक नेपाली भाषा में अनुवाद करना। इसको हम **शब्दान्तरण** कह सकते हैं।
2. अन्तर्भाषिक अनुवाद, या वास्तविक अनुवाद जिस में किसी एक भाषा के पाठ को किसी अन्य भाषा में प्रस्तुत किया जाता है। पारम्परिक रूप में केवल इसी को अनुवाद कहा जाता रहा। इसको हम **भाषान्तरण** कह सकते हैं।
3. अन्तर्संकेतीय अनुवाद, जिसमें भाषिक प्रतीकों द्वारा निर्मित पाठ को भाषेतर प्रतीक व्यवस्था के माध्यम से प्रस्तुत किया जाता है। इसकी विपरीत प्रक्रिया भी हो सकती है जिसमें अन्य संकेतवैज्ञानिक अभिव्यक्तियों को भाषिक प्रतीकों के माध्यम से अनुवाद किया जाता है। जैसे, किसी कहानी को चित्रों के माध्यम से प्रस्तुत करना, अथवा आख्यानात्मक काव्यों को नृत्य द्वारा प्रस्तुत करना। इस प्रक्रिया को हम **माध्यमान्तरण** कह सकते हैं।

अनुवाद का प्रकार-विभाजन भाषाविज्ञान, संकेतविज्ञान, शैलीविज्ञान, विधागत संरचना तथा विषयवस्तु आदि विविध विषयों के आधार पर विविध ढंग से किया जा सकता है।

अनुवाद बहुत ही पुरानी लेखन-परिपाटियों में से एक है। फिर भी अन्य प्रकार के लेखन की तुलना में अनुवाद को बहुत ही कम प्रतिष्ठा प्राप्त हुई है। अनूदित साहित्य को सदैव दूसरे दर्जे के साहित्य के रूप में देखने की प्रवृत्ति रही है। अवश्य मूल के वाचक से प्राप्त होनेवाली अनुभूति और आनन्द उसके अनूदित पाठ के वाचन से प्राप्त नहीं होता, लेकिन अनूदित पाठ का भी अपना एक अलग वैशिष्ट्य होता है, एक प्रकार का विचलनपूर्ण रूप उसका होता है जिससे पाई जानेवाली अनुभूति मौलिक कृति के अध्ययन से प्राप्त नहीं होती। वर्तमान शताब्दी के की छठे दशक से अनुवाद को भी लेखन तथा अध्ययन-अध्यापन के एक महत्वपूर्ण विषय के रूप में देखा जाने लगा है। शैलीविज्ञान, कोशविज्ञान, प्रोक्तिविज्ञान, भाष्यविज्ञान आदि के तरह अनुवाद को भी अनुप्रयुक्त भाषाविज्ञान के रूप में देखा जाने लगा। इससे भी आगे चलकर सुसन ब्यास्नेट-

म्याकगुयर प्रभृति अध्येताओं ने अनुवाद को संकेतविज्ञान का अंग माना है। ऐसा मानने से इसका क्षेत्र बहुत व्यापक बन जाता है। जिसके अन्तर्गत शैलीविज्ञान, भाषाविज्ञान, कोशविज्ञान, पाठविश्लेषण भाष्यविज्ञान, साहित्यशास्त्र आदि समाहित हो जाते हैं। अनुवाद को विज्ञान के रूप में प्रतिष्ठित कराने का प्रयास इधर कुछ वर्षों से भारत में भी होता आ रहा है। अनुवाद की प्रक्रिया, परम्परा और सिद्धान्त आदि विषयक अध्ययन करनेवाले ज्ञानानुशासन को अनुवादविज्ञान की संज्ञा दी जाने लगी है।

## नेपाली-हिन्दी अनुवाद : परम्परा

नेपाली भाषा में यथाप्राप्त प्राचीनतम ग्रन्थ है 'भास्वती'। ज्योतिष विषयक इस ग्रन्थ का अनुवाद सन् 1401 के आसपास किसी अज्ञातनामा लेखक ने संस्कृत से किया था। सत्रहवीं शताब्दी से तो संस्कृत से 'अश्वशुभाशुभ परीक्षा', 'बाज परीक्षा', 'ज्वरोत्पत्तिचिकित्सा', 'पिनासरोगहरणोपाख्यान'; 'प्रायश्चितप्रदीप' आदि अनेक साहित्येतर विषय के ग्रन्थों का नेपाली में अनुवाद होने लगा। अठारहवीं शताब्दी से संस्कृत के महाभारत, रामायण तथा विभिन्न पौराणिक एवं पुराणेतर आख्यानों का अनुवाद नेपाली में होने लगा। सन् 1771 में शक्तिबल्लभ अर्याल ने 'महाभारत विराटपर्व' का अनुवाद संस्कृत से नेपाली में किया। सन् 1776 में भानुदत्त ने 'हितोपदेश' का नेपाली अनुवाद प्रस्तुत किया। इस प्रकार एक के बाद एक करके संस्कृत के अनेक ग्रन्थों का अनुवाद नेपाली में होने लगा। सन् 1820 में कलकत्ता स्थित फोर्टविलियम कालेज के फारसी के प्राध्यापक जेम्स ए० एटन ने अंग्रेजी में लिखी अपनी नेपाली भाषा की व्याकरण की पुस्तक में मुंशी नामधारी किसी व्यक्ति द्वारा फारसी से नेपाली में अनूदित तीन छोटे-छोटे किस्सों को भी संलग्न करके प्रकाशित करवाया। नेपाली में संस्कृतेतर स्रोत से अनुदित यही प्रथम पाठ के रूप में प्राप्त है। सन् 1821 में किसी अज्ञातनामा व्यक्ति ने 'धर्मपुस्तक सुसमाचार मातिउरचा' शीर्षक में बाइबल का नेपाली अनुवाद प्रस्तुत किया। सन् 1827 में श्रीरामपुर मिशन द्वारा नेपाली में बाइबल अनुवाद करवा कर प्रकाशित किया गया। गव्याख्यान के अतिरिक्त फारसी थियेटर का आगमन भी नेपाली में हिन्दी के माध्यम से हुआ। आधुनिक काल में तुलसीदास कृत रामचरितमानस; गाँधीजी, नेहरू आदि के जीवन चरित्रों एवं कृतियों के अतिरिक्त प्रेमचन्द की कहानियाँ, जैनेन्द्र का 'त्यागपत्र' आदि कई कृतियों का अनुवाद हुआ है।

इस प्रकार नेपाली अनुवाद परम्परा में स्रोत भाषा के रूप में तो हिन्दी बहुत पहले से ही प्रयोग में रही है लेकिन लक्ष्य भाषा के रूप में इसका प्रयोग कम हुआ है। बालकृष्ण सम का 'प्रह्लाद' नाटक का हिन्दी अनुवाद भारतीय साहित्य

अकादमी द्वारा प्रकाशित है। इसके अतिरिक्त डायमन शम्शेरकृत 'सेतो बाघ' और 'बसन्ती', विश्वेश्वर प्रसाद कोइराला के 'तीन घुम्ती'; 'सुम्निमा' आदि उपन्यास और कहानियाँ, वाणिरा गिरी की कविताएं आदि कुछ कृतियों के हिन्दी अनुवाद प्रकाशित हैं। सुवास दीपक, बीरवे खँडका 'डुवर्सेली; कमला सांकृत्यायन, पद्म क्षत्री, प्रभृति कुछ नेपाली लेखकों ने स्फुट रूप में कुछ नेपाली कहानियों तथा कविताओं को हिन्दी में अनुवाद करके पहल, प्रस्ताव, धर्मयुग, सारिका, समकालीन भारतीय साहित्य आदि पत्र-पत्रिकाओं में प्रकाशित किए हैं लेकिन संरचना की दृष्टि से एक दूसरे के काफी निकट होने के कारण इन दो भाषाओं में परस्पर अनुवाद की जो विपुल सम्भावना है उसका पर्याप्त और सही रूप से प्रयोग नहीं हो पाया है।

## नेपाली-हिन्दी अनुवाद : समस्या और समाधान

अनुवाद प्रक्रिया में आनेवाली समस्याएँ मूलतः दो प्रकार की होती हैं—अन्तर्निष्ठ और बहिर्निष्ठ। भाषिक संरचना, सांस्कृतिक एवं ऐतिहासिक पृष्ठभूमि आदि के कारण आनेवाली समस्याओं को अन्तर्निष्ठ माना जा सकता है। ये समस्याएँ अनुवाद कार्य के सैद्धान्तिक एवं व्यावहारिक पक्षों से जुड़ी हुई रहती हैं। बहिर्निष्ठ समस्याएँ वे हैं जो प्रत्यक्षतः अनुवादकार्य के अन्तर्गत नहीं आतीं, परन्तु बाहर से उस कार्य को प्रभावित करती हैं। राजनैतिक, आर्थिक तथा मनोवैज्ञानिक कारणों से उपजनेवाली समस्याओं को इस कोटि में रखा जाता है। नेपाली और हिन्दी के परस्पर अनुवाद के वीच ये दोनों कोटि की समस्याएँ बाधा रही हैं। सबसे पहले हम यहाँ बहिर्निष्ठ समस्याओं के ऊपर विहंगावलोकन करते हैं।

1. **शैक्षिक कारण**—नेपाली भाषा-भाषियों के बीच हिन्दी कोई पराई भाषा नहीं है। राष्ट्रभाषा के रूप में हिन्दी का शिक्षण बुनियादी स्तर से ही होने के कारण देश के नेपाली भाषी क्षेत्रों में हिन्दी आसानी से पढ़ी जाती है, समझी जाती है और आवश्यकता पड़ने पर बोली भी जाती है। ये दोनों भाषाएँ एक ही लिपि में लिखी जाती हैं। इसके अतिरिक्त सांस्कृतिक तथा भौगोलिक दृष्टि से भी ये दोनों भाषाएं एक-दूसरे के अत्यन्त करीब हैं। अतः एक भाषा में निर्मित 'मिस्र एवं अवधारणाएं दूसरी भाषा के वक्ताओं के लिए उतनी अनूठी नहीं रहतीं। इसलिए सामान्य से सामान्य नेपाली भाषी पाठक के लिए भी हिन्दी के पाठों को पढ़ना और समझना आसान होता है। ऐसी स्थिति में हिन्दी से नेपाली में अनुवाद की कोई खास आवश्यकता महसूस नहीं होती क्योंकि जब मूल पाठ ही अभिगम्य है तो उसका अनूदित रूप के प्रति पाठक उतना रुचि नहीं दिखाएगा। लेकिन यही बात हिन्दी भाषी पाठकों के सन्दर्भ नहीं कहा जा सकती। हिन्दी भाषा-भाषियों के लिए नेपाली सीखने की सुविधा देश भर में बहुत ही कम है। अतः

अगर कोई नेपाली से हिन्दी अनुवाद करना भी चाहे तो इसके लिए उसे सर्वत्र आवश्यक सुविधा मिलना दुर्लभ है। विदेशी भाषाओं के अध्ययन-अध्यापन को जो प्रतिष्ठा एवं सहूलियत प्राप्त है वह विभिन्न देशी भाषाओं के सन्दर्भ में भी हो तो राष्ट्रीय एकीकरण में बहुत सहयोग होगा। भाषा का इतिहास, व्याकरण तथा संरचना सम्बन्धी गलत धारणाओं एवं मान्यताओं के प्रचार-प्रसार से लोगों में अपने पड़ोसी भाषाओं के प्रति अवहेलना भी देखने को मिलती है।

2. **आर्थिक कारण**—नेपाली में लेखन एक पेशा अभी तक नहीं बन पाया है। यह तो ज्यादातर फुर्सत के क्षणों में दिल बहलाव के लिए किया जानेवाला एक काम ही रहा है। इसके अतिरिक्त लेखकों के सामने सदैव प्रकाशन की एक ज्वलन्त समस्या रही है। प्रथमतः लिखने के बाद उसे प्रकाशित करवाना ही समस्या है। अगर किसी तरह से प्रकाशित भी हो गया तो उससे लेखक को अपना नाम प्रकाशन के अतिरिक्त आर्थिक दृष्टि से कोई खास लाभ नहीं होता। अनूदित ग्रन्थों का प्रकाशन तो और भी कठिन है। इस प्रकार आर्थिक दृष्टि से नेपाली लेखन उतना फलदायी न होने के कारण भी लोग अनुवाद की ओर उतना ध्यान नहीं देते।

3. **राजनैतिक कारण**—लेखन की राजनीति साहित्यानुवाद के सन्दर्भ में एक महत्वपूर्ण विषय है। साहित्य के बाह्य-राजनैतिक परिवेश और सन्दर्भ के अतिरिक्त उसके पाठ में अन्तर्निहित विविध बहुर्थकता से वाचन और ग्रहण के अनेक अन्तर्निष्ठ राजनैतिक सम्भावनाएँ रहती हैं। इन्हीं दो राजनैतिक दबावों के बीच साहित्यिक पाठ अपना अस्तित्व एवं प्रभाव के होने और न होने के द्वन्द्व में सदैव फँसा रहता है। इसके होने के लिए राष्ट्रीय राजनीति में उस भाषा तथा उसके भाषियों की भूमिका काफी महत्वपूर्ण होती है। एक भाषा से दूसरी भाषा में पाठ के अवतरण की संभाव्यता को परिभाषित करने में भी यह वाह्य राजनीति महत्वपूर्ण भूमिका अदा करती है। इस सन्दर्भ में सुसान ब्यास्नेट-म्याकगुयेर द्वारा अपने 'ट्रान्सलेसन स्टडिज' नामक पुस्तक में अभिव्यक्त इन बातों को उद्धृत करना प्रासंगिक दिखाई देता है—"Changing concepts of nationalism and national languages marked out intercultural barriers with increasing sharpness, and the translator came gradually to be seen not as a creative artist but as an element in a servant master relationship with the text।" (पृ० 3) अर्थात् सरल ढंग से कहें तो अनुवाद शक्तिसम्पन्न लोगों द्वारा शक्तिहीन लोगों के ऊपर अपने बौद्धिक एवं सांस्कृतिक मान्यता और परम्पराओं को थोपने का एक माध्यम बनता आया है। इस दृष्टि से अनुवाद एक 'मसिनरी' लेखन-सा दिखायी देता है। अंग्रेजी साम्राज्यवाद ने अनुवाद को इस रूप में खुलकर प्रयोग किया और लाभ भी उठाया। यही सामन्तवादी एवं उपनिवेशवादी

राजनैतिक संस्कार आज हमारे बीच भी मौजूद है। हम किसी स्वदेशी भाषा के कृतियों के अनुवाद की तुलना में किसी विदेशी भाषा में प्राप्त (भले ही वह भी अनूदित क्यों न हो) किसी पाठ को अपनी भाषा में अवतरित कराने में सम्मान बोध करते हैं। यह हमारे अन्दर की दास-मनोवृत्ति का ही परिणाम है।

ये तो बहिर्निष्ठ कारण हुए। अब हम अन्तर्निष्ठ कारणों की ओर अवलोकन करते हैं।

हिन्दी और नेपाली दोनों संस्कृत से विकसित एवं एक ही लिपि का प्रयोग करने वाले आधुनिक भारतीय भाषाओं के रूप में परस्पर घनिष्टतापूर्वक सम्बन्धित हैं। सामान्य दृष्टि से अगर देखें तो दोनों में कोशीय घटकों का विन्यासक्रमिक सम्बन्ध तथा दिग्विन्यास प्रक्रिया भी एक-सी है। दोनों के सामान्य व्याकरणिक वाक्य में घटकों का क्रम कर्त्ता + कर्म + क्रियापद के रूप में रहता है। उदाहरणार्थ—

- राम, तुम घर जाओ।
- राम, तिमी घर जाऊ।

इतना ही नहीं रूपिमिक स्तर पर भी इन दोनों भाषाओं में कुछ समानता पाई जाती है। लेकिन यह सामञ्जस्य केवल आंशिक और ज़्यादातर सतही सामञ्जस्य ही है। ऐसे सरल वाक्यों को छोड़कर जब हम जटिल संरचनाओं की ओर जाते हैं, तथा तत्सम शब्दों को छोड़कर जब देशज शब्दों का प्रयोग करने लगते हैं तो दोनों भाषाओं के अपने-अपने निजस्विता सामने उभर आती है। उदाहरणार्थ, निम्नलिखित नेपाली वाक्य को हिन्दी में अनुवाद करके देखें—

- हिजो हामीलाई भेटन आउने मान्छे जासूस रहेछ।
- कल हम से मिलने के लिए जो आदमी आया था वह जासूस था, ऐसा कहा जाता है / पता चला है।

अथवा

- ऐसा कहा जाता है / माना जाता है / विश्वास किया जाता है कि कल हम से मिलने जो आदमी आया था वह जासूस था।

नेपाली के उपर्युक्त वाक्य का मूल क्रियापद 'रहेछ' भूतकालिक क्रियापद है। इसका वर्तमान काल में 'छ' अथवा 'हो' रूप होता है और सामान्य भूतकालिक रूप 'थियो' होता है। इन रूपों के हिन्दी पर्याय क्रमशः 'है' और 'था' / 'थी' हैं। क्रियापद में 'एछ' प्रत्यय के योग से अतीत में घटित किसी कार्य या वस्तुस्थिति के बारे में अभी-अभी पता चलने का भाव व्यक्त करनेवाले क्रियापद बनते हैं। अतः हम निम्नलिखित एक सरल नेपाली वाक्य को हिन्दी में अनुवाद करते हैं तो हिन्दी में इस प्रकार के क्रियापद-निर्माण प्रक्रिया का अभाव स्पष्ट रूप से दिखाई देता है।

- भाइ घर गएछ।

० भाई घर चला गया यह अभी-अभी पता चला है ।

अथवा

अभी-अभी पता चला कि भाई घर चला गया ।

उसी तरह हिन्दी में एक ही आन्तरिक संरचना को प्रस्तुत करने के लिए वाक्य-स्तर में एकाधिक बाह्य-संरचनाओं का प्रयोग वैकल्पिक रूप से किया जा सकता है । ऐसी वैकल्पिक सम्भावनाएँ नेपाली में भी प्रशस्त हैं । लेकिन हिन्दी के निम्नलिखित प्रयोग के यथावत् पर्याय नेपाली में नहीं मिलते—

1. उस आदमी को शेर खा गया ।
2. उस आदमी को शेर ने खाया ।
3. उस आदमी को शेर ने खा लिया ।

श्री सी० एफ० हाकेट के अनुसार इन तीनों वाक्यों के बीच की भिन्नता भाषा वैज्ञानिक तथा व्याकरणिक नहीं शैलीवैज्ञानिक है । नेपाली में इन तीनों में प्रस्तुत आन्तरिक संरचना को प्रस्तुत करने के लिए एक ही वाक्यात्मक संरचना मिलती है—

० त्यस मान्छेलाई बघले खायो ।

—जो वास्तव में ऊपर प्रस्तुत हिन्दी के दूसरे वाक्य का ही अनुवाद है । पहले और तीसरे वाक्यों के पर्याय रूप नेपाली भाषा के व्याकरण द्वारा प्रजनित नहीं होते । वाग्धारात्मक एवं आलंकारिक अभिव्यक्तियों की तो बात ही और कुछ है । हिन्दी में 'पुलिस को देखकर चोर भाग खड़ा हुआ ।'—ऐसा वाक्य बनता है । इसमें 'भागना' और 'खड़ा होना' दो परस्पर विपरीत अर्थबोधक शब्दों के युग्म से एक विशिष्ट अभिव्यक्ति बन गई है । इस प्रकार से क्रियापद बनने की प्रक्रिया नेपाली व्याकरण में न होने के कारण इसका अगर शब्दशः अनुवाद करेंगे तो अर्थ का अनर्थ ही नहीं पूरा कथन निरर्थक हो जायेगा । हिन्दी में इस प्रकार की और भी भीषण इकाइयाँ मिलती हैं । नेपाली एक पहाड़ी भाषा है । आज भी इस भाषा के ज्यादातर बोलनेवाले पहाड़ीवासी ही हैं । इसलिए नेपाली की बहुत सारी अभिव्यक्तियाँ पहाड़ और तत्सम्बन्धी 'मोटिफ' द्वारा निर्मित हैं । इनको समझने के लिए नेपाली समाज, संस्कृति, सभ्यता एवं भौगोलिक स्थिति तथा परिवेश को अन्तरंग रूप से पहचानना होगा ।

हिन्दी और नेपाली दोनों मन्दारिन जैसे आघात प्रधान भाषा तो नहीं हैं फिर भी इन दोनों भाषाओं में स्वराघात, बलाघात एवं सुराघात के कुछ प्रयोग मिलते हैं ।

दोनों भाषाओं में इन खण्डेतर घटकों के प्रयोग के अपने विशिष्ट तरीके हैं । कहीं कथन को विशेष प्रभावकारी बनाने या कथन के किसी एक अंश के ऊपर जोड़ देने के लिए किसी निपात या अन्य कोई पद का प्रयोग किया जाता है, जैसे—

- म जान्छु नै।
- मैं जाऊँगा ही।

तो कहीं किसी पद की पुनरावृत्ति से भी काम लिया जाता है। ऐसे पुनरावृत्ति के प्रयोग का एक विशेष रूप नेपाली में मिलता है जिसमें अस्वीकार या नकार के भाव को अभिव्यक्त करने के मूल क्रियापद के करण और अकरण रूपों को एक साथ प्रयोग किया जाता है। उदाहरणार्थ—

- म जाँदै जान्नँ।
- मैं जाऊँगा ही नहीं।

नेपाली में 'अवलोकन कार्य' से सम्बन्धित चार मुख्य क्रियापद हैं—हेर्नु, देख्नु, टोल्हाउनु र नियाल्नु। इनके अतिरिक्त कुछ वाग्धारात्मक रूपों से भी अवलोकन के भाव को अभिव्यक्ति दिया जा सकता है, जैसे—'आँखा पुर्‍याउनु', 'आँखा पुग्नु', 'आँखा पर्नु' आदि। अनुकरणबोधक क्रियायोगी पदों से संयुक्त होने पर उपर्युक्त चार मूल क्रियाओं से और कई प्रकार के अर्थ अभिव्यक्त होते हैं, जैसे—'ट्वा परेर हेर्नु', 'क्वारक्वारती हेर्नु', 'पुलुक्क हेर्नु', 'झलक्क देख्नु', 'मिलिक्क देखिनु' आदि। हिन्दी में वाग्धारात्मक प्रयोग को छोड़कर सामान्य अभिधेयार्थक पदों को लें तो नेपाली के उपर्युक्त चारों मूल क्रियाओं के अलग-अलग पर्याय नहीं मिलते। अवलोकनबोधक 'देखना' से नेपाली के 'हेर्नु' और 'देख्नु' दोनों का काम लेना पड़ता है। उदाहरणार्थ—

- मैले हेरें।
- मैंने देखा / देखी।
- मैले देखें।
- मैंने देखा / देखी।

[इन वाक्यों में एक अन्य बात भी ध्यातव्य है। नेपाली में प्रथम पुरुष एक वाचन में क्रियापद में लिंग भेद नहीं रहता है। बहुबचन रूप में तो किसी भी काल और पुरुष में भेद नहीं रहता।] अवलोकन बोधक 'देखना' के अतिरिक्त हिन्दी में 'ताकना' और 'झाँकना' ये दो रूप भी हैं जो नेपाली के 'हेर्नु' के समकक्ष होते हुए भी पर्याय नहीं हैं। 'हेर्नु' और 'देख्नु' के बीच का अन्तर के सन्दर्भ में एक दृष्टान्त लें—

- मैले तिमीलाई कति हेरें तर कतै देखिनँ।

हिन्दी शब्दानुवाद—मैंने तुम्हें कितना देखा लेकिन कहीं नहीं देखा।

भावानुवाद—मैंने तुम्हें बहुत ढूँढ़ा लेकिन तुम कहीं नहीं दिखायी दिये।

अहिन्दी भाषियों के लिए हिन्दी में पायी जानेवाली सबसे बड़ी समस्या है लिंग प्रयोग। नेपाली भाषा के व्याकरणिक व्यवस्था में प्राकृतिक लिंग विधान मिलता है और धीरे-धीरे वह भी लुप्त होता जा रहा है। दार्जिलिंग, गान्तोक

प्रभृति शहरों में ही नहीं बल्कि खसेतर धारा के अन्य नेपाली भाषी क्षेत्रों में भी नेपाली में लिंग भेद लुप्त होता जा रहा है। लिखित प्रयोग में अभी भी है लेकिन मौखिक अनौपचारिक व्यवहार में यह भेद प्राय: लुप्त हो गया है। उधर हिन्दी में प्राकृतिक लिंगविधान के साथ-साथ व्याकरणिक लिंग-विधान भी रहा है। इसी कारण नेपाली भाषी लोग हिन्दी पढ़ और समझ तो सकते हैं लेकिन उसका प्रयोग करने, अर्थात् उसमें लिखने में असुविधा अनुभव करते हैं।

व्यतिरेकी दृष्टि से पद्धतिपरक रूप में अध्ययन करने पर इन दोनों भाषाओं के बीच का पारस्परिक सम्बन्ध और अन्तर स्पष्ट रूप से समझा जा सकता है और प्राप्त परिणामों के सहारे दोनों भाषाओं के अनुवादकों को ऐसी समस्याओं के समाधान मिल सकते हैं।

अनुवाद कला है या विज्ञान या शिल्प? इस विषय में अनेकों ने अनेक तर्क दिये हैं। अनुवाद का महत्व, इसके लिए आवश्यक उच्च कोटि की प्रतिभा, रुचि, बोध-सामर्थ्य तथा अभिव्यक्ति कौशल आदि का हवाला देकर इसको मौलिक लेखन से भी कठिन और गुरुत्वपूर्ण कार्य के रूप में स्थापित करने के भी कई प्रयत्न हुए हैं। यूरोप और अमेरिका में ही नहीं अभी भारत के भी कुछ विश्वविद्यालयों में अनुवाद को एक स्वायत्त ज्ञानानुशासन के रूप में अध्येतव्य मानकर इस विषय में अध्ययन-अध्यापन की व्यवस्था की गई है। भारतीय साहित्य अकादमी ने 'भारतीय साहित्य' अवधारणा को वास्तविकता में उतारने के लिए अनुवाद सम्बन्धी कई कार्यशालाओं एवं संगोष्ठियों का आयोजन करने के साथ-साथ अनूदित कृतियों के लिए अलग से पुरस्कार देने का प्रावधान रखकर भी सदियों से अवहेलित इस लेखन परिपाटी को आवश्यक मर्यादा और प्रतिष्ठा प्रदान करने का स्तुत्य प्रयास किया है। भारत जैसे एक बहुभाषिक बहुसांस्कृतिक गणतन्त्र में विभिन्न भाषिक एवं सांस्कृतिक सम्प्रदायों को परस्पर निकट सम्बन्ध में लाने के लिए अनुवाद से बढ़कर उपयोगी दूसरा कोई माध्यम नहीं हो सकता। विज्ञान के नये-नये आविष्कार एवं प्रयोग के प्रतिस्पर्द्धा से नहीं बल्कि इन विविध भाषा-साहित्य एवं संस्कृतियों के व्यापक, उदारतापूर्ण एवं सहृदयतापूर्ण अध्ययन-अध्यापन तथा ग्रहण से ही राष्ट्रीय एकीकरण का प्रश्न केवल एक 'मीथ' न रहकर एक वास्तविकता बन सकता है, और इस वास्तविकता को व्यवहार रूप में प्राप्त करने के लिए अनुवाद ही एक मूल माध्यम है। अत: अनुवाद की इस महत्ता को हृदय से स्वीकार करके इसे साहित्यिक, प्राज्ञिक, कूटनैतिक आदि सभी दृष्टियों से युगीन राष्ट्रीय आवश्यकता के रूप में मानने से ही ये सारे प्रावधान और पुरस्कार सफल हो जाते हैं।

# बंगला

## डॉ० इन्द्रनाथ चौधुरी

भारोपीय परिवार की भाषाएँ होने के नाते बंगला और हिन्दी में बहुत ही निकट का सम्बन्ध है। इन दोनों भाषाओं में पारस्परिक अनुवाद का कार्य बहुत दिनों से चल रहा है यद्यपि इन अनुवादों के अनुवादकों को अनेकों समस्याओं का सामना करना पड़ता है। जैसा कि सर्वविदित है अनुवाद कार्य जो ऊपर से काफी सरल प्रतीत होता है, स्वयमेव में एक कठिन कार्य है। अनुवाद कार्य की सबसे पहली समस्या है यह जानने की कि क्या अनुवादकर्ता मूल का अक्षरश: अनुवाद करे? बंगला से हिन्दी में अनुवाद का काम करते हुए सूर्यकान्त त्रिपाठी निराला के सम्मुख यही समस्या थी। चूंकि निराला के लिए अनुवाद व्यक्तित्व सापेक्ष था इसलिए उन्होंने इस समस्या के बारे में स्पष्ट कहा था कि अनुवाद के लिए यह नियम नहीं कि मूल पुस्तक का अक्षरश: अनुवाद किया जाए। परन्तु यह भी ठीक नहीं कि मूल का अर्थ कुछ और हो और अनुवाद का कुछ और। अनुवादक को मूल के अर्थ पर ध्यान रखना चाहिए। उसी अर्थ को दूसरी भाषा में प्रस्फुटित कर देना उसका कर्तव्य है। यदि मूल में कोई चमत्कार हो तो अनुवाद में भी चमत्कार दिखलाना चाहिए। मूल की भाषा में यदि किसी ऐसे मुहावरे का प्रयोग आया है जिसकी ओर स्वभावत: पाठक खिंच जाए तो अनुवादक को भी उसी ढंग का प्रयोग करना चाहिए। सारांश यह है कि मूल की भाषा और भावों से अनुवाद की भाषा और भावों को शिथिल नहीं होने देना चाहिए। अनुवाद के सम्बन्ध में प्रत्येक बड़े आलोचक का यही मत रहा है। अंग्रेजी साहित्य के विख्यात इतिहासकार कॉम्पटन रिकेट कहते हैं कि इस बात का पता प्रत्येक विद्वान को है कि अक्षरश: अनुवाद से मूल के साथ अन्याय होता है। मूल की प्रतिभा का परिचय स्वतन्त्र अनुवाद में अधिक प्राप्त होता है। कॉम्पटन रिकेट ने अपना यह मत फिट्जेराल्ड द्वारा अनूदित उमर खैयाम की रुबाइयों के सम्बन्ध में आलोचना करते हुए व्यक्त किया है। रिकेट का कहना है फिट्जेराल्ड द्वारा उमर खैयाम की रुबाइयों के सफल अनुवाद का रहस्य है कि अनुवादक का व्यक्तित्व मूल वस्तु के साथ घुल-मिल गया था और इसी समरसता के कारण अनुवाद इतना सफल हो पाया। इस तरह हम देखते हैं कि अनुवाद के लिए सबसे पहली कसौटी यह है कि अनुवाद-

कर्त्ता को अक्षरशः अनुवाद के स्थान पर इस बात पर अधिक ध्यान रखना चाहिए कि अनुवाद में मूलभाव अविकृत रूप में व्यक्त हो पाये हैं और इसके लिए यदि आवश्यकता पड़े तो मूल में भाषागत परिवर्तन करना चाहिए एवं यह कार्य वही कर सकता है जिसका अनुवाद और मूल दोनों भाषाओं पर पूर्ण अधिकार है, केवल भाषा ही नहीं दोनों की भाषाओं के वाक्चारीय एवं मुहावरेदार प्रयोगों के सम्बन्ध में भी जिसे पूर्ण ज्ञान हो।

## प्रचलित प्रयोगों का ज्ञान आवश्यक

बंगला के अनुवाद कार्य की सबसे बड़ी समस्या यह है कि हिन्दी से इसकी वाक्भंगी कहीं-कहीं इतनी अधिक भिन्न है कि उसका अनुवाद वही अनुवादकर्त्ता करने में समर्थ होता है जो इन वाक्चारीय प्रयोगों से पूरी तरह परिचित है। उदाहरणतया 'थोड़े से चावल दीजिए' का बंगला में रूपान्तर है "चारिट भात दिन", एक बंगला के इस वाक्य का अक्षरशः हिन्दी रूपान्तर है 'चार चावल दीजिए'। जो अनुवाद-कर्त्ता 'चारिट भात दिन' जैसे वाक्चारीय प्रयोगों से परिचित नहीं है उसके लिए इसका अनुवाद करना काफी कठिन है। ऐसे ही 'जल खायो', 'दूध खायो' जैसे वाक्चारीय प्रयोगों का हिन्दी में पीने के अर्थ में व्यवहार होता है; हिन्दी में कभी कोई पानी या दूध खाऊँगा नहीं कहेगा। व्याकरणगत भिन्नता को भी हम वाक्चारीय प्रयोगों के अन्तर्गत स्थान दे सकते हैं। लिंग के आधार पर बंगला में क्रियाएँ तो नहीं बदलती हैं परन्तु विशेषण बदल जाते हैं, जैसे सुन्दरी स्त्री। वस्तुतः यह नियम संस्कृत का है और हिन्दी में भी व्याकरण की दृष्टि से इसका प्रयोग ऐसा ही होना चाहिए परन्तु आश्चर्य की बात है कि यह प्रयोग लगभग उपेक्षित ही है। हिन्दी में 'सुन्दर स्त्री' ही अधिक कहा जाता है। अनुवादकर्त्ता को इस प्रकार के व्याकरण से भिन्न आम प्रचलित प्रयोगों की जानकारी रखनी होगी।

वाक्चारीय प्रयोगों के साथ-साथ अनुवादक के लिए मुहावरे एवं लोकोक्तियों का पूर्ण ज्ञान भी अत्यन्त आवश्यक है क्योंकि दूसरी भाषा में उसी के अनुरूप मुहावरे और लोकोक्तियों को छाँटकर निकालना पड़ता है। वस्तुतः वाक्चारीय प्रयोगों का अनुवाद अत्यन्त कठिन होता है क्योंकि इन प्रयोगों के बारे में किसी भी कोश में साधारणतया कोई उल्लेख नहीं होता है। बंगला में जब कहा जाता है कि "आभार एइ उपलब्धि हयेछे ये...।" तो इसका शाब्दिक अनुवाद करने पर हिन्दी के पाठक सोचेंगे कि यहाँ पैसदिधा के बारे में कहा गया है परन्तु बंगला में उपलब्धि का अर्थ 'सिद्धि' नहीं, अनुभूति है और हालांकि हिन्दी कोशों में अनुभूति अर्थ भी दिया गया है परन्तु यह प्रयोग आजकल अप्रचलित-सा ही है। अतः यह कहना पड़ता है कि बंगला से अनुवाद करते हुए सबसे बड़ी समस्या यही है कि

अनुवादकर्त्ता को इन वाक्चारीय प्रयोगों के अर्थ को ठीक ढंग से समझना पड़ता है।

## शब्दों के सही अर्थ का ज्ञान जरूरी

इसके उपरान्त जो दूसरी समस्या है वह शब्दों के अर्थ और प्रयोगों की है। उदाहरणतः बंगला के शब्द 'अभियोग', 'वितर्कमूलक', 'भित्तिस्वरूप', 'गुरुत्वपूर्ण' के सही अनुवाद के लिए हिन्दी में 'आक्षेप', 'विवादास्पद', 'आधारशिला', एवं महत्वपूर्ण' शब्दों का प्रयोग करना पड़ेगा। बंगला के 'चमत्कारित्व' के लिए हिन्दी शब्द है 'चमत्कार'। वस्तुतः बंगला के ये शब्द हिन्दी में भी हैं परन्तु जिस अर्थ में इनका प्रयोग बंगला में होता है उस अर्थ में हिन्दी में नहीं होता है इसीलिए अनुवादक को दोनों भाषाओं के शब्दों के विभिन्न अर्थों को, यहाँ तक कि हल्के फर्क को भी जान लेना पड़ता है। इस सम्बन्ध में निराला जी की रोचक कहानी है। पण्डित रूपनारायण पाण्डेय ने एक दफा बंगला से हिन्दी में अनुवाद करते हुए बंगला शब्द 'फुलकी' का अर्थ 'रोटी' लिखा था जबकि उसका अर्थ 'चिनगारी' होता है। बंगला का वाक्य था—ताहादेर भावप्रवण तरुण हृदय आगुनेर फुलकीर मतनेड स्वाकीन आनन्देर उज्ज्वलताय क्षणे-क्षणे आप नादिरा के चारिदिके विकीर्ण करिते थाकितो। पाण्डेय जी ने अनुवाद किया था—"उनका भावप्रवण तरुण हृदय सिक रही फुलकी (रोटी) की तरह ही स्वाधीन आनन्द की तरह फूल-फूल उठता था।" पाण्डेय जी के अनुवाद पर टीका करते हुए निराला जी कहते हैं, "खूब ! पण्डित जी, जान पड़ता है, उस समय भूख बड़ी जोर की लगी थी, नहीं तो रोटी क्यों सेंकते। यहाँ न कहीं रोटी है, न दाल, फुलकी है सो वह भी चिनगारी है रोटी नहीं। कल्पना भी कैसी ! मूल में तो 'विकीर्ण करिते थाकितो' और अनुवाद में 'फूल फूल उठता था···।'

वस्तुतः शब्दों के विभिन्न अर्थों की जानकारी अत्यन्त आवश्यक है जिसके बिना अर्थ का अनर्थ होने का डर रहता है। हिन्दी के कई एक शब्द हैं जिनका प्रयोग बंगला में उसी अर्थ में कहीं भी नहीं होता है यद्यपि बंगला शब्दकोश में वे सबके सब शब्द विद्यमान हैं। उदाहरणतया निष्कर्ष, आधार, विवेचन, नितान्त, बलाबल, शब्दावली आधृत, आभूषण आदि। 'निष्कर्ष' के लिए बंगला में 'सारकथा', 'सारोर्थं' आदि का प्रयोग चलता है। उसी प्रकार आभार के लिए 'भित्ति', विवेचन के लिए विवेचना 'नितान्त' के लिए 'सम्पूर्ण रूपे', 'आधृत' के लिए 'स्थापित', 'आभूषण' के लिए 'अलंकार' का प्रयोग होता है। इसी प्रकार बंगला के शब्द 'लोककान्त' का हिन्दी अनुवाद होगा 'लोकरंजन' यद्यपि 'लोक' और 'कान्त' दोनों शब्द ही हिन्दी में विद्यमान हैं। यहाँ एक बात ध्यान देने वाली है कि आजकल प्रत्येक भाषा में पारिभाषिक और सामासिक शब्दों का बहुतायत

से निर्माण हो रहा है और अनुवाद करते हुए हमें काफी सावधान होना पड़ता है। अंग्रेजी शब्दों का प्रत्येक भाषा से अलग ही ढंग का अनुवाद हो रहा है। यद्यपि प्रत्येक भाषा-भाषी इस अनुवाद कार्य में संस्कृत भाषा की ही सहायता लेता है। परन्तु आश्चर्य की बात यह है कि सामूहिक विचार-विवेचन के अभाव में हर एक अलग और नये शब्दों का निर्माण कर रहा है। यह स्थिति काफी खतरनाक है क्योंकि आज जहाँ प्रत्येक आधुनिक भारतीय भाषा में, एकता की दृष्टि से समानीकरण की आवश्यकता है वहाँ वैषम्य ही अधिक फैल रहा है। एक ही डाइरेक्टर शब्द के लिए बंगला में 'परिचालक' तो हिन्दी में 'निदेशक' शब्द का प्रयोग हो रहा है। ये तो आम प्रयोग के शब्द हैं और इन्हीं में इतना प्रभेद है। फिर कल्पना कीजिए फिजिक्स-केमेस्ट्री आदि विषयों के उन अंग्रेजी पारिभाषिक शब्दों की जिनके बंगला या हिन्दी अनुवाद में इतना अधिक प्रभेद है कि अनुवादकर्त्ता को बेहद परेशानी का सामना करना पड़ता है। फिजिक्स के लिए हिन्दी में शब्द है 'भौतिकी' तो बंगला में है 'पदार्थ विद्या'। साईकोलॉजी के लिए हिन्दी में शब्द है 'मनोविज्ञान' तो बंगला में 'मनोविद्या'। वस्तुतः इन पारिभाषिक शब्दों का आये दिन इतना अधिक विस्तार हो रहा है कि अनुवादक को अनुवाद करते हुए बहुत ही कठिनाई का सामना करना पड़ता है।

## वर्तनी की समस्या

अन्त में वर्तनी की समस्या आती है। बंगला भाषा में ऐसे कई शब्द हैं जिनका अर्थ और प्रयोग हिन्दी में हू-ब-हू वैसा ही होता है परन्तु वर्तनी में फर्क है। उदाहरणतया बंगला में 'ठीक' शब्द में छोटी 'इ' का प्रयोग होता है, 'विकास' बगला में तालव्य 'श' से लिखा जाता है। बंगला में 'तीन' छोटी 'इ' से लिखा जाता है आदि। इस प्रकार बंगला से हिन्दी में अनुवाद करते हुए वर्तनी के शुद्ध प्रयोग का विशेष ध्यान रखना पड़ता है।

## निष्कर्ष

बंगला से अनुवाद कार्य की नाना समस्याएँ हैं। प्रत्येक समस्या की गहराई में जाकर उसके सही हल को निकालना अत्यन्त आवश्यक है। अनुवाद करते समय अनुवादक को जहाँ अक्षरशः अनुवाद के स्थान पर भावसापेक्ष स्वतन्त्र अनुवाद, वाक्चारीय प्रयोगों के सही समानार्थी मुहावरे और व्याकरणगत विशेषताओं का सही प्रयोग, पारिभाषिक शब्दावली का सही अनुवाद, शब्दों के अर्थों के हल्के प्रभेदों का सही ज्ञान तथा वर्तनी के शुद्ध प्रयोग का विशेष ध्यान रखना चाहिए, वहाँ उसे इस बात का भी ध्यान रखना चाहिए कि भाषागत विशेषताओं पर आघात किये बिना भी उसका अनुवाद ऐसा हो कि भारतीय भाषाओं में जो ऐक्य का सूत्र है वह प्रकट हो जाए।

# मणिपुरी

डॉ॰ जगमल सिंह

मणिपुर भारत के उत्तरी-पूर्वी अंचल में स्थित सीमान्त राज्य है जिसकी भाषा मणिपुरी है। मणिपुरी भाषा को 'मैतै' (मीतै) लोन (भाषा) कहा जाता है। मणिपुरी प्राकृतिक दृष्टि से दो भागों में विभाजित है। पहला, पर्वतीय भू भाग जो कुल क्षेत्रफल का नब्बे प्रतिशत भाग है और इसमें उनतीस जन-जातियाँ रहती हैं जिनकी 29 भाषाएँ या बोलियाँ हैं। दूसरा, पर्वत शृंखला के बीच घाटी का 1800 वर्ग कि॰ मी॰ का भाग जो समतल है, इसमें रहने वाले मैतै या मीतै लोग प्राय: वैष्णव हैं। जिनकी मातृभाषा 'मैतै लोन' है। भाषा वैज्ञानिकों ने मणिपुरी भाषा को चीनी-तिब्बती भाषा परिवार के उप-कुल तिब्बती-बर्मी के अन्तर्गत रखा है। इस भाषा को तिब्बती-बर्मी भाषाओं की कड़ी के रूप में स्वीकारा गया है। 'मैतै लोन' को मणिपुरी भाषा के नाम से जाना जाता है। मणिपुरी भाषा एकाक्षर परिवार की अयोगात्मक भाषा है। इसके रूप एक-दूसरे से नहीं जुड़ते हैं। शब्द रूपों में निपात से व्याकरणिक अर्थ प्रकट होते हैं। जबकि हिन्दी भारतीय आर्यभाषा परिवार की एक प्रमुख वियोगात्मक बहिर्मुखी श्लिष्ट भाषा है। मणिपुरी और हिन्दी की ध्वनि, शब्दावली तथा संरचना में भिन्नता है। अयोगात्मक भाषाओं की तरह मणिपुरी भाषा की प्रमुख विशेषता तान है। मणिपुरी में जो वाले वाक्य रूप तथा कर्मवाच्य-भाववाच्य का पूर्ण अभाव है। इसमें विशेषण प्राय: संज्ञा के बाद आते हैं। मूल रूप से मणिपुरी और हिन्दी भिन्न प्रकृति की भाषाएँ हैं। अत: जब मणिपुरी से हिन्दी में अनुवाद किया जाता है तो अनेक समस्याओं का सामना करना पड़ता है।

## मणिपुरी-हिन्दी अनुवाद का इतिहास

मणिपुरी से हिन्दी अनुवाद की परम्परा का इतिहास बहुत संक्षिप्त है। 1962 ई॰ में श्री अ॰ छत्रध्वज शर्मा द्वारा डॉ॰ कमल की मणिपुरी कविताओं का अनुवाद 'कवि श्रीमाला-मणिपुरी' शीर्षक से राष्ट्रभाषा प्रचार समिति, वर्धा द्वारा प्रकाशित किया गया। यह प्रथम अनुवाद था। 1977 ई॰ में डॉ॰ कमल के मणिपुरी उपन्यास 'माधवी' का हिन्दी अनुवाद प्रकाशित किया। 1989 ई॰ में 'आधुनिक

मणिपुरी कविताएँ' (सम्पादक डॉ० देवराज और अनुवादक डॉ० इबोहल सिंह काङ्जम) तथा श्रीपाचा मईतई के उपन्यास का हिन्दी रूपान्तरण 'इम्फाल और इसकी आबो-हवा' (रूपान्तरकार श्री युमनाम इबोतोम्बी) प्रकाशित हुआ। प्रकाशित सामग्री इतनी ही है। अप्रकाशित सामग्री काफी है। मणिपुर विश्वविद्यालय के हिन्दी विभाग में एम० ए० के विद्यार्थियों के द्वारा अनेक कहानी व एकांकी संग्रहों के मणिपुरी से हिन्दी अनुवाद किये गये हैं। श्री निशान सिंह ने ही अन्य दो-तीन मणिपुरी रचनाओं का अनुवाद किया है। पत्र-पत्रिकाओं में यदा-कदा मणिपुरी कहानी, कविता, एकांकी आदि के अनुवाद प्रकाशित हुए हैं। आकाशवाणी से भी मणिपुरी से हिन्दी में अनूदित सामग्री का प्रसारण होता रहा है। कुल मिलाकर मणिपुरी से हिन्दी में बहुत सीमित अनुवाद हुए हैं जबकि हिन्दी से मणिपुरी अनुवादों की स्थिति इससे कहीं अच्छी है।

मणिपुरी से हिन्दी अनुवादों में प्रायः मेरा भी हाथ रहा है। एम० ए० के पाठ्यक्रम में अनुवाद का एक पर्चा रखा गया जिसमें मणिपुरी से हिन्दी और हिन्दी से मणिपुरी की किसी कृति का अनुवाद करने की व्यवस्था है। विगत दस वर्षों में विश्वविद्यालय के हिन्दी विभाग में अनेक विद्यार्थियों ने इन दोनों भाषाओं में अनुवाद किए हैं। अतः विद्यार्थियों के मार्ग में आनेवाली बाधाओं से परिचय रहा है। 'माधवी' का अनुवाद तो 1977 में प्रकाशित हुआ। अनुवादक श्री चिंगांबम निशान सिंह निंतम इससे पूर्व गोदान, चित्रलेखा, सेवासदन और प्रेमचंदजी की पांच कहानियों का मणिपुरी में अनुवाद प्रकाशित कर चुके थे। मेरी प्रेरणा से ही 'माधवी' का अनुवाद हिन्दी में हुआ। अनूदित 'माधवी' का प्रकाशन होते ही हम दोनों को स्थानीय विद्वानों की आलोचना का केन्द्र बनना पड़ा। मैंने अनूदित पुस्तक के लिए दो शब्द लिखे थे। अनुवाद कार्य में मित्र निशानजी मुझसे परामर्श करते थे अतः तीव्र आलोचना भी हम दोनों को सहनी पड़ी।

## समस्याएँ

वास्तव में मणिपुरी से हिन्दी अनुवाद की सबसे बड़ी समस्या है अच्छे अनुवादकों का अभाव। दोनों भाषाओं पर समान अधिकार रखने वाले अनुवादकों का नितान्त अभाव है। दोनों भाषाओं की भिन्न प्रकृति के कारण ध्वनि, शब्दावली एवं संरचना में जो अन्तर है वह अच्छे अनुवाद में बाधक है। सांस्कृतिक भिन्नता के कारण भी समानान्तर शब्द नहीं मिल पाते। परिणामस्वरूप पाद टिप्पणियों का सहारा लेना पड़ता है। कई बार मूल शब्दों को ज्यों का त्यों रखना पड़ता है। संरचनागत भेद के कारण कई वाक्यों का अनुवाद रूपान्तर मात्र होता है। इसीलिए पाचा मईतई के उपन्यास के हिन्दी अनुवाद को श्री युमनाम इबोतोम्बी ने तो हिन्दी रूपान्तर कहा है।

मणिपुरी के साधारण वाक्य का अनुवाद मिश्र वाक्य के रूप में करना आवश्यक हो जाता है। भाषा की प्रकृति को जाने बिना कई बार यह अनुवाद भ्रामक हो जाता है। जैसे मणिपुरी-महाक (वह) लाकीन (आएगा) हाइबा (कहना) ऐ (मैं) खंगइ (जानता)। हिन्दी—मैं जानता हूँ कि वह आएगा।

यहाँ हाइबा या कहना 'कि' के अर्थ में आया है। अतः अनुवादक को ऐसे स्थलों पर अपने विवेक का प्रयोग करना पड़ेगा वरना अर्थ स्पष्ट नहीं हो सकेगा।

मणिपुरी में 'जो' का प्रयोग नहीं होता या जो वाले वाक्य नहीं होते हैं अतः अनुवाद करते समय कठिनाई होती है, उदाहरण से यह बात स्पष्ट हो सकेगी—

मणिपुरी—ङराङ (कल) लाक्लमबा (आनेवाला / आया था) आङाङ (बच्चा) अदू (वह) ऐ (मैं) गी (का/की) इचा (बेटा) नी (है)।

हिन्दी—जो बच्चा कल आया था वह मेरा बेटा है।

संरचना के अन्तर के कारण कई बार जब अनुवादक केवल शाब्दिक अनुवाद का सहारा लेता है तो अर्थ स्पष्ट नहीं हो पाता है। अतः मणिपुरी वाक्य का अनुवाद करते समय उसका हिन्दी में रूपान्तरण आवश्यक हो जाता है।

मणिपुरी भाषा में तान का विशेष महत्व है और कई बार शब्द का पर्याय उपलब्ध नहीं होता है, जैसे मणिपुरी शब्द 'लाकचैंदा' में अपमान से उत्पन्न क्रोध-आत्मग्लानि का भावं निहित है। इस शब्द को बोलने पर ही इसके भाव का ज्ञान होता है। एक और उदाहरण देखिए—ऐं (मैं) नंगबू (तुम्हारी) वा (बात) रौइ (लेता हूँ) अर्थ होगा मैं तुम्हारी बात का बुरा मानता हूँ। अथवा वा (बात) रौ (लेना) बीनू/बिगनू (मत लीजिए) अर्थात बुरा मर मानिए। इन शब्दों का शाब्दिक अर्थ नहीं लिया जा सकता, बोलते समय की तान से ही यह अर्थ स्पष्ट होता है या लिखा होने पर सन्दर्भ के अनुसार अनुवाद आवश्यक है।

बहुत से शब्द ऐसे हैं जिनमें तान या उच्चारण से अर्थ भेद हो जाता है—काङ शब्द ऐसा ही शब्द है जिसका अर्थ मच्छर, रथ, एक खेल विशेष होता है।

मणिपुरी भाषा के कई संज्ञा शब्द ऐसे हैं जिनका हिन्दी अनुवाद सम्भव नहीं है। मणिपुरी भाषा में पशु-पक्षियों के नाम के साथ स्त्रीलिंग बनाने के लिए अमोम प्रत्यय जोड़ा जाता है और पुलिंग के लिए लाबा किन्तु कई बार इन शब्दों का उभय लिंग के रूप में भी प्रयोग होता है। ऐसी स्थिति में अनुवादक के सामने कठिनाई उत्पन्न हो जाती है। लिंग या वचन के कारण मणिपुरी भाषा के क्रिया रूप पर कोई प्रभाव नहीं पड़ता जबकि हिन्दी में लिंग वचन के अनुसार क्रिया रूप परिवर्तित होता है। मणिपुरी में जब सन (सल) अमोम शब्द आता है तो उसका अनुवाद गाय और सन लाबा का अनुवाद बैल करके तदनुसार क्रिया रूप का प्रयोग सम्भव है किन्तु जब केवल सन आए तो अनुवाद के सम्मुख क्रिया के लिंग का निर्धारण करना एक समस्या बन जाती है।

मछलियों, फूलों, पेड़-पौधों, खाद्य-पदार्थों, जीव-जन्तुओं के असंख्य ऐसे नाम है जिनके हिन्दी पर्याय सम्भव नहीं। यहां कुछ उदाहरण ही पर्याप्त होंगे—इरोम्बा या एरोम्बा का अक्सर हिन्दी अनुबाद चटनी किया जाता है किन्तु वास्तव में यह चटनी है नहीं। आलू, पत्ते, मिर्च, थांजि, योंचाक, ङारी आदि को उबाल कर बनाया जानेवाला यह खाद्य पदार्थ है जो अन्यत्र नहीं बनाया जाता है। थांजि एक जल-फल है जिसका अनुवाद नहीं किया जा सकता। योंचाक एक लम्बी फली है जिसका शाब्दिक अर्थ बन्दर का भात होता है, यह पेड़ पर लगती है। ङारी का अनुवाद मछली करना भी ठीक नहीं क्योंकि यह एक विशेष प्रकार की छोटी मछली है जिसको रासायनिक प्रक्रिया से शोधित करने के उपरान्त एरोम्बा में मिलाते हैं।

'खुदै' शब्द का हिन्दी समानान्तर शब्द तौलिया या गमछा मान लिया जाता है। परन्तु वास्तव में यह गमछा या तौलिया न होकर लम्बी छोटी धोती के आकार का गमछे की चौड़ाई का वस्त्र है जिसको मणिपुरी पुरुष घर में या खेत में काम करते हुए अधोवस्त्र के रूप में बाँधते हैं और लांग भी टाँकते हैं।

स्त्रियों के अधोवस्त्र 'फनेक' का अनुवाद भी सम्भव नहीं, इसको मेखला या लुंगी या तहमद कहकर अनूदित किया जाता है किन्तु वास्तविकता यह है कि यह उससे कुछ अधिक है। कभी इसको वक्षस्थल पर (स्तनों को ढँकते हुए घुटनों से थोड़ा नीचे तक) बाँधा जाता था। इसके भी अनेक प्रकार हैं जिनका अनुवाद संभव नहीं। यथास्थान पाद टिप्पणियों के अभाव में इन शब्दों को स्पष्ट नहीं किया जा सकता जो अच्छे अनुवाद के लिए अवांछनीय है।

कांङला-शा एक काल्पनिक पशु आकृति है जो राज्य में अशोक स्तंभ के समान राज्य चिह्न के रूप में प्रयुक्त होता है। इस शब्द का अनुवाद सम्भव नहीं। इसी प्रकार लाइरेन का अनुवाद अजगर किया जाता है किन्तु वास्तव में यह विशाल-काय सर्प है जिसकी छाया पड़ने से मनुष्य के शरीर पर सर्प के शरीर के चकत्तों के आकार व रंग के चकत्ते उभर आते हैं और मनुष्य बीमार हो जाता है और मर भी जाता है। 'शौग्री' (तरकारी) तथा 'ङारेन' (मछली का ठंडा किया हुआ रसा) का अनुवाद भी इनकी विशिष्टताओं के कारण सम्भव नहीं। तुमित (कीड़ा) या कौनजै कोकफाई (एक कीड़ा जो अपनी ही पीठ पर अण्डा देता है) जैसे अनेक संज्ञा शब्द हैं जिनका यथावत प्रयोग करना अनुवादक की विवशता है। लिकोल, काङ, मुक्ना, तोंग तोंग द्रूम्बी चक्रक नाक्रक चाकहवाईबी आदि खेल हैं जिनका अनुवाद सम्भव नहीं। थाबल चोङबी आदि कुछ नृत्य हैं जिनका अनुवाद भी नहीं किया जा सकता है। निङोन चकोबा, बारूनी आदि ऐसे त्योहार हैं जिनका अनुवाद भी सम्भव नहीं है।

कहीं पर कुछ पर्वतों, स्थानों और नदियों के नाम आते हैं जिनका पौराणिक या ऐतिहासिक महत्व होता है। नाम के साथ गुंफित अर्थ की अभिव्यक्ति अनुवाद

में लगभग असम्भव हो जाती है। कुछ लोककथाओं का प्रसंग आता है वहाँ पूरी कथा देना सम्भव नहीं हो पाता है। 'ढिबरी सखी' एक लोककथा है प्रतीकात्मक रूप से, इसका कविता में प्रयोग किया गया है किन्तु केवल लोककथा कहने से प्रतीक की अभिव्यक्ति सम्भव नहीं है।

मणिपुरी भाषा में कुछ ऐसे शब्द हैं जो अन्य भाषाओं से ग्रहण किए गए हैं। इन शब्दों में अर्थ परिवर्तन भी हुआ है। उदाहरण के लिए संस्कार शब्द मणिपुरी में केवल दाह संस्कार के सीमित अर्थ में प्रयुक्त होता है तो उत्सव केवल भोज के लिए। कलेजा का प्रयोग साहस के स्थान पर उदारतापूर्वक खर्च के सन्दर्भ में किया जाता है। अनुवादक को ऐसे शब्दों के अनुवाद में पूरी सावधानी रखनी पड़ती है।

मणिपुरी भाषा में आदरसूचक शब्दों का प्रयोग किया जाता है इसके लिए, क्रिया, या सर्वनामों में विभिन्न प्रत्यय जोड़े जाते हैं। हिन्दी में ऐसा नहीं होता। ऐसे स्थलों पर अनुवादक को कठिनाई होती है।

उदाहरण के लिए—

ऐं चत्‌चगे = मैं जाऊँगा

ऐं चाजगे = मैं खाऊँगा

यह चत्‌ एवं चा क्रिया में चगे/जगे प्रत्ययों के कारण जो शिष्टता प्रदर्शित की गई है वह हिन्दी अनुवाद में सम्भव नहीं।

मणिपुरी भाषा के महीनों के नामों का अनुवाद भी कठिन है। अनुवादक इनका हिन्दी महीनों में अनुवाद करते समय भूल करता है। क्योंकि मणिपुरी महीनों का आरम्भ अमावस्या के दूसरे दिन से होता है और एक से तीस तक तिथियाँ होती हैं। जैसे सजिबू मणिपुरी पचांग का प्रथम मास है जिसका आरम्भ चैत्र शुक्ला प्रतिपदा से होता है और वैशाख (कृष्ण) अमावस्या को यह समाप्त होता है। इसका अनुवाद करते समय अनुवादक चैत्र लिखने की भूल करते हैं जबकि आधा चैत्र व आधा वैशाख लिखना उचित है।

मणिपुरी में चावल के लिए चैं शब्द है जबकि पके हुए चावल के लिए चाक शब्द का प्रयोग किया जाता है। चाक के लिए भात का प्रयोग उचित है जबकि अनुवादक चावल कर देते हैं।

कहावत मुहावरों के अनुवाद की भी समस्या गम्भीर है। जैसे मणिपुरी— मखूत (उसका हाथ) साङबा (लम्बा) का अर्थ यदि उसके हाथ लम्बे हैं किया जाएगा तो अनर्थ हो जाएगा क्योंकि इसका अर्थ है—वह चोर है। ऐ (मैं) खूत (हाथ) ततले (टूटना) का अर्थ हाथ तंग होना करना होगा। कहीं-कहीं सरल भी है, जैसे लीन (सांप) सू (भी) सीबा (मरना) चैं (छड़ी) सू (भी) तैकतबा (नूटटना)। किन्तु कौनजैं कोकफाई (एक जलजीव) नोमब मखै (मेहनत करना या हिलना) नोमलगा (ज्यादा) मनंगनदा(पीठ पर) मरूम (अंडा) थुइ (देना) कहावत

का अनुवाद सम्भव नहीं केवल यह कहना होगा अथक परिश्रम के बाद भी फल नहीं मिला या अपयश मिला।

भौगोलिक एवं ऐतिहासिक कारणों से मणिपुरी और हिन्दी भाषा के सांस्कृतिक स्तर में पर्याप्त अन्तर है। अनुवादक को दोनों भाषाओं के सांस्कृतिक अन्तर का ज्ञान आवश्यक है। इस ज्ञान के अभाव में अनुवाद में भूलों की सम्भावना रहती है।

यहाँ मणिपुरी से हिन्दी अनुवाद की कतिपय समस्याओं का उल्लेख करके उनके समाधान की ओर भी संकेत किया गया है। किन्तु वास्तविकता यह है कि बिना पाद-टिप्पणियों के मणिपुरी से हिन्दी अनुवाद सम्भव नहीं है। इस बात को प्रमाणित करने के लिए एक उदाहरण कविता से दिया जा सकता है जिसका शीर्षक 'मई थाबा' है। मई अर्थात् अग्नि, थाबा अर्थात् जलाना किन्तु यहाँ मणिपुरी के प्राचीन धार्मिक ग्रन्थों को जिन्हें 'पुया' कहा जाता है को जलाना है। जब तक अनुवादक को 18वीं शताब्दी की इस ऐतिहासिक घटना का ज्ञान नहीं होगा अनुवाद भ्रामक हो सकता है। उल्लिखित समस्याएँ और समाधान मणिपुरी से हिन्दी अनुवाद के लिए उपयोगी सिद्ध हो सकते हैं।

# पश्चिमांचल

गुजराती
मराठी
कोंकणी

# गुजराती

## कालिदास त्रिवेदी

भाषा कोई भी हो, चाहे हिन्दी हो, अंग्रेजी, संस्कृत हो या गुजराती, उसके अनुवाद कार्य में कुछ मूलभूत समस्याएँ उत्पन्न होती हैं ! अनुबाद यानी एक भाषा में व्यक्त किए गए विचारों को दूसरी भाषा में अभिव्यक्त करने की प्रक्रिया, एक भाषा में व्यक्त किए गए विचारों को दूसरी भाषा में मूर्तिमंत करने के लिए दोनों भाषाओं का ज्ञान आवश्यक है, और केवल ज्ञान ही नहीं, अपितु दोनों भाषाओं की प्रकृति, उनकी विशेषताएँ तथा शैली, हाव-भाव, मिजाज का अच्छा ज्ञान जरूरी है। भाषा कोई भौतिक निर्जीव साधन नहीं है ! भाषा है मानव की समग्र चेतना को अभिव्यक्त करने वाला जीवंत एवं शक्तिशाली साधन, वह पंख से भी अधिक मुलायम, पुष्प से अधिक मृदु और समय आने पर तलवार या तोप से अधिक तेज या गगनभेदी साधन है, बर्फ जैसे हलके भावों तथा ताण्डवी मेघगर्जनाओं को एक साथ और समानता से ग्रहण करने के लिए देवों द्वारा दी गई अनोखी भेंट है। अर्थात् अनुवाद करते समय अनुवादक को दोनों भाषाओं की शक्ति-सामर्थ्य, विशेषताएँ और शैली का ख्याल रखकर आगे बढ़ना है।

अनुवाद एक कला है, श्रमसाध्य कला है। साथ ही साथ साधना भी है, जिसमें नैपुण्य के लिए तपश्चर्या अनिवार्य है, अतः एक कलाकार की भाँति अपनी कला में दक्षता सिद्ध करने के लिए अनुवादक को अनवरत परिश्रम करना पड़ता है। अनुवाद करते समय अनेक व्यावहारिक समस्याओं का सामना करना पड़ता है। दरअसल कभी-कभी अनुवाद कार्य मौलिक सर्जन की अपेक्षा कठिन होता है। बहुत से उदाहरण हैं जिनमें मूल कृति की अपेक्षा उसके अनुवाद अधिक लोकभोग्य एवं लोकप्रिय बने हैं। अनुवाद कला की यह सिद्धि है।

ज्ञान-विज्ञान का विपुल साहित्य अंग्रेजी भाषा में लिखा गया है। भारत में अंग्रेजी शासन के दौरान अनेक प्रकार का प्रशासनिक साहित्य लिखा गया था। सामान्यतः वह ऐसी भाषा है जिसे समग्र विश्व में लोग समझते हैं और उसको स्वीकार करते हैं। अनेक उत्कृष्ट विषयों का ज्ञान अंग्रेजी में लिपिबद्ध हुआ है। अतः साहित्य से लेकर वैज्ञानिक एवं तकनीकी जानकारी हमारी भाषाओं में लेने के लिए अनुवाद केवल शक्तिशाली माध्यम है। राज्य प्रशासन की भाषा के रूप में

अंग्रेजी दीर्घकाल तक जारी रही, फिर भी एक पुरातन उज्ज्वल संस्कृति तथा संस्कृत भाषा की विरासत वाले इस देश में ब्रिटिश शासन के समय में कुछ प्रादेशिक भाषाओं का भी अच्छा विकास हुआ। भारत स्वतन्त्र होने के पश्चात् 1946 में भाषाई राज्यों की रचना हुई और लगभग सभी राज्यों ने अपनी-अपनी प्रादेशिक भाषाओं को प्रशासन की भाषाओं के रूप में स्वीकार किया, गुजरात राज्य ने गुजराती के अतिरिक्त हिन्दी को भी राजभाषा का पद दिया। फलतः जो प्रशासनिक साहित्य अंग्रेजी में उपलब्ध था उसका अनुवाद अनिवार्य हुआ, इतना ही नहीं, अपितु एक भगीरथ कार्य प्रशासन के सामने आकर खड़ा हुआ।

हिन्दी-गुजराती में भी विपुल प्रशासनिक साहित्य का अनुवाद होने लगा। जहाँ तक साहित्यिक विधाओं का प्रश्न है, हिन्दी से गुजराती में बहुत कम अनूदित साहित्य उपलब्ध है, क्योंकि हिन्दी-गुजराती भगिनी भाषाएँ हैं। अतः सामान्यतः लोग मूल हिन्दी कृति को ही पढ़ लेते हैं। कई गुजराती साहित्यिक कृतियों का हिन्दी में अनुवाद हुआ है।

हिन्दी-गुजराती में अनुवाद करने में अनेक समस्याओं का सामना करना पड़ता है। उदाहरणार्थ समानार्थी पर्यायवाची शब्दों का चयन, मुहावरे, कहावतें जैसी विशिष्ट अभिव्यक्तियों की समानार्थी अभिव्यक्तियाँ ढूंढ़ने की समस्या, देश-विदेश में प्रचलित रूढ़ि-रिवाजों, शिष्टाचार के लिए पारिभाषिक शब्दों का अभाव तथा कई बार मूल भाषा में संदिग्ध या भ्रान्तिपूर्ण कथन, भाषा सम्बन्धी त्रुटियों के कारण अर्थ-निर्णय करके उचित समानार्थी शब्द के उपयोग की कठिनाई। अनुवादक को सभी विषयों की जानकारी नहीं होती, फिर भी उससे अपेक्षा की जाती है कि वह सर्वगुण सम्पन्न हो। अनुवादक के पास दोनों भाषाओं का पर्याप्त ज्ञान होना चाहिए और किसी भी शब्द की आत्मा तक पहुँचकर उचित समानार्थी शब्द, पर्याय चुनने की सूझ न हो तो अर्थान्तर की सम्भावना रहती है।

भाषा की पर्याप्त जानकारी के अभाव में अनुवादक केवल शब्द के बाह्य अर्थ को ही सही अर्थ समझता है और शब्दकोश या अपने सामान्य ज्ञान की सहायता से अर्थ चुनने का प्रयास करता है, फलतः अनुवादक के सामने अनेक समस्याएँ खड़ी होती हैं और वह सही अर्थ नहीं दे सकता। अतः अनुवाद केवल शाब्दिक हो जाता है। भाषा के कलेवर का निर्माण होता है उसमें प्राणों का संचार नहीं होता। शब्द में प्राण प्रतिष्ठा तो अर्थ से ही होती है। अनुवाद का प्राथमिक प्रश्न वफादारी का है। 'नाडमूलं लिखयतेकिश्चित' हेमचन्द्राचार्य जी के इस सूत्र के अनुसार अनुवाद उसकी मूलकृति को संपूर्ण वफादार होना चाहिए रहना चाहिए। मूल कृति के सर्जन की चेतना अनुवादक को स्पर्श कर लेती है तो वह अनुवाद की अवांछनीय त्रुटि हो जाती है और वह अनु···अनु···वदति के बजाय थोड़ा-सा विपथन हो जाए और पलभर स्वैरवि[illegible]र कर ले तो यह अनुवाद की अवांछनीय त्रुटि हो जाती है। पाठक को

मूल कृति या मूल सर्जक में ही दिलचस्पी होती है। केवल अनुवाद की उँगली पकड़ कर रसानुभूति या रसपान करता हुआ वह कृति तक जाना चाहता है। अनुवादक उसे बिलकुल उठा ले अथवा उसका लक्ष्य चुकवाकर अन्यत्र उँगली निर्देश करके रसक्षति करवाकर उसका ध्यान अन्य दिशा में आकर्षित करे यह उससे बरदाश्त नहीं होगा। सौजन्यपूर्ण भी नहीं है। यदि उससे रहा नहीं जाता तो अवश्य स्वतन्त्र, मौलिक रचना कर सकता है। लेकिन जिस लेखक की कृति का वह अनुवाद कर रहा हो उसके साथ अवांछनीय छेड़छाड़ करे या थोड़ी-सी बेवफाई करे, उसे कदापि बरदाश्त नहीं किया जा सकता। फिर भी बहुत-से स्थानों पर ऐसा होता रहता है। जिससे अनुवाद के बारे में किसी ने मधुर आलोचना की है, "यदि अनुवाद स्त्री की तरह सुन्दर हो तो वफादार नहीं होता और यदि वफादार होता है तो सुन्दर नहीं होता। यदि दोनों एक साथ हों तो ईश्वर की कृपा।" अनुवादक में एक विशिष्ट प्रतिभा होनी चाहिए। अनुवाद तो परकाया प्रवेश है। वह अपने आपमें विशिष्ट विद्या है, सर्जन कला है। सिंह का चमड़ा ओढ़ने से गधा सिंह नहीं हो जाता है। उसकी चाल बदलनी चाहिए, मिजाज बदलना चाहिए। अनुवाद असिधारा व्रत जैसा दुर्गम पथ शायद न हो, लेकिन एक ऐसा खेल तो अवश्य है, जिसमें नट रस्सी पर चलता है। प्रेक्षकों की तालियाँ पीटने की आवाज संगीत के सुर और रोटी पाने की पुकार नट के ध्यान में होने के बावजूद, अपने खेल के समय तो लक्ष्य की ओर एकाग्र रह कर संगीत, तालियाँ, इन सबसे प्रोत्साहित होता हुआ, अन्तर्भूत शक्ति से सन्तुलन बनाए रखते हुए धीरे से किन्तु स्थिर डग भरता है। बिलकुल उसी तरह अनुवादक सामान्य राग और द्वेष के बीच अडोल रहकर अनुवाद की सत्कला की आराधना करता है।

जब पारिभाषिक शब्दावली उपलब्ध न हो तब वैज्ञानिक एवं तकनीकी लेखों के अनुवाद कार्य में अनेक कठिनाइयाँ आती हैं। पारिभाषिक कोशों में एक शब्द के अनेक अर्थ दिए जाते हैं। उनमें से उचित अर्थ ढूंढ़कर पर्याय चयन करना मुश्किल हो जाता है।

हिन्दी से गुजराती अनुवाद करने में यह समस्या और भी गम्भीर हो जाती है। हिन्दी-गुजराती कोश बहुत कम हैं और पारिभाषिक हिन्दी-गुजराती, गुजराती-हिन्दी के स्तरीय शब्दकोशों का अभाव है। इसके फलस्वरूप ज्ञान-विज्ञान और तकनीकी साहित्य का हिन्दी से गुजराती में अनुवाद मुश्किल हो जाता है।

वैसे तो गुजराती और हिन्दी भगिनी भाषाएँ हैं, फिर भी दोनों की प्रकृति में अन्तर है, शब्दों की वर्तनी में भी फर्क है। उदाहरणार्थ हिन्दी में बिजली, कुटीर, पत्थर; गुजराती में बीजली, कुटिर, पथ्थर हो जाते हैं। कई बार वर्तनी समान होती है किन्तु अर्थ भिन्न होता है जो निम्नलिखित उदाहरण से स्पष्ट होता है।

| शब्द | हिन्दी अर्थ | गुजराती अर्थ |
|---|---|---|
| अकस्मात | अचानक | दुर्घटना |
| उपाधि | पदवी | दुःख |
| चारा | उपाय | पशु की खुराक |
| मीठा | मधुर | नमक |
| राजीनामा | सुलहपत्र | त्यागपत्र |
| सतर | 70 | 17 |
| सही | शुद्ध, ठीक | हस्ताक्षर |

अनेक प्रकार का साम्य होने के बावजूद भी हिन्दी गुजराती शब्दों की वर्तनी तथा अर्थ में परिवर्तन दिखाई देता है। गुजराती का 'संशोधन' हिन्दी में अनुसंधान हो जाता है।

अंग्रेजी से हिन्दी या गुजराती में अनुवाद करने में वर्तनी की (स्पेलिंग) गलती के कारण भारी उलझन पैदा होती है। उदाहरणार्थ sloth bear के स्थान पर cloth bear और Food chain के स्थान पर Good chain तथा Foot bath के स्थान पर Foot path छप जाने पर, शब्दकोशों की सहायता से भी अनुवादक सही अर्थ नहीं निकाल सकता और भ्रान्तिपूर्ण अनुवाद हो जाता है। मूल कथन अत्यन्त स्पष्ट होना चाहिए। इसमें किसी भी प्रकार की गलती की गुंजाइश नहीं होनी चाहिए।

गुजरात सरकार ने भारत सरकार तथा अन्य हिन्दी भाषी राज्यों के साथ हिन्दी में पत्राचार के करार किये हैं। इसके फलस्वरूप पत्र हिन्दी में आने लगे हैं। हिन्दी गुजराती तथा गुजराती-हिन्दी प्रशासनिक कोशों के अभाव के कारण पत्राचार की भाषा के कठिन शब्दों के सही अर्थ जानने में कठिनाई होती है। उदाहरणार्थ एक पत्र का शीर्षक था 'गृहकर समंक संग्रहण' समंक का अर्थ स्टेटिस्टिक =आँकड़े—जो रघुवीर के कोश के अलावा अन्य कोश में नहीं मिल सकता था। दूसरे एक प्रसंग में सीमेंट के वज्रचूर्ण का पर्याय था, वज्रचूर्ण की कीमतों में वृद्धि—इस निर्देश के अनुसार दवा या औषध का चूर्ण (पाउडर) मानकर आयुर्वेद निदेशक के कार्यालय में इसके बारे में पूछताछ की गई थी। यह विषय आयुर्वेद का न होकर निर्माण का था। अनपढ़ ग्रामीण आदमी भी सीमेंट शब्द को समझता है, तब अर्थ की दृष्टि से बिलकुल अपरिचित पर्याय का उपयोग करने में क्या औचित्य है? यह प्रश्न अवश्य उठा खड़ा होता, लेकिन फिलहाल, हम इसके बारे में बहस करना नहीं चाहते। उचित शब्दकोशों के अभाव में आम कर्मचारी को इस प्रकार के पत्रों का सही अर्थ समझने में जो कठिनाइयों का सामना करना पड़ता है उनको समझाना ही उद्देश्य है। अतः गुजराती मसौदे का हिन्दी रूपांतर अथवा हिन्दी

पत्रों का अर्थ समझकर गुजराती में टिप्पणियाँ लिखने का कार्य कठिन हो जाता है। हिन्दी भाषी राज्यों ने भी विविध पारिभाषिक कोश तैयार किये हैं। कई बार इन कोशों में एकरूपता नहीं दिखाई देती। अलग-अलग राज्यों ने एक ही शब्द के लिए अलग-अलग पर्याय निर्धारित किये हैं। उदाहरणार्थ Recommendation शब्द का अर्थ भारत सरकार के कोशों में सिफारिश, अभिशंसा, संस्तुति किया है, जबकि राजस्थान ने सिफारिश, संस्तुति, उत्तर प्रदेश ने सिफारिश, अभिशंसा और बिहार ने सिफारिश और अनुशंसा तथा मध्य प्रदेश ने सिफारिश, अनुशंसा, अभिस्ताव तथा हरियाणा ने सिफारिश, संस्तुति किया है। गुजरात ने त्रिभाषी प्रशासनिक कोश में **सिफारिश** शब्द लिया है।

हालाँकि इस विषय में एकरूपता लाने के लिए भारत सरकार के गृह-मंत्रालय के राजभाषा विभाग के अन्तर्गत केन्द्रीय अनुवाद ब्यूरो की 'शब्दावली समन्वय समिति' का कार्य सराहनीय है। एकरूपता न हो तो शब्दों के सही अर्थ ढूँढने में कठिनाई होती है। विभिन्न राज्यों से आने वाले पत्रों की भाषा समझने के लिए प्रत्येक राज्य के शब्दकोश की सहायता जरूरी हो जाती है। राज्य सरकारों के अलावा विभिन्न प्रदेश के विश्वविद्यालय और साहित्यिक संस्थाएँ आदि सार्थक उत्साह से बड़े पैमाने पर इस कार्य का उत्तरदायित्व सँभाल लें यह वर्तमान समय की अत्यंत बड़ी आवश्यकता है। इस कार्य में हमने जो उदासीनता दिखलाई है इसके लिए भावी पीढ़ी शायद हमें कदापि माफ नहीं करेगी।

# मराठी

डा० प्रभाकर ताकवले

## लेखन विधि

यह पण्डितमान्य है कि भारोपीय परिवार की संस्कृतोद्भव भाषाओं में मराठी भाषा भारत में दक्षिण की ओर की अन्तिम कड़ी है। पढ़ाई में एक-सी होने के कारण देवनागरी से उद्भूत दोनों मराठी-हिन्दी भाषियों को सुभीता है। कुछ इने-गिने वर्णों को छोड़कर (जैसे ळ मराठी में है तो झ, ण, ल हिन्दी में कुछ हेर-फेर के साथ लिखे जाते हैं।) लेखन विधि एक है। यह सुविधा होते हुए भी वर्तनी और कारक एवं विभिन्न रूपों के हिन्दी में मूल शब्द और कारक विभक्ति प्रत्यय शब्दों से सटकर (मराठी जैसे) न होने के कारण इन दो भाषाओं में लेखन-प्रविधि बिल्कुल अलग होती है। मराठी की 'रामाची टोपी' हिन्दी में 'राम की टोपी' होती है। 'गाँव में' मराठी में 'गावांत' होता है।' 'ळ' हिन्दी में नहीं है जिसका काम 'ल' से लिया जाता है। कुल संख्याओं को भी थोड़े अलग ढंग से लिखने की परिपाटी है। लिखावट में भी 'इ और ई' के चिह्न मराठी में आड़ी और खड़ी लकीर को हिन्दी की तरह बिल्कुल एक रेखांकन में नहीं लिखते। चन्द्रबिन्दु, नुक्ता यह हिन्दी की विशेषता है। यह होते हुए भी लिपि साम्य बहुत है।

## व्याकरण

'लिंग विचार' और 'वचन' का मराठी-हिन्दी भाषा में काफी अलग-अलग ढंग का है। लिपि साम्य बहुत होते हुए भी लिंग, वचन, वाक्य रचना, कारक, वर्तनी के भिन्न नियमों के कारण इन दो भाषाओं में काफी अन्तर है।

## लिंग

मराठी में संस्कृत की तरह तीन लिंग हैं, तो हिन्दी में केवल दो लिंग। मराठी के कई नपुंसक लिंग शब्द ही नहीं, पुल्लिग शब्द भी हिन्दी में स्त्रीलिंग हैं, जैसे—पुलिस, अग्नि, सरकार, आत्मा, देह, आवाज, पुस्तक आदि। इसके विपरीत मराठी के कुछ स्त्रीलिंग शब्द हिन्दी में पुल्लिग हैं, जैसे—इन्कलाब, मजा, एकांकी, छत्री। साथ-साथ कई मराठी नपुंसक लिंग शब्द हिन्दी में पुल्लिग होते हैं, जो हिन्दी

पंडितों के भी पहुँच के बाहर होते हैं और बोलचाल में हठात् गड़बड़ी पैदा करते हैं, यथा—फूल, झाड़, साहित्य, रूप, ध्यान, कपड़ा, हिन्दी में पुल्लिग रूपों में ही प्रयुक्त होते हैं।

शब्दों के लिंग विशेष पर अधिकार होना यह उभय भाषी पाठकों के लिए हिन्दी-मराठी में चुनौती है। 'लाठी' और गोली चलाने वाली जालिम सरकार भी (हिन्दी में) निकम्मी है।

## वचन और कारक

दोनों भाषाओं के एकवचन से बहुवचन बनाने के नियम बहुत अलग हैं। जैसे—बात-बातें (हिं०), बाता (मराठी); कथा-कथाएँ (हिं०), कथा (म०); वक्ता-वक्ते (म०), अनेक वक्ता (हिं०); माला-मालाएँ (हिं०), अनेक माला, बालिका-बालिकाएँ (हि०), अनेक बालिका, वीर बाला।

कारक को लेकर दोनों भाषाओं में काफी भिन्नता है। साथ-साथ अवयव, रिश्ते, सन्तान आदि मराठी के सम्बन्ध कारकीय रूपों के लिए हिन्दी में 'के' का प्रयोग होता है। मराठी में कर्म कारक 'ळा' का प्रयोग मिलता है। जैसे—दशरथ के चार बेटे थे (हिं), दशरथाळा तीन राण्या होत्या (म०)। हिन्दी में संस्कृत के कुछ तत्सम शब्द बहुवचन में वैसे ही बने रहते हैं। यथा—नेता, वक्ता, श्रोता, कार्यकर्त्ता, योद्धा। इसी प्रकार अन्य व्याकरणिक रूपों में असमानता है।

## शब्दार्थ एवं अर्थ भिन्नता

मराठी और हिन्दी के कतिपय शब्द एक होते हुए भी अर्थ की दृष्टि से भिन्नता लिए हुए हैं। इससे काफी भ्रम होने से गड़बड़ी पैदा होने की हठात् सम्भावना है। आन्दोलनों में बड़े-बड़े नेता तक इनमें फँस गये। 'संयुक्त महाराष्ट्र' के आन्दोलनों में बम्बई शहर को आवेश में बन्दर (बन्दरगाह नहीं) शब्द पर जोर देकर महाराष्ट्र में चलाया गया। डा० लोहिया जी ने सरकार को लकवामार [जूँ मारने वाली (म०)] कहा, उसका विकलांग सरकार, यह अर्थ ध्यान में न आने के कारण, एक सभा में काफी गड़बड़ी हुई।

अभ्यास से ऐसे अनेक शब्दों की तालिका बनाने लायक है जो इन दो भाषाओं में अलग-अलग अर्थ के साथ प्रयोग में आते हैं। विनोद, व्यंग्य ही नहीं सांस्कृतिक और सामाजिक इकाई स्थापन करने के लिए ये भेद जानकर उन्हें ठीक-ठीक दूर रखना होगा। यहाँ वर्षों के कुछ अध्ययन तथा इन दो भाषी जनों के सम्पर्क से तालिका प्रस्तुत की जाती है :

| समान शब्द | हिन्दी अर्थ | मराठी अर्थ |
|---|---|---|
| जाड़ा | ठंड के दिन | मोटा |
| खाली | रिक्त | नीचे |
| खड़ा | स्थित | कंकड़ |
| ओले | बर्फ़ के छोटे टुकड़े | गीला |
| कपाट | दीवार | कबर्ड |
| यात्रा | प्रवास | तीर्थ यात्रा |
| हल्ला | होहल्ला | शत्रु पर हमला |
| राजीनामा | सुलहनामा | त्यागपत्र |
| ऊन | बुनने के लिये गर्म कपड़ा | सूर्य का तेज प्रकाश |
| उपहार | भेंट | छोटा नाश्ता |
| चेष्टा | प्रयत्न | मसखरी |
| संसार | दुनिया | गृहस्थी |
| शिक्षा | शिक्षण | दण्ड |

ऐसे और भी कई शब्द हैं जो कि अर्थों की अलग-अलग छटाएँ दिखाते हैं। साथ-साथ अर्थसाम्य होते हुए भी वर्तनी में भिन्न होने वाले शब्द भी काफी हैं, जैसे—जनावर-जानवर, आळसी-आलसी, पाणी-पानी, वाघ-बाध, मदत-मदद, खुशामत-खुशामद, तट्टू-टट्टू, कागद-कागज, वाळू-बालू, आदि शब्दों के साथ-साथ कुछ मुहावरों और कहावतों में भी कुछ भावसाम्य होते हुए भी अर्थ भिन्नता है। पूना विद्यापीठ में मेरे मार्ग दर्शन में एक छात्रा ने इन दोनों भाषाओं के मुहावरों और कहावतों पर ही प्रबंध प्रस्तुत किया। विस्तार भय के कारण उसका सिर्फ संकेत यहाँ मैं उचित समझता हूँ। जिज्ञासु उसे देख सकते हैं। 'तिल का ताड़' या 'बात का बतंगड़ करना' इसके लिए 'राइचा पर्वत बनवणे' जैसे भावसाम्यात्मक मुहावरे तथा 'अथरुन पाहून पाय पसरणे' का 'उतने पाँव पसारिए जितनी लम्बी सौर' यह एक ही कहावत 'बिछावन और ओढ़न की जरूरत जाड़े के दिनों' में दो क्षेत्रों में अलग-अलग तरह से प्रस्तुत करती है।

## प्रादेशिक शब्द संभार

हर भाषा में अपनी आंचलिक विशेषताएँ होती हैं। अलग-अलग बोलियों का होना भी शब्द-भण्डार को बढ़ा देता है। ग्रामीण साहित्य भी इस शब्द-भण्डार से आपूरित हैं। मराठी के कई शब्दों का इस दृष्टि से अनूदित होना कठिन है। उनको जैसा है वैसा ही रखना और उनको यथास्थान कुछ विस्तार से लिखना उचित होगा।

मराठी की अहिराणी, वन्हाडी, कोंकणी; (अब पृथक भाषा के रूप में मान्य) मालवाणी नागपुरी ये बोलियाँ अपने खयं (खरसत्य), डांब (खांब) मानसा (माणसा-माणूस), पावायला (पहुँचाने के लिए) कुछ विस्तार भेद से पहचाने जा सकते हैं। मूल मराठी शब्द से अवश्य कुछ ध्वनि साम्य रखते हैं। बलुत, उपरा, तराळ (अतंराळ) ये आधुनिक मराठी की आत्मकथाएँ एक विशेष शब्दसंभार और मुहावरे जो अपशब्दों से आपूरित हैं, स्लैंग (अशिष्ट-अपभाषा) भाषा के नहीं एक निचले स्तर का घिनौना जीवन भी यथार्थ में उपस्थित करता है। हिन्दी का कुछ आक्रोश काव्य और कुछ आंचलिक साहित्य इसकी ओर संकेत करता है। सांस्कृतिक परिवेश फिर भी आचार और संस्कृति में भिन्नता होने के कारण देवदासी (रामजनी) पोतराज (बेताळ और लक्ष्मी भक्त), गोधवी (गाने वाली जाति), तथा उसके गीत और उनमें होने वाली, व्यक्त भावनाएँ भावसाम्य द्वारा कुछ अलग शब्दों से ही व्यक्त होंगी। जैसे पोतराज की एक पुकार है "आऽऽय ! लक्ष्मी आली धरातिचा बहुमान करा-कऽक कोल्हापुरची, लखापुरची लक्ष्मी, गणाराय" इसके 'कऽक' विशेषण को छोड़कर भावसाम्यात्मक अनुवाद किया जा सकता है। 'आम्राण' नामक किताब भी इसके जीवन पर मराठी में उपलब्ध है। 'पीवर' यह खानदेश में, नंदुरबार में एक विशेष चाय (केवल दूध से बनी जिसमें पानी का अंशमात्र नहीं) है। इन शब्दों को जैसे हैं वैसे ही रखना अनुवादकर्ता के लिए उचित होगा। उसी तरह से कुछ मराठी प्रदेशों में स्पेशल चाय के लिए 'गुलाबी' कहते हैं।

रीतिरस्म की बारीकियों तथा उनकी छोटी-छोटी चीजों का अनुवाद करना साधारण कार्य नहीं है। उसके लिए मिशनरी सद्भाव और कार्यप्रवण प्रवृत्ति की जरूरत है। भाव सामंजस्य के लिए मिलनसारी से ही यह सम्भव है। मराठी की 'पाणकला' 'आइ आहे शेतान' 'गारंबीचा बापू' 'सराई' 'पवना काठचा थोंड़ी' 'जैत रे जैत' 'माचीरचा बुधा' आदि मराठी की प्रादेशिक औपन्यासिक कृतियाँ हैं। इनके अनुवाद आंचलिक उपन्यासों के अध्ययन के लिए बहुत लाभप्रद हो सकते हैं। लोक साहित्य के लिए भी इनकी बहुत उपादेयता है। वेशभिन्नता को लेकर भी इन प्रादेशिक भूभागों में जो अलगाव मिलता है सांस्कृतिक अध्ययन के लिए अनेकता में एकता का एक अलग ही रास्ता दिखाई देता है। कोंकण में भेड़ चराने वाले ही नहीं पुराने कोंकण के गाँवों में भी 'लंगोटियाँ' पहनकर रहते थे। 'लंगोट' देश भूभाग की चीज है। हिन्दी में भी संस्कृत का 'कौपीन' शब्द नहीं चला पर लंगोटियाँ कभी-कभार मिलता है। हिन्दी भूभाग आंचलिकता को लेकर मराठी से बहुत सम्पन्न है, क्योंकि हिन्दी की अनेक बोलियाँ हैं।

संबंधवाचक रिश्ते दिखाने वाले शब्दों के लिए मराठी की अपेक्षा हिन्दी में काफी अधिक शब्द मिलते हैं। जैसे—आजा-आजी के लिए हिन्दी में दादा-दादी और

नाना-नानी ये शब्द पिता और माता के पिता-माता को लेकर हमें प्राप्त हैं। वैसे ही देवर-देवरानी, जेठ-जेठानी, ताऊ-चाचा, ताई-चाची ये शब्द मराठी में दीर-भाउजइ, चुलता-चुलती तक ही सीमित है। फूफा-फूफी (भुआ-फूफू), बुआ, फूआ के लिए मराठी में केवल 'अतोबा' और 'आत्या' शब्द मिलते हैं।

साथ-साथ अपनी अलग रीति रस्में तथा पहनावा होने के कारण उनका अनुवाद हो सकता है, सूक्ष्म तथा शत-प्रतिशत भाव और अर्थ सम्पन्न कदापि नहीं। मराठी की 'नऊ सहां पाँच वारी साडी' और 'साडी चोळी' केवल साड़ी और चुनरी नहीं हो सकती वह कुछ निश्चय ही अधिक अर्थवत्ता रखती हैं। इसी तरह से महाराष्ट्र में बनने वाली पैंठणी साड़ी, शालू, शेला, अंतरपाट वस्त्र, उपरणें आदि अनेक वस्त्र अपनी-अपनी विशेषता के साथ रहेंगे। फेटा, साफा, पगड़ी भी मराठी और हिन्दी भू-भाग में बाँधने की विविधता के कारण अलग हैं। हर रियासत की पगड़ी अलग-अलग नोंक लेकर बाँधी जाती थी। मराठी का सरदा, बंडी, बाराबंदी सिर्फ कुर्त्ता, झब्बा से अलग है। पागोटे एक अलग ही मराठी शिरोभूषण है। शिवाजी के समय 'डोइस मुंडासे' अलग था जो आज की पगड़ी से काफी भिन्न था। हिन्दी में ननसाल, ननिहाल, पीहर, मायका, मैका के लिए मराठी में केवल आजोळ-माहिर शब्द है पर मराठी में 'पंजोळ' है जो हिन्दी में नहीं। माँ का ननिहाल स्थल 'पंजोळ' है। 'मौसा' के लिए मराठी में शब्द नहीं है। जो हो, उर्दू के कारण हिन्दी भाषा की वाक्य रचना में एक 'शाही' वातावरण कुछ समय आया था। दरबार, कचहरी और दफ्तर के शब्द अरबी-फारसी से हिन्दी में आए और वे ही मराठी में भ्रष्ट रूप में आए। मराठी की कचेरी, दफ्तर जैसे शब्द इसके प्रमाण हैं। "रूखी-सूखी रोटी खाते वक्त भी मैं खाना (शाही ?) खा रहा हूँ।" यह हिन्दी में मिलता है।

कुछ लोकोक्तियों में केवल पारंपरिकता तथा ऐतिहासिक संदर्भ मिलते हैं। हिन्दी का 'बगल में बच्चा गाँव में ढिंढोरा' मराठी में 'काखेला कळसा—गाँव भर वळसा' बिल्कुल एक अर्थ में है पर एक में बच्चा तो दूसरी में कलसा! यह विषय सामाजिक शास्त्र के विद्यार्थी के अध्ययन का है, भाषाशास्त्री इसकी ओर इशारा मात्र कर सकते हैं। 'मेरी झांसी नहीं दूँगी', 'बचेंगे तो और भी लड़ेंगे', 'काका मसा वाचवा' होता जिवा मंहणून वाचला शिवा। 'लेंगे स्वराज लेंगे, स्वराज माझा जन्म सिद्ध अधिकार आते' ये अपने-अपने संदर्भ केवल उस भाषा को उपयोग करने वाले महामनों के कारण हैं। उनका केवल भावानुवाद ही हो सकता है। चीन युद्ध के समय की 'जिंकू किंवा मरूँ' या बर्फाचे तट पेटूनं उठेल—'सदन शिवाचे कोसक्ते' ये कविताएँ केवल भावान्तरित हो सकती हैं।

कैसे भी हों पर हिन्दी में पर्यायवाची शब्दकोश बने हैं। डॉ० भोलानाथ तिवारी इसके लिए अभिनन्दन के पात्र हैं। मराठी में एक मात्र हणमंते जी का एक

'संकेत कोश' है। ऐसे कोश अधिक मात्रा में और भी अध्ययनशीलता के साथ सम्पन्न होने पर ही अनुवाद कार्य और गहरा और विस्तृत हो सकता है। संस्कृत, अंग्रेजी आदि भाषाएँ इसमें सार्वभौम-सी हैं। उनका आदर्श मराठी हिन्दी के पंडितों के सामने होना समीचीन होगा। सौभाग्य से मराठी-हिन्दी पड़ोसी भाषाएँ हैं। हिन्दी प्रांत में स्थित कई शहर बरसों के संपर्क से नागपुर और उत्तर खानदेश तथा बम्बई में हिन्दी भाषी जन भी मराठी की बारीकियाँ जानने लगे हैं। यह परस्पर आदान-प्रदान तथा मेल-मिलाप का भी परिणाम है। आंतर भारती (साने गुरुजी) या विश्वभारती (रवीन्द्र जी) तथा महाराष्ट्र साहित्य राज्य संस्कृति मंडल, केन्द्रीय साहित्य अकादमी, नेशनल बुक ट्रस्ट, हिन्दी मराठी की साहित्यिक संस्थाएँ, कुछ प्रकाशक तथा अनेक छोटे-मोटे लेखक (मराठी-हिंदी के) इसमें सक्रिय जरूर हैं पर यह काम 'नौ दिन चले अढ़ाई कोस' वाली मंथर और अतीव धीमी गति से चल रहा है। भाषान्तर लोलुप अनुवादों का एक सुष्ठु अध्ययनशील दल अभी तक पैदा नहीं हुआ, जो संपन्न छोटे-छोटे यूरोपीय देशों में हमें बराबर मिलते हैं। इस संदर्भ में 'अंग्रेजी' से काफी ग्रंथ मराठी में और हिन्दी में भी आए हैं, पर मराठी-हिन्दी अनुवाद अभी तक पगडंडीनुमा है। श्रीपाद जोशी, पद्माकर जोशी, वसन्त देव, डा० बोरा और डा० प्रथमवीर तथा डा० चन्द्रकांत बान्दिवडेकर और [हाल ही में मृण्मयी (गो० नी० दांडेकर) का 'अथाह की थाह' तथा 'दासडोंगरी राहतों' का 'अग्निशिखा' के रूप में अनुवाद करने वाली] बहन मीरा नाँदगाँवकर जैसे इने-गिने लोग इसमें सक्रिय हैं। मराठी नाटकों के कुछ अच्छे अनुवाद भी सम्पन्न हुए हैं। विभिन्न मराठी विधा के हिंदी अनुवाद यह एक अध्ययन का अलग विषय है। मराठी में 'अनुवाद' नामक एक मासिक पत्रिका भी पु० वि० बेहरे कुछ समय पहले चलाते थे। राजनीति के क्षेत्र में इंदुमति केलकर ने अपने पतिदेव के साथ डा० लोहिया जी द्वारा लिखित डेढ़ हजार पृष्ठों का मराठी में अनुवाद किया है, लेकिन यह 'अंग्रेजी हटाओ' का प्रभाव हो सकता है। मराठी अनुवादकों की कुछ अड़चनें राष्ट्रीय एकता के लिए कहीं उजागर होतीं तो अच्छा होता।

उपन्यास के क्षेत्र में प्रकाश भांतब्रेकर जी ने अरुण साधूजी के उपन्यासों का हिन्दी अनुवाद प्रस्तुत किया है। आपने गंगाधर गाडगील के 'दुर्दम्य' का भी हिन्दी में अनुवाद किया है जिसे केन्द्र सरकार का पुरस्कार प्राप्त है। चन्द्रकांत पाटिल, विलास गीते, हातकणगतेकर जैसे मराठी कविता कथा के हिन्दी अनुवादक आज कल मिलते हैं। उनके अनुवादों में कई समस्याएँ और भी बारीकी से हम विधा अनुवाद को लेकर पा सकते हैं। अनुवाद का व्रत लेने वाले नियतकालिकार म. कृ. सामंत तथा स्वर्गवासी हंसकार अंतरकर और स्व० पु० वि० बेहेरे जी का कार्य भी इस सिलसिले में देखा जा सकता है। प्रासंगिक विषयों और ज्वलंत प्रश्नों के लिए अलग-अलग शब्दसंभार इसमें हिंदी को समृद्ध करते हैं, जैसाकि भारतीय संविधान

में उल्लिखित है। जहाँ तक ले सकें समय पड़ने पर 'संस्कृत' से हम शब्द उधार लेंगे पर जरूरत पड़ने पर अंग्रेजी जिस तरह से दुनिया की अलग-अलग संपन्न भाषाओं को पचाकर आगे बढ़ी उसी तरह राष्ट्रभाषा हिन्दी को भी अग्रसर होना पड़ेगा अन्यथा "उत्पद्यन्ते विलीयन्ते दरिद्राणां मनोरथाः" यह उक्ति केवल अर्थ-प्राप्त में नहीं, 'शब्दार्थ' प्रांगण में भी सही होगी जो मराठी-हिन्दी-प्रेमियों को 'दरिद्र' ही रहने के लिए विवश करेगी। कणशः क्षणशः यह शब्द धन बढ़ाना और जुटाना होगा तभी हम महात्मा कबीरदास की धुन में कुछ कह सकते हैं—

शब्द बराबर धन नहीं जो कोई जाने मोल।
हीरा तो दामों मिले, शब्द ही मोल न तोल ॥
वह मोती मत जानियो पुहै पोत के साथ।
यह तो मोती शब्द का बेधी रहा सब गात ॥

जिसे मराठी के तुकाराम बराबर अलग-अलग शब्दों में, और भी उजागर करते हैं।

अम्हा धरीं धन शब्दांचीच रत्नें, शब्दांचीच शस्त्रें यत्नें करूँ।
शब्दची आमुध्या जीवाचे जीवन, शब्देंवाटू धन जीवी लोकाँ।

[हमारे घर में शब्दों के रत्न ही खूब हैं, शब्द ही हमारे अलग-अलग हथियार हैं। शब्द ही हम जैसे सन्त (और कवियों के) के जीवन की प्राणदायी शक्तियाँ हैं और हम शब्द रूपी धन ही प्रजा को बाँट देंगे।]

# कोंकणी

डा० सुनीता

भारतीय संस्कृति एवं साहित्य के विकास के लिए भारतीय भाषाओं का परस्पर आदान-प्रदान आज अत्यन्त आवश्यक बन गया है। हिन्दी और अन्य भारतीय भाषाओं में आदान-प्रदान की यह प्रक्रिया निरन्तर चलती रही है। अनुवाद इस आदान-प्रदान का सबसे सशक्त माध्यम है। यही व्यक्तियों को एक दूसरे की सभ्यता, रहन-सहन और संस्कृति से परिचित कराकर उन्हें एक दूसरे के निकट ला सकता है और आपसी सौहार्द बढ़ाकर मानवता का विकास कर सकता है। अनुवाद के माध्यम से हिन्दी का संबंध बँगला, गुजराती, मराठी, मलयालम, कन्नड़, तेलुगु आदि सामान्यतः सभी भारतीय भाषाओं से स्थापित हो चुका है। संपर्क भाषा के माध्यम से इन भाषाओं का साहित्य और संस्कृति दोनों एक दूसरे के सामने आ चुके हैं। लेकिन कोंकणी जो भारत के दक्षिणी राज्यों में बोली जाती है, अभी इस दृष्टि से पिछड़ी हुई है। साहित्यिक और सांस्कृतिक प्रवृत्तियों की झलक यदि हिन्दी में नहीं आई तो अखण्ड भारत के स्वप्न और आदान-प्रदान को पूर्ण नहीं माना जा सकेगा।

कोंकणी और हिन्दी दोनों भाषाएँ एक ही सांस्कृतिक वर्ग, एक ही भाषा परिवार की भाषाएँ रही हैं। ऐतिहासिक और सांस्कृतिक दृष्टि से भी ये परस्पर संबद्ध हैं। इनका विकास एक ही मूल भाषा से हुआ है। इनके बोलने वालों के रीति-रिवाज, धर्म, आदर्श और विचारधाराएँ इन्हें विरासत में मिली हैं। इसलिए थोड़ी-बहुत समानताएँ लिए हुए हैं। भिन्न सांस्कृतिक वर्गों और परिवारों की भाषाओं के अनुवाद में जो कठिनाई होती है उतनी कोंकणी-हिन्दी अनुवाद में नहीं होगी। फिर भी कोंकणी और हिन्दी का क्षेत्र भिन्न रहा है। हिंदी का क्षेत्र उत्तर भारत है तो कोंकणी का क्षेत्र दक्षिण भारत कहा जा सकता है। एक ही आर्य परिवार में उत्पन्न होकर अन्य उत्तर भारतीय भाषाओं के साथ विकसित होने के कारण कोंकणी के शब्द-भण्डार, वाक्य-रचना या शैली में हिन्दी के साथ कुछ हद तक अन्य उत्तर भाषाओं की भाँति आपसी मेल है। इस कारण से कोंकणी-हिन्दी अनुवाद का कार्य कुछ हद तक सरल भी है। फिर भी स्थान-भेद, भाषा की प्रकृति, भाषा की विशेषताएँ आदि को देखने पर ऊपर से समान

रहते हुए भी कोंकणी के बीच हिन्दी में कुछ ऐसे तत्त्व अर्न्तनिहित हैं जो इन भाषाओं के बीच अनुवाद कार्य को काफी कठिन बना देते हैं। अभिव्यक्तिगत समस्या कोंकणी-हिन्दी अनुवाद की प्रमुख समस्या मानी जा सकती है। उदाहरण से यह बात और भी स्पष्ट हो जायगी—

"आपण जैंसे बोलतौं तसेंच लिहितो असे नाहीं। कारण, स्थलपरत्र्यें किं वा जाति परत्र्यें माणसा ची बोलण्या ची भाषा भिन्न असने। सर्वां ची लेखना ची भाषा मात्र सारखी असने। दोन माणसें जशी दिसण्यांत हुबेहुब एक सारखी नसतात, न्या प्रमाणें कोणती हीं दोन माणसें सारखी भाषा बोलत नसतात।"

(सतख्यां शतकांतील गोमंतकी बाली, प्रस्तावना, पृ० 17)

अर्थ—व्यक्ति जैसे बोलता है वैसे लिखता नहीं है। कारण, स्थान या जाति के अनुसार मनुष्य की बोलने की भाषा भिन्न होती है। सभी लोगों की लिखने की भाषा ही समान होती है। दो व्यक्ति जैसे देखने में हूबहू एक जैसे नहीं हैं, वैसे ही दो व्यक्ति समान भाषा भी नहीं बोलते।

यहाँ पर 'आपण,' 'सर्व,' 'सारखी,' आदि शब्द हिन्दी के लिए सुपरिचित हैं। फिर भी प्रस्तुत प्रसंग में अभिव्यक्तिगत भिन्नता ने इन्हें हिन्दी के लिए बिलकुल अपरिचित बनाया है। इसलिए अनुवाद में इनका प्रयोग नहीं हो सका।

अनुवाद एक भाषा में व्यक्त विचारों को यथासंभव, सहज और समान ढंग से दूसरी भाषा में प्रस्तुत करना होता है। इसमें अनेक प्रक्रियाएँ जाने या अनजाने चलती रहती हैं, जिनके कारण भाषागत समानताओं के होते हुए भिन्न प्रकार की समस्याओं का उदय हो जाता है। इनमें सर्वप्रमुख हैं—शब्दावली की समस्या, अभिव्यक्ति की समस्या, सांस्कृतिक समस्या आदि। कोंकणी और हिन्दी अनुवाद की समस्याओं पर इसी दृष्टि से विचार किया जायेगा।

## शब्दावली की समस्या

कोंकणी हिंदी अनुवाद में शब्दावली की समस्या अत्यंत महत्वपूर्ण रही है। कोंकणी और हिन्दी ने संस्कृत से कई तत्सम एवं तद्भव शब्दों को स्वीकार किया है। इनमें कई शब्दों के अर्थ दोनों भाषाओं में भिन्न-भिन्न रहे हैं। भावाभिव्यक्ति की दृष्टि से दोनों भाषाओं में इन शब्द प्रतीकों को संगठित करने की प्रणाली समान नहीं है। अर्थ की दृष्टि से कोंकणी और हिन्दी शब्दों के प्रयोग में काफी भिन्नता दिखाई देती है। कई ऐसे शब्द भी प्राप्य होते हैं जो रूप की दृष्टि से समान होते हुए भी अर्थ की दृष्टि से काफी अन्तर रखते हैं। ऐसे शब्द अनुवाद में व्यवधान करते हैं। उदाहरण के लिए—

| कोंकणी शब्द | अर्थ | हिन्दी शब्द | अर्थ |
| --- | --- | --- | --- |
| ऊब | गरमी, भाप | ऊब | थकावट |
| बोट | ऊँगली | बोट | नाव |
| नाम | तिलक मुद्रा | नाम | वह शब्द जिससे किसी वस्तु का बोध हो |
| शिक्षा | दण्ड | शिक्षा | तालीम |
| साल | दुपट्टा | साल | वर्ष |
| यजमानु | मालिक | यजमान | यज्ञ करने वाला |
| खोलु | नमक का पानी | खोल | आवरण |
| वर्तमान | समाचार | वर्तमान | मौजूदा |
| बाल | पूंछ | बाल | केश |
| अनुवाद | अनुमति | अनुवाद | तर्जुमा |

यहाँ पर अनुवादक जो स्रोत भाषा (कोंकणी) का सामान्य ज्ञान और लक्ष्य भाषा (हिन्दी) का अच्छा खासा ज्ञान रखता हो, ऊपर दी गई तालिका में से अनेक शब्दों के प्रयोग में गलतियाँ कर सकता है। हिन्दी में पहले से ही स्थिर अर्थ कोंकणी में उसे नया लगने लगता है। रूपगत समानता को देखकर वह उसमें परिचित भाषा का अर्थ आरोपित कर देता है। कोंकणी और हिन्दी दोनों भाषाएँ संस्कृत से विकसित एवं समान वर्तनी से संबद्ध हैं। अतः इनके अनुवादक एक दूसरे की भाषा में समानता की आशा रखते हैं। परिणामस्वरूप भ्रम हो जाने की संभावना रहती है। कोंकणी और हिन्दी की तत्सम, तद्भव और कुछ हद तक विदेशी शब्दावली प्रचुर मात्रा में समान रूपी एवं समानार्थक रही है। इनमें से कुछ शब्द समानार्थक होते हुए भी अपने में सूक्ष्म ध्वनिगत अन्तर लिए हुए रहते हैं। जैसे—

| कोंकणी शब्द | हिन्दी शब्द | कोंकणी शब्द | हिन्दी शब्द |
| --- | --- | --- | --- |
| कप्पूसु | कपास | विक्कीरो | बिक्री |
| दीवो | दिया | नॅळो | नल |
| तीनि | तीन | सिप्पायि | सिपाही |
| नवें | नया | केसु | केश |
| वांजि | बाँझ | श्वान्दु | कन्धा |
| वंटप | बाँटना | जीब | जीभ |
| वट्टावप | बटाना | मोग्गोरें | मोगरा |
| सुक्कपे | सूखना | भूक | भूख |
| भिक्कारि | भिखारी | वीस | बीस |

कोंकणी से हिन्दी में अनुवाद करते समय ध्वनियों के इस सूक्ष्म अन्तर से अनुवादक को सचेत रहना पड़ता है। कहीं-कहीं ऐसा भी होता है कि स्वरागम, स्वरलोप, व्यंजनागम और व्यंजन लोप के कारण शब्दों के अर्थों में परिवर्तन हो जाता है। जैसे कोंकणी भोव्रो (लट्टू) और भोव्वोरु (भ्रमर) में। कहीं-कहीं एक ही शब्द के भिन्न अर्थ रहते हैं जैसे घड़ि (परत, क्षण भर का समय) में। हिन्दी के कुछ सामान्य शब्द कोंकणी में सानुनासिक रहते हैं। जैसे--नाच और नाँच। इनमें कहीं अर्थ परिवर्तन भी मिलता है। जैसे—नाव (नौका) और नावँ (नाम) में। ऐसे शब्द भी मिलते हैं जो दोनों भाषाओं में समान रूपी एवं समानार्थक रहते हुए भी विशेष रूढ़ प्रयोगों के कारण अर्थ व्याप्ति के शिकार बन गये हैं। 'रोटी' शब्द इसका उदाहरण है। यह शब्द दोनों भाषाओं में एक ही अर्थ (चपाती) में चलता है। लेकिन हिन्दी में इसके जरिये जीवन निर्वाह की ओर भी संकेत किया जाता है जो कोंकणी के लिए अपरिचित है। कोंकणी में इसी अर्थ में 'सीत' शब्द चलता है जो पके हुए चावल के लिए भी प्रयुक्त होता है। इस प्रकार कोंकणी हिन्दी अनुवाद में शब्दावली की समस्या अत्यन्त विकट रही है, जिसका समाधान तभी सम्भव है जब अनुवादक ऐसे शब्दों से सजग रहे और इनके बीच के सूक्ष्म अन्तर को समझकर जाँच-परख के बाद सही शब्द का चुनाव करे।

शब्दावली की समस्या के सन्दर्भ में पारिभाषिक शब्दों की समस्या पर विचार करना असंगत नहीं होगा। गोवा प्रान्त में सरकारी कागकाज के लिए आजकल अंग्रेज़ी के साथ-साथ कोंकणी का प्रयोग भी होता रहता है। ऐसी हालत में सरकारी पत्र व्यवहार का अनुवाद जब सम्पर्क भाषा हिन्दी में किया जाय तो पारिभाषिक शब्दावली की समस्या खड़ी हो जायगी। यहाँ पर शब्दों के अर्थ को पूर्णरूप से समझे बिना उनका प्रयोग भ्रामक रहेगा और अनुवाद क्लेश पूर्ण बन जायेगा। सरकारी कागज़ों में लिखी जाने वाली कोंकणी में सामान्य शब्दों को छोड़कर विशेष शब्द ज्यादा होंगे। वैज्ञानिक अनुवाद की भी यही समस्या है। पारिभाषिक शब्दों की वृद्धि से चूंकि कोंकणी अभी विकास की प्रारम्भिक अवस्था में है, इसलिए इस क्षेत्र में भारत सरकार द्वारा आयोजित वैज्ञानिक तथा तकनीकी शब्दावली आयोग द्वारा प्रकाशित पारिभाषिक शब्दों का प्रयोग कोंकणी में भी किया जा सकता है। जहाँ ये शब्द असुविधा उत्पन्न करेंगे वहाँ पर अन्य भारतीय भाषाओं से पारिभाषिक शब्दों को ग्रहण किया जा सकता है। उदाहरण के लिए विधान सभा, विधेयक, संसद, सांसद, राष्ट्रपति, नगरपालिका, निगम, परिपत्र, लिपिक, कुलपति, पावती आदि शब्द कोंकणी में भी प्रयुक्त किये जा सकते हैं। ऐसी हालत में हिन्दी-कोंकणी अनुवाद आसान रह जाता है। समस्या तब उठती है जब एक ही अंग्रेजी शब्द के लिए कोंकणी और हिन्दी में भिन्न-भिन्न शब्द चलते हैं। जैसे अंग्रेजी Physics, Psychology, Honosarinum Experts, Board आदि

शब्दों के लिए कोंकणी में क्रमशः पदार्थ विद्या, मनोविद्या, मानधन और जानकार मण्डल एवं हिन्दी में भौतिकी, मनोविज्ञान, मानदेय और विशेषज्ञ मण्डल आदि। इस समस्या का समाधान तभी हो सकता है जब कोंकणी अखिल भारतीय पारिभाषिक शब्दावली का अनुवर्तन करे जो मूल रूप से हिन्दी शब्दावली के निकट रहती है।

## लिंग की समस्या

कोंकणी में तीन लिंग हैं—पुल्लिंग, स्त्रीलिंग और नपुंसकलिंग। जबकि हिन्दी में केवल दो ही लिंग हैं—पुल्लिग और स्त्रीलिंग। कोंकणी का यह लिंग विधान अधिकांशतः संस्कृत के अनुवर्तन पर ही चलता है। अचेतन वस्तुओं को अक्सर इस भाषा में नपुंसकलिंग में रखा जाता है जैसे मेज (मेज़), कदेल (कुर्सी) आदि। हिन्दी में ये दोनों शब्द स्त्रीलिंग हैं। रूप में समानता होते हुए भी लिंग में जो परिवर्तन दिखाई देता है वह अनुवाद की प्रक्रिया में व्याघात उत्पन्न कर सकता है। इस प्रकार समानरूपी समानार्थक शब्द जब एक भाषा में पुल्लिग और दूसरी भाषा में स्त्रीलिंग होते हैं तो अनुवादक को अधिक सतर्क रहना पड़ता है। 'आत्मा' शब्द कोंकणी में पुल्लिग है और हिन्दी में इसका प्रयोग अक्सर स्त्रीलिंग में होता है। व्याकरण की इस उलझन से अनुवादक भ्रमित हो सकता है और स्रोत भाषा के लिंग को लक्ष्य भाषा के शब्दों पर आरोपित कर सकता है। इसी प्रकार हिन्दी में घण्टा शब्द पुल्लिग है और घण्टी शब्द स्त्रीलिंग है। दोनों के अर्थों में भी बारीक अन्तर है। कोंकणी में दोनों के लिए एक ही शब्द चलता है—'घाण्ट' जिसका प्रयोग स्त्रीलिंग में होता है। 'मान' शब्द हिन्दी में आदर के लिए प्रयुक्त होता है जो पुल्लिग में रहता है। कोंकणी में प्रयुक्त इस शब्द के दो लिंग हैं—पुल्लिग और नपुंसकलिंग। पुल्लिग में इसका अर्थ है 'अभिमान' और नपुंसकलिंग में इसका अर्थ है 'गरदन'। कोंकणी में और हिन्दी में आने वाली इस समस्या को मूलरूप से निम्नलिखित रूप में रखा जा सकता है—(1) कोंकणी का नपुंसकलिंग हिन्दी में पुल्लिग होता है जैसे 'घर' शब्द। वस्त्र, पत्र, फल आदि अन्य उदाहरण हैं।

(2) कोंकणी का नपुंसकलिंग हिन्दी में स्त्रीलिंग होता है जैसे नाँक (नाक), चम्पें (चम्पा) आदि।

(3) कभी-कभी कोंकणी की स्त्रीलिंग हिन्दी में पुल्लिग बन जाता है जैसे नाति (नातिन) में।

कोंकणी और हिन्दी में लिंग सूचक प्रत्ययों के प्रयोग में भी काफी अन्तर दिखाई देता है। कोंकणी में नपुंसकलिंगवाची प्रत्यय लगाकर छोटी या कोमल वस्तुओं का अन्तर व्यक्त किया जाता है। जैसे—

खोट्टो (टोकरा) > खोट्ट्ळें, कर्टें (नारियल का खोल) > कर्टूळें,

शेण्डि (चोटी)>शेण्डकूल, बुक्को (बिलाव)>बुक्कूल आदि। लेकिन हिन्दी में इसके लिए स्त्रीलिंग प्रत्ययों का प्रयोग होता है। जैसे—रस्सा> रस्सी, डोरा>डोरी, डिब्बा>डिबिया आदि। डोरा शब्द कोंकणी में ध्वनि-भेद के साथ चलता है 'दोर' जिसका अर्थ है रस्सी। डोरी शब्द भी कोंकणी में ध्वनिभेद के साथ चलता है 'दोरि' जिसका अर्थ हिन्दी की डोरी शब्द के अर्थ से मिलता है लेकिन कोंकणी 'दोर' शब्द से इसका कोई नाता नहीं है। भाषा की इन प्रवृत्तियों के कारण अनुवाद में लिंग की यह सूक्ष्म कल्पना समस्या उत्पन्न करती है। अनुवादक को यहाँ अत्यन्त सतर्क रहना पड़ता है।

## अभिव्यक्ति की समस्या

कोंकणी-हिन्दी अनुवाद में अभिव्यक्ति की समस्या काफी महत्व की रही है। कोंकणी के कुछ विशेष प्रयोगों का अनुवाद जब हिन्दी में जैसे के तैसे किया जाता है तब अनुवादक अभिव्यक्ति में गलतियाँ कर बैठता है। उदाहरण के लिए कोंकणी का प्रयोग है। "मक्का दोनि वोरव दी" जिसका अर्थ है मुझे थोड़े चावल दे दो। यहाँ दोनि शब्द का अर्थ दो न होकर थोड़ा या कुछ किया जाता है। अनुवादक को ऐसे प्रयोगों से सतर्क रहना पड़ता है। मुहावरों और कहावतों की स्थिति भी कुछ इसी प्रकार की है। कोंकणी और हिन्दी में समान मुहावरे और कहावतें मिलती हैं। जैसे, **तोंड करप**=मुँह बनाना। **उज्जो लावप**=आग लगाना। **नंकारि बोट दवरप**=नाक पर ऊँगली रखना आदि। कहीं-कहीं रूप में समान लगते हुए भी अर्थ में भिन्नता रखने वाले मुहावरे भी प्राप्त होते हैं जैसे **तोंड काळें करप**=मुँह काला करना। यहां पर कोंकणी में जब अप्रसन्नता सूचित की जाती है तो हिन्दी में कलंक या बदनामी। कोंकणी-हिन्दी अनुवाद में ऐसे मुहावरे निस्सन्देह समस्या पैदा कर सकते हैं। कहावतों की भी यही हालत है। दोनों भाषाओं में थोड़ी बहुत रूपगत भिन्नता के साथ समानार्थक कहावतें चलती हैं जैसे कोंकणी में **कुर्ड्यालि दिव्टि** और हिन्दी में **अंधे की लाठी**। **कुर्ड्याले हलांतु माणीक**>**अंधे के हाथ में हीरा** आदि। इस सूक्ष्म अन्तर से अनुवादक को हमेशा सतर्क रहना पड़ता है।

कोंकणी का सर्जनात्मक साहित्य अपने में विशेष महत्व लिए हुए है। उसका प्राचीन साहित्य धर्म ग्रन्थों के रूप में था जो आंशिक रूप में ही आज प्राप्त होता है। इसके साथ-साथ आजकल कोंकणी का नया साहित्य विकसित हो रहा है जिसके अन्तर्गत कविता, कहानी, उपन्यास, नाटक आदि मिलते हैं। इस साहित्य का परिचय सम्पूर्ण भारतीय जनता को देने के लिए सम्पर्क भाषा हिन्दी में इसका अनुवाद करना होगा। यहाँ पर अभिव्यक्ति की समस्या से अनुवादक को जूझना पड़ेगा। 'रघुरामायण' के शूर्पणखा प्रसंग से एक उदाहरण लिया जा सकता है—

खंचे देशां थक्कूनु हंगा भायर सरलि?
नावँ तुग्गेबें कसलें, सांग वासस्थल ।
आमका देक्कून आत्रं तुक्का इत्रें फल?
श्रीरामालग्गि शूर्पणखा सांगतलि जाल्लि ।

अर्थ—किस देश से आना हुआ ? नाम क्या है, कहाँ वासस्थान ?
हमसे आपका मिलना क्यों हुआ ? शूर्पणखा राम से कहने लगी ।

यहाँ पर सांगतलि जाल्लि कोंकणी का विशेष प्रयोग है जो हिन्दी में शब्दानुवाद करने पर (कहने वाली बन गई) का अर्थ देता है जो हिन्दी के प्रकृति के अनुकूल नहीं है । ऐसे प्रयोग अनुवाद के सौन्दर्य को नष्ट कर सकते हैं । अनुवादक को इनसे सतर्क रहना पड़ता है ।

## सांस्कृतिक समस्याएँ

कोंकणी और हिन्दी भाषियों के इतिहास, धर्म और अनेक तीर्थ सामान्यतः एक ही हैं । राम, शूर्पणखा, कुब्जा, अष्टावक्र आदि पौराणिक पात्र दोनों भाषाभाषियों के लिए सुपरिचित रहे हैं । लेकिन कई देवी-देवताओं का नाम जैसे शान्तादुर्गा, विठळ, बेताल, चामुण्डेश्वरी शैलोबा, विठोबा, दामोदर, आदि हिन्दी भाषियों के लिए अपरिचित हैं । इनकी जानकारी के लिए केवल नाम बताने से काम नहीं चलेगा । इनकी पूरी जानकारी के लिए अनुवाद में व्याख्या की आवश्यकता रहती है । इसी प्रकार गणेशपूजा का विधान कोंकणी और हिन्दी भाषियों के लिए नया नहीं है। फिर भी उसकी प्रतिष्ठा भिन्न स्थानों में भिन्न रूपों में होती है। ऐसे स्थानों पर अनुवाद में टिप्पणियों और व्याख्याओं से काम चलाया जा सकता है। भूगोल, जल-वायु, सामाजिक रीतिरिवाजों, परम्पराओं, जाति सम्बन्धों आदि में भेद होने के कारण दोनों क्षेत्रों के खानपान, वेशभूषा, खेलकूद, आचार-व्यवहार में भेद रहता है। अनुवादक को पाद टिप्पणियों में यथास्थान इनकी व्याख्या करनी पड़ती है।

कोंकणी का अपना सम्पन्न लोकसाहित्य रहा है । इसे हिन्दी भाषियों के सामने अनुवाद के माध्यम से ही प्रस्तुत किया जा सकता है । लोकसाहित्य का यह अनुवाद समस्याओं से पूर्ण रहता है क्योंकि इस साहित्य में संस्कृति की प्रधानता रहती है। एक उदाहरण से यह बात स्पष्ट हो सकती है ।

अन्दण विन्दण दिल्ले मुरे भावा
खोवल्या खतीरि जावो इरिणतीं
जावो इण्सितीं नणँदो सोब्दु दित्रीं
सेजार घरकड्च्यो बदळो व्ह्य-व्ह्य म्हणतीं ।

अर्थ—(दहेज तो दे ही दिया, फिर भी खैले की बात को लेकर ज्येष्ठ पत्नियाँ (रुक्मिणी को) दुत्कार रही हैं, ननदें शोर मचा रही हैं और पड़ोसिनें

इनकी हाँ में हाँ मिला रही हैं।)

इस उदाहरण में 'आन्दण बिन्दण' जैसे सांस्कृतिक विशेषताओं से युक्त शब्द हिन्दी भाषियों के लिए बिलकुल अपरिचित हैं। शादी में दुल्हन को दिया जाने वाला घर गृहस्थी का सामान और आभूषण ही इन शब्दों से सूचित किया जाता है। कोंकणी में इन शब्दों के प्रयोग से जो भावबिम्ब उभरता है हिन्दी में उसकी थाह नहीं ली जा सकती। इसी प्रकार कोंकणी के सर्पाळ, विस्सोरो, अटियाळ, पदक आदि आभूषण भी हिन्दी के लिए नवीन हैं। इन सबका अनुवाद अनुवादक के सामने समस्या बन जाता है जिसका समाधान केवल पाद टिप्पणियों और व्याख्याओं के द्वारा ही सम्भव है।

संक्षेप में कहा जा सकता है कि कोंकणी के कुछ शब्दों के सटीक पर्याय हिन्दी में मिल जाते हैं और उनमें अर्थ की अतिव्याप्ति अथवा अल्पव्याप्ति के बिना या बिना किसी प्रकार का अर्थ परिवर्तन किए विशेष सन्दर्भों में ज्यों-का-त्यों भाषान्तर किया जा सकता है तो भी यह ध्यान देने योग्य है कि कोंकणी के अनुभवों को हिन्दी समान रूप से आत्मसात् नहीं कर सकती। यहाँ पर शब्द-प्रति-शब्द वाली पूर्णार्थी अथवा यथावत् अनुरूपता सम्भव नहीं है। मुहावरे, लक्षणात्मक प्रयोग तथा विशिष्ट उक्तियाँ विशेष कठिनाइयाँ उत्पन्न करती हैं। कोंकणी और हिन्दी भाषियों की संस्कृति ज्यादातर एक होने के नाते उनके परस्पर भाषान्तर में ऐसी समस्यायें कम अवश्य हैं, लेकिन उनका नितान्त अभाव नहीं है। कोंकणी और हिन्दी में अनेक ऐसे मुहावरे और लोकोक्तियाँ हैं जिन्हें एक दूसरे के स्थान पर प्रयुक्त किया जा सकता है। भाषान्तरकार को जब मूल की उक्तियों या मुहावरों का सम्यक् ज्ञान नहीं रहता तो उनका भाषान्तर उसके लिए एक समस्या बन जाता है। यहाँ कभी वह अर्थ का अनर्थ कर बैठता है। ऐसे मुहावरों और लोकोक्तियों से अनुवादक को सतर्क रहना होता है। शब्दों की भ्रामक अनुरूपता के प्रति भी उसे सजगता बरतनी पड़ती है।

इस प्रकार कोंकणी से हिन्दी में अनुवाद करते समय कई समस्याएँ सामने आती हैं। प्रत्येक समस्या की गहराई में जाकर उसके सही हल को निकालना अत्यन्त आवश्यक है। अनुवादक को अक्षरशः या शब्द-प्रति-शब्द अनुवाद को छोड़कर भावसापेक्ष स्वतन्त्र अनुवाद करना पड़ता है। वाक्चरीय प्रयोगों के सही प्रयोग ढूंढ़ने होते हैं, भाषा की व्याकरणगत विशेषताओं से बारीकी से परिचित होना पड़ता है। शब्दों का सही प्रयोग, पारिभाषिक शब्दावली, शब्दों के अर्थों के हल्के प्रभेद तथा वर्तनी का शुद्ध प्रयोग आदि पर विशेष ध्यान देना होता है। कोंकणी-हिन्दी अनुवाद की आज सबसे बड़ी समस्या योग्य अनुवादकों का अभाव है। छुटपुट काम तो चल रहे हैं लेकिन व्यापक प्रयास इस दिशा में नहीं हुआ है। कोंकणी-हिन्दी अनुवाद से सम्बन्धित कोई संस्था अभी तक जन्म नहीं ले चुकी है।

ऐसी एक संस्था कई समस्याओं को सुलझाने में सहायता दे सकती है। यही संस्था कोंकणी और हिन्दी के साहित्यकारों और अनुवादकों को एक दूसरे के सम्पर्क में ला सकती है। कोंकणी हिन्दी साहित्यकारों की संगोष्ठियों का आयोजन, विचारों का आदान-प्रदान आदि भी अनुवाद साहित्य का काफी विकास कर सकता है। कोंकणी हिन्दी कवि सम्मेलन भी चलाये जा सकते हैं जिससे काव्यानुवाद के भी अवसर प्राप्त हो सकते हैं। ऐसे प्रयत्न अत्यन्त आवश्यक हैं।

कोंकणी से हिन्दी में काव्यानुवाद का उदाहरण द्रष्टव्य है :

प्रिये तुका मेलपाक हांव
म्हज्या भोगा-सुर्याचें भांगर घेवन
गर्देच्या किचकटीतल्यान
यंत्राच्या घरघ्ररीतल्यान वाट काडीत
न्हंयो, वझरे हुपून आयलो
आनी तूं म्हणटां:
असो मदीच स्वंय हेवटेन ?

[हांव मनीस अश्वत्थामो]

—प्रकाश पाडगांवकार

[प्रेमी अपनी प्रिया से मिलने के लिए प्रेम रूपी सूर्य का सोना लेकर, भीड़ की 'किचकट' (भयावहता) में से, यन्त्र की घरघराहट में से मार्ग बनाता हुआ, नदी झरनों को पार करके मिलन रचता है जो संशय, हताशा के क्षणों में सुख के विरल क्षण होते हैं।]

चन्द्रलेखा डि सौझा के आलेख कोंकणी कवि
प्रथमा पाडगाँवकार की रचना-यात्रा
(अतएव, फरवरी : 1991 से उद्धृत)

# उत्तरांचल

कश्मीरी
डोगरी
पंजाबी
सिंधी

# कश्मीरी

## डॉ० ओंकार कौल

स्वतन्त्रता-प्राप्ति के पश्चात् हिन्दी को अंग्रेजी के साथ-साथ केन्द्रीय सरकार में राजभाषा बनने का गौरव प्राप्त हुआ। इसके अतिरिक्त भारत के छह प्रान्तों—उत्तर प्रदेश, मध्य प्रदेश, हिमाचल, राजस्थान, बिहार, हरियाणा और केन्द्र शासित क्षेत्र दिल्ली—में इसे राजभाषा का दर्जा प्राप्त हुआ। जनगणना के अनुसार हिन्दी पूरे भारत में सबसे अधिक लोग समझते, बोलते, लिखते और पढ़ते हैं। बहुभाषिक भारत में हिन्दी को सम्पर्क भाषा का स्थान प्राप्त हुआ है। इन्हीं कारणों से स्वतन्त्रता प्राप्ति के पश्चात् भारत की विभिन्न भाषाओं से हिन्दी में अनुवाद कार्य में विस्तार हुआ। जितना अनुवाद कार्य अन्य भारतीय भाषाओं से हिन्दी में हुआ है उतना शायद ही किसी अन्य भारतीय भाषा में।

कश्मीरी से हिन्दी में अनुवाद करने की परम्परा स्वतन्त्रता-प्राप्ति के पश्चात् ही प्रारम्भ हुई। स्वतन्त्रता-प्राप्ति से पहले किये गये बहुत ही कम कश्मीरी रचनाओं के अनुवाद हिन्दी में उपलब्ध हैं। पिछले कुछ दशकों में कश्मीरी से हिन्दी में अनुवाद प्रायः दो प्रकार के हुए हैं : (क) कश्मीरी और हिन्दी भाषा-साहित्य पर तुलनात्मक अध्ययन कार्य या कश्मीरी भाषा-साहित्य पर हिन्दी माध्यम से कार्य करने वाले शोधार्थियों द्वारा और (ख) स्वतन्त्र रूप से हिन्दी पत्र-पत्रिकाओं, संकलनों एवं प्रकाशनों आदि के लिए किए गए अनुवाद। पहले प्रकार के अनुवाद-कार्य विभिन्न विश्वविद्यालयों (विशेषकर जम्मू व कश्मीर, आगरा, कुरुक्षेत्र) में कश्मीरी एवं हिन्दी भाषा साहित्य के तुलनात्मक अध्ययनों से सम्बन्धित शोध प्रबन्धों के लिए किए गए हैं। शोधार्थियों द्वारा कश्मीरी और हिन्दी भाषा-साहित्य के विभिन्न पक्षों पर अनेक तुलनात्मक एवं व्यतिरेकी अध्ययन से सम्बन्धित शोध प्रबन्ध प्रस्तुत किए गए हैं। उदाहरण स्वरूप मोहिनी कौल ने कश्मीरी की सन्त कवियत्री लल्लेश्वरी के 'वाखों' (वाक्यों), जियालाल हण्डू ने सूफी कवियों की रचनाओं का, कृष्णा रैना ने सन्त कवियों, ओंकार कौल ने कश्मीरी रामकथा काव्य से सम्बन्धित रचनाओं, जवाहर हण्डू ने कम्मीरी लोक गीतों, शिबन कृष्ण रैणा ने कश्मीरी लोकोक्तियों, भूषणलाल कौल ने महजूर की कविताओं, विजय मोहिनी कौल ने कश्मीरी के विष्णु प्रताप रामायण के कई अंशों का हिन्दी में अनुवाद किया

है। कश्मीरी पद्य रचनाओं के सारे अनुवाद हिन्दी गद्य में हुए हैं। इन शोध प्रबन्धों में कश्मीरी काव्यांशों का अनुवाद उदाहरणस्वरूप प्रस्तुत किया गया है। कुछेक में परिशिष्टों में भी रचनाओं का अनुवाद दिया जा चुका है।

स्वतन्त्र रूप से कई कश्मीरी साहित्यिक रचनाओं का अनुवाद भी हिन्दी में हुआ है। जिनमें प्रमुख कवियों की काव्य रचनाएँ, कहानियाँ, एकांकियाँ और उपन्यास शामिल हैं। कश्मीरी कविताओं और कहानियों के अनुवाद हिन्दी की विभिन्न पत्र-पत्रिकाओं, एवं अन्य साहित्यिक संकलनों में प्रकाशित हुए हैं। यहाँ कुछ प्रमुख अनुवादों का उल्लेख किया जाएगा। शिबन कृष्ण रैणा ने कश्मीरी में प्रकाश राम द्वारा रचित रामावतार चरित का देवनागरी लिप्यंतरण एवं हिन्दी में अनुवाद किया है। उन्होंने कई कश्मीरी कहानियों एवं एकांकियों का अनुवाद किया है जो 'प्रतिनिधि संकलन : कश्मीरी' एवं 'कश्मीरी की श्रेष्ठ कहानियाँ' शीर्षक पुस्तकों में प्रकाशित हुआ है। इसके अतिरिक्त उन्होंने कश्मीरी के एक उपन्यास 'अख दौर' (एक दौर) का भी अनुवाद किया है। ओंकार कौल ने कश्मीरी की कई कहानियों का अनुवाद हिन्दी में किया है। सात कहानियों के अनुवाद 'भारतीय श्रेष्ठ कहानियाँ' (कलकत्ता 1989) में प्रकाशित हुए हैं। इसी तरह शम्भूनाथ भट्ट हलीम ने लल्लेश्वरी के वाक्यों का अनुवाद किया है और अयूब प्रेमी ने प्रतिनिधि कश्मीरी कविताओं का।

प्रस्तुत लेख में कश्मीरी से हिन्दी में अनुवाद किए जाने से सम्बन्धित मुख्य समस्याओं का ही संक्षेप में उल्लेख किया जाएगा। समस्याएं दो प्रकार की हैं। (क) भाषा-संरचना एवं (ख) सांस्कृतिक परिवेश से सम्बन्धित। यह सर्वमान्य तथ्य है कि स्रोत एवं लक्ष्य भाषाओं में भाषा-संरचना एवं सांस्कृतिक परिवेश में जितना कम अन्तर होता है, समस्याएँ उतनी ही कम पेश आती हैं। दोनों में जितना अधिक अन्तर मिलता है, समस्याएँ उतनी ही अधिक।

## भाषा-संरचना

एक ही (भारत-आर्याई) भाषा-परिवार के अन्तर्गत होने के बावजूद कश्मीरी और हिन्दी भाषाओं में भाषा-संरचना की दृष्टि से काफी अन्तर है। यहाँ भाषा स्तर पर इस अन्तर की उन मुख्य बातों का ही उल्लेख करना उचित होगा जिनका सीधा सम्बन्ध अनुवाद की समस्याओं से है। भाषा-संरचना के विभिन्न स्तर हैं : ध्वनि-व्यवस्था, रूप-रचना, वाक्य रचना, अर्थ व्यवस्था आदि।

कश्मीरी में चार अतिरिक्त मध्यवर्ती स्वर/अ'/ आ'/, अँ/ आँ/ और अग्र और पश्च लघु स्वर क्रमशः /ऐ'/और /ओ'/हैं जो हिन्दी में नहीं हैं। इसी तरह कश्मीरी में दो दन्त्य व्यंजन /च/ और / छ / हैं। व्यक्तिवाचक शब्दों में जब ये ध्वनियां आती हैं उनका देवनागरी लिप्यंतरण न होने पर उच्चारण सम्बन्धी समस्याएँ

उत्पन्न होती हैं। प्रायः अनुवादकों का प्रयास रहता है उन व्यक्तिवाचक शब्दों में प्रयुक्त ध्वनियों को समीपवर्ती हिन्दी की ध्वनियों में बदलने का। इससे कभी-कभी लिप्यांतरित शब्द कृत्रिम बन जाते हैं। उदाहरणतः 'रम' का रमा, 'अम' का अमा, म्वग्ल्य का म्वग्ली आदि।

कश्मीरी में घोष महाप्राण व्यंजन भ, ध, ढ, घ, झ— नहीं है। समस्रोतों या हिन्दी उर्दू से आगत शब्दावली में ये व्यंजन घोष अल्पप्राण व्यंजनों क्रमशः ब, द, ड, ग, और ज में परिवर्तित होते हैं। कश्मीरी समस्रोती शब्दों का हिन्दी में अनुवाद करने में ये बाधक नहीं होते क्योंकि अल्पप्राण व्यंजन महाप्राण में परिवर्तित हो सकते हैं। यदि समान शब्द हो तथा अर्थ भी एक ही लक्ष्य भाषा में प्रचलित वर्तनी का प्रयोग कोई अवरोध प्रस्तुत नहीं करता।

## लिंग भेद

कश्मीरी और हिन्दी की रूप-रचना में वैभिन्य के परिणामस्वरूप अनुवाद की समस्या उत्पन्न होनी स्वाभाविक है। रूप-रचना में लिंग-भेद के कारण समस्याएं अधिक हैं। कश्मीरी में भी हिन्दी की तरह दो लिंग हैं : पुल्लिग और स्त्रीलिंग। मगर कश्मीरी में बहुत सारे शब्द ऐसे हैं, जिनका लिंग हिन्दी से भिन्न है। कश्मीरी में निम्नलिखित पुल्लिग शब्द हिन्दी-उर्दू में स्त्रीलिंग हैं :

अवलाद, आदत, इजाज़त, कीमत, कैंनटीन, कौम, किस्म, खता, घास, गिजा, चोट, जेल, जन्नत, ज़रूरत, टीम, तकरीर, सिगरेट, तसल्ली, दवा, दुकान, पैंसल, पतलून, बुलबुल, मेज़, मोटर, याद, शबनम, साइकिल, दवा, आत्मा, ईजाद, कलम, कमर, कसम, क्लास, किस्मत, खुराक, गज़ल, चीज़, जुर्रत, जान, जीन, डाक, तारीक, दुनिया, पतंग, पोशाक, पूड़ी, बहार, मुराद, मौत, मोम, शराब, सैर, हड़ताल, फोटो आदि।

इसी तरह कश्मीरी के निम्नलिखित स्त्रीलिंग शब्द हिन्दी-उर्दू में पुल्लिग हैं :

आम, जिक्र, तार, पार्क, रुपया, शर्बत, काम, चाक, प्राण, रुमाल, साबुन, आदि कश्मीरी में कई शब्दों के उच्चारण भिन्न हैं जैसे आम का 'अम्ब', रुपया का 'रव्पय', थप्पड़ का 'थापर', साबुन का 'साबन' आदि।

इसी तरह कई और शब्दों के कश्मीरी पर्यायों (कोष्ठक में दिए गए शब्दों) के लिंग हिन्दी से भिन्न हैं : कलाई (होंच), जेब (चन्द), रोशनी (गाश), बर्फ (शीन), चाँद (ज़ून), मकान (लॅर), पत्थर (कॅन्य), चीनी (मॅंदरेर), तितली (पन'पोन्पुर), बारिश (रूद), कीमा (मछ), रुमाल (जेंज) आदि।

सप्ताह के दिनों के नामों का भी लिंग दोनों भाषाओं में भिन्न है : सोमवार (चॅन्द'रवार), मंगलवार (बो'मबार), बुधवार (ब्वदवार), वीरवार (ब्रसवार), शुक्रवार (शो'कुरवार), शनिवार (बट'वार), रविवार (आथ'वार)। शुक्रवार

के लिए 'जुम्मा' का भी प्रयोग उर्दू और कश्मीरी में होता है। इन दोनों का लिंग एक ही है।

इस तरह कश्मीरी और हिन्दी में लिंग-वैभिन्य के कारण अनुवादक को काफी सतर्कता से काम लेना पड़ता है। कश्मीरी भाषा-भाषियों की बोलचाल में एवं हिन्दी-उर्दू में अनुवाद करने में निम्न प्रकार की त्रुटियाँ प्रायः हो जाती हैं :

- यह मेरा जेब है।
- यह कैसी पत्थर है।
- चीनी महंगा है।
- बर्फ गिर रहा है।
- बारिश हो रहा है।
- मेरी रुमाल साफ है।
- तुम्हारा किस्मत अच्छा है।
- तुमने फोटो खिचवाई। आदि

अनुवादक के लिए लिंग भेद का समुचित ज्ञान होना अत्यावश्यक है। जिससे अनुवाद में लिंग से सम्बन्धी त्रुटियाँ न हों।

## विशेषण

कश्मीरी में कुछ विशेषणों के लिंग और वचन के अनुरूप चार रूप होते हैं, जबकि हिन्दी-उर्दू में केवल तीन। ऐसे शब्दों में स्त्रीलिंग एकवचन तथा बहुवचन का एक ही रूप है।

| कश्मीरी | हिन्दी |
|---|---|
| रुत लड़क' | अच्छा लड़का |
| र'त्य लड़क' | अच्छे लड़के |
| र'च कूर | अच्छी लड़की |
| र'च'कोरि | अच्छी लड़कियाँ |

कश्मीरी में कुछ विशेषण जैसे व्वजुल (लाल), के भी लिंग और वचन के आधार पर चार रूप हैं और हिन्दी में 'लाल' अपरिवर्तित रहता है। विशेषण के लिंग और वचन के रूपों का समुचित ज्ञान न होने के कारण भी अनुवाद सम्बन्धी त्रुटियाँ हो सकती हैं।

## वाक्य-संरचना

कश्मीरी और हिन्दी की वाक्य-रचना में संरचनात्मक वैभिन्य है।

कश्मीरी में सरल वाक्यों के शब्द क्रम में क्रिया हमेशा दूसरे स्थान पर आती है। उदाहरण—

| कश्मीरी | हिन्दी |
| --- | --- |
| यि छु मेज़। | यह मेज़ है। |
| किताब छे मेज़स प्यठ। | किताब मेज़ पर है। |
| तॅम्य ख्यव बत'। | उसने खाना खाया। |

मगर प्रश्नवाचक वाक्यों में शब्दक्रम दोनों भाषाओं में एक जैसा है। उदाहरणत:—

| कश्मीरी | हिन्दी |
| --- | --- |
| यि क्या छु? | यह क्या है? |
| च' कुस छुख? | तुम कौन हो? |

कश्मीरी और हिन्दी के सम्बद्ध वाक्य-संरचना में अधीन वाक्य-खण्ड का शब्द क्रम एक जैसा प्रतीत होता है। उदाहरण—

क: म्योन दोस, युस दिलि छु रोज़ान, यियि पगाह।

हि: मेरा मित्र, जो दिल्ली में रहता है, कल आयेगा।

कश्मीरी में सर्वनाम प्रत्ययों के रूप में क्रिया के साथ जोड़कर प्रयुक्त होते हैं। इससे भाषा की समासिकता परिलक्षित होती है। हिन्दी में पूरा वाक्य लिखना अनिवार्य है।

| कश्मीरी | हिन्दी |
| --- | --- |
| द्युतमस। | मैंने उसे दिया। |
| ख्योवनस। | उसने मुझे खिलाया। |

विशेषकर काव्यानुवाद में अनुवादक को इस समस्या का सामना करना पड़ता है जहाँ कश्मीरी की संक्षिप्त अभिव्यक्तियों के लिए अधिक शब्दों का प्रयोग करने से संगीतात्मकता बरकरार नहीं रखी जा सकती। कविता में समासिकता को लाने के लिए सर्वनामों का प्रत्ययों के रूप में प्रयोग अधिक होता है।

कश्मीरी में नकारात्मक शब्द 'मा' का प्रयोग सरल प्रश्नवाचक वाक्यों में होता है। जैसे—

पॉन्स' मा गछनय? 'आपको पैसे चाहिए'? या 'आपको पैसे तो नहीं चाहिए?'

यदि अनुवादक 'मा' का अनुवाद नकारात्मक शब्द 'मत' करता है, इससे निम्न प्रकार के अशुद्ध वाक्यों की संरचना होगी :

क. पलव मा गछनय?

हि. ० कपड़े मत चाहिए?

क. सब्जी मा हेयिव?

हि. ० सब्जी मत लेनी हैं? आदि

अशिक्षित या अर्द्ध शिक्षित कश्मीरी की हिन्दी-उर्दू बोलचाल में अक्सर ऐसी त्रुटियाँ होती हैं।

## स्रोत एवं लक्ष्य भाषा

इसी तरह अनुवाद करते समय स्रोत एवं लक्ष्य भाषा के भिन्न कारक-संरचना की अवहेलना करना भी समस्या पैदा करता है। कश्मीरी में कुछ वाक्य संरचनाओं में कारक का प्रयोग हिन्दी से भिन्न हैं। उदाहरण के लिए कश्मीरी में प्रयुक्त कारक का हिन्दी वाक्य रचना पर थोपने से त्रुटियाँ होती हैं :

कश्मीरी : चे क्या छुय नाव ?

हिन्दी : ०तुम्हें क्या नाम है ? (तुम्हारा क्या नाम है ?)

कश्मीरी : तिम गयि स्वर्गस।

हिन्दी : ०वे स्वर्ग को चले गए। (उनका स्वर्गवास हो गया)

कश्मीरी सर्वनाम पनुन (अपना) का प्रयोग भी हिन्दी से भिन्न है। कश्मीरी में पनुन का प्रयोग निम्नलिखित वाक्य में दो अर्थों को परिलक्षित करता है जबकि हिन्दी में इसका केवल एक अर्थ है

कश्मीरी : म्य दि पन न्य किताब।

हिन्दी : मुझे अपनी किताब दीजिए।

इन वाक्यों में कश्मीरी में पन'न्य के दो अर्थ हैं : 'मेरी' और 'तुम्हारी'। जबकि हिन्दी में अपनी का अभिप्राय केवल 'तुम्हारी' से ही है।

कश्मीरी और हिन्दी-उर्दू में कई शब्द एक ही स्रोत से आए हुए हैं। कुछ शब्द ऐसे हैं जो समरूप हैं और जिनका अर्थ भी एक ही है। अनुवाद में इन शब्दों के प्रयोग में कोई समस्या उत्पन्न नहीं होती। कुछ शब्द ऐसे हैं जिनका कश्मीरी में हिन्दी की अपेक्षा अर्थ-विस्तार हुआ है और कुछ शब्दों का अर्थ बदलाव। ऐसे शब्दों के प्रयोग से प्रायः अनुवाद में दुरुहता या अस्पष्टता पैदा होती है।

सबसे अधिक समस्या उन शब्दों के प्रयोग से हो सकती है जो दोनों स्रोत और लक्ष्य भाषाओं में समरूप हैं परन्तु उनके अर्थ अलग-अलग हैं। कश्मीरी शब्दों के कुछ उदाहरण उनके अर्थ के साथ दिए जा रहे हैं। ये अर्थ हिन्दी के अर्थ से भिन्न हैं : अम्बर (देर), आय (लम्बी उम्र), जानवर (पक्षी), तर (पार कर), ताब (धीरज), नस (नाक), न्याय (झगड़ा), मास (मौसी), रब (कीचड़), लब (दीवार), साल (साली, दावत) आदि। अनुवादक प्रायः इन बाह्य समानताओं के भ्रम में स्रोत भाषा के शब्दों के लिए लक्ष्य भाषा के समान दीखने वाले शब्दों का प्रयोग करता है।

## सांस्कृतिक पीठिका

प्रत्येक भाषा की अपनी विशिष्ट सांस्कृतिक पीठिका होती है। अनुवाद की समस्याएँ स्रोत और लक्ष्य भाषाओं की सांस्कृतिक पीठिका से भी सम्बन्धित हैं। भौगोलिक वातावरण, रहन-सहन, खाद्य सामग्री, रीति-रिवाज, बेशभूषा आदि सांस्कृतिक पीठिका के अभिन्न अंग हैं। सांस्कृतिक पीठिका जितनी अधिक भिन्न हो, अनुवाद करना उतना ही अधिक कठिन है।

उदाहरणतया कश्मीरी के कई भौगोलिक पारिभाषिक शब्द ऐसे हैं जिनके लिए हिन्दी पर्यायवाची शब्द नहीं हैं। जैसे भौगोलिक वातावरण से सम्बन्धित यख, शीन, शिशरगाँठ, तुल'कतुर, शिशम् अलग-अलग वस्तुओं को परिलक्षित करते हैं परन्तु हिन्दी-उर्दू में इन सबके लिए केवल 'बर्फ' शब्द है। इसी तरह कश्मीरी खाद्य-सामग्री एवं व्यंजनों के कई नामों का हिन्दी में अनुवाद करना मुश्किल है। कुछ ऐसे शब्द हैं—यॉज, वॅर, क्रेछवो'र आदि। अनुवाद में इनके बनाने की विधि भी समझनी आवश्यक है। कश्मीरी वेश-भूषा से सम्बन्धित भी कई शब्दों के हिन्दी पर्यायवाची शब्द ढूंढ़ने मुश्किल हैं। जैसे फेरन, पोछ़, तरंगॅ, कसाब, कल'पूश, लूंग्य, पूच् आदि। कश्मीरी में सॉड्य शब्द 'दुपट्टा' के अर्थ में प्रयुक्त होता है और दूत्य 'साड़ी' के अर्थ में। इस तहर सॉड्य का साड़ी अनुवाद करना ठीक नहीं होगा। ऐसे ही कई कश्मीरी आभूषण हैं जिनके पर्यायवाची शब्द हिन्दी में नहीं मिलते; डेजिहूर, ताल'रज़, तुमार आदि। कश्मीरी लोक-नाच और लोकगीतों के गायन की विभिन्न शैलियाँ हैं जिनका हिन्दी में अनुवाद होना समस्याजनक है। जैसे रो'व्, हिक'ट, दमॉल्य, दॅरज़' पॉथ'र, लड़ीशाह आदि।

सांस्कृतिक परिवेश में विभिन्न रीति-रिवाजों से सम्बन्धित शब्दों का हिन्दी में अनुवाद करना एक गहरी समस्या है। उदाहरण के लिए विवाह से सम्बन्धित शब्द गरॅनावय, मॉज़िराथ, दिवगोन, सतराथ, दपुन, रोठ सबर, कुठ ह्युन आदि।

विभिन्न सांस्कृतिक परिवेश के फलस्वरूप कभी-कभी स्रोतभाषा में प्रयुक्त शब्दों का अनुवाद लक्ष्य भाषा में अपेक्षित अर्थ का सम्प्रेषण नहीं करते। उदाहरण के लिए कश्मीरी में हून 'कुत्ता' का अर्थ गन्दगी के लिए प्रयुक्त होता है। जैसे मो'कुर हून 'गन्दा कुत्ता'। मगर हिन्दी में कुत्ते के स्थान पर 'सुअर' शब्द का प्रयोग अधिक प्रासंगिक होगा।

भाषा-प्रयोग में शिष्टता का बर्ताव भी सांस्कृतिक परिवेश का अभिन्न अंग है। कश्मीरी में निम्नलिखित उदाहरण में शिष्टता के लिए किसी अतिरिक्त शब्द की आवश्यकता नहीं है, परन्तु हिन्दी में 'शुभ' का प्रयोग करना आवश्यक है :

कश्मीरी : त्वहि क्या छु नाव ?<br>
हिन्दी : आपका शुभ नाम क्या है ?

इसी तरह कश्मीरी मोल (पिता) मॉज (माता) के लिए आदरसूचक शब्द

'जी' लगाना मूलतः आवश्यक नहीं है। हाँ, हिन्दी-उर्दू के प्रभाव में पिताजी, माताजी, वालिदसॉब, वॉलिद जान शब्दों का प्रयोग धीरे-धीरे चलने लगा है।

कई मुहावरों और कहावतों का प्रयोग भी सांस्कृतिक परिवेश का अभिन्न अंग है। जैसे एक ही तरह की कहावत में कश्मीरी में चूँठ 'सेब' का प्रयोग होता है और हिन्दी में 'खरबूजे' का।

कश्मीरी : चूँठिस बुछिथ छु चूँठ रंग रटान।

हिन्दी : खरबूजे को देखकर खरबूजा रंग बदलता है।

## शैली

साहित्यिक अनुवाद में अक्सर कुछ शैलियों को अनुवाद में बरकरार रखना एक गहरी समस्या है। कश्मीरी कविता में फारसी-उर्दू के प्रभाव में कुछ काव्य शैलियां पनपी हैं जिनका हिन्दी अनुवाद सम्भव नहीं है। जैसे एक शैली उर्दू-फारसी लिपि से सम्बन्धित है : 'बे नुक्ता गज़ल'। इसका अभिप्राय है कि पूरी गज़ल में बिना नुक्ता वाले शब्दों का प्रयोग। लिपि के बदलते ही अनुवाद बेमाने रह जाता है।

कश्मीरी से हिन्दी में अनुवाद की मुख्य समस्याओं का उल्लेख एक अन्य लेख (देखिए ओंकार कौल 1984) में हुआ है, जिसमें कश्मीरी से हिन्दी में किए गए अनुवादों से लिंग, शब्द प्रयोग और वाक्य-संरचना से सम्बन्धित त्रुटियों को दर्शाया गया है। उसी लेख में कश्मीरी मातृभाषा वाले हिन्दी-उर्दू लेखकों की मूल रचनाओं में भी लिंग, शब्द प्रयोग और वाक्य-संरचना से संबंधित त्रुटियों को इंगित किया गया है। यहाँ उन उदाहरणों को दोहराना आवश्यक नहीं।

संक्षेप में कश्मीरी और हिन्दी भाषाओं की भाषिक संरचना एवं सांस्कृतिक पीठिका के साम्य और वैषम्य को देखकर, कश्मीरी से हिन्दी अथवा हिन्दी से कश्मीरी अनुवाद सम्बन्धी समस्याओं का समाधान किया जा सकता है। कश्मीरी से हिन्दी में अनुवाद करने की अत्याधिक आवश्यकता है। इसके लिए सरकार अथवा अकादमिक संस्थानों से प्रोत्साहन मिलना अनिवार्य है। प्रोत्साहन मिलने के अतिरिक्त अनुवादकों को प्रशिक्षण भी दिया जा सकता है। अभी तक जम्मू व कश्मीर के स्थानीय विश्वविद्यालयों या दूसरे सरकारी या गैर-सरकारी संस्थानों में अनुवाद-विज्ञान में प्रशिक्षण देने की कोई व्यवस्था नहीं है। प्रोत्साहन न मिलने के अभाव में अनुवादकों की गति भी धीमी है।

## सन्दर्भ-सूची

1. ओंकार कौल 1984. 'कश्मीरी से हिन्दी अनुवाद की समस्याएँ'. भोलानाथ तिवारी एवं किरण बाला द्वारा सम्पादित **भारतीय भाषाओं से हिन्दी अनुवाद की समस्याएँ** नई दिल्ली. शब्दकार। पृष्ठ 41-45।
2. ओंकार कौल 1989. कश्मीरी कहानियों का अनुवाद। **भारतीय श्रेष्ठ कहानियाँ.** भारतीय भाषा परिषद्।

# डोगरी

## डॉ० वीणा गुप्ता

डोगरी जम्मू-कश्मीर में बोली जाने वाली भाषा है जिसको कश्मीरी के साथ सम्मान प्राप्त है यद्यपि प्रथम राजभाषा उर्दू है। डोगरी की सीमारेखा उत्तरपूर्व में तहसील भद्रवाह, कुल्लू; मंडी, सुकेत तथा शिमला आदि के पहाड़ी प्रदेशों, दक्षिण में पंजाब के होशियारपुर तथा गुरदासपुर जिलों एवं पाकिस्तान के अधिकार में पश्चिमी पंजाब के उत्तरी भाग और विशेष रूप से सियालकोट जिले, पश्चिम में रियासत की नौशहरा और राजौरी आदि तहसीलों तथा उत्तर में तहसील रामवन, रियासी तहसील की नआवत अरमास और पूर्व में चम्बा क्षेत्र के समस्त उत्तरी भाग तथा कांगड़ा के प्रदेशों तक खींची जा सकती है। इस भाषा के उत्तर में रामबनी, पोगली आदि बोलियाँ हैं जो कुछ-कुछ कश्मीरी से और अधिकतर डोगरी से मिलती हैं। उत्तरपूर्व में भद्रवाही जो पश्चिमी पहाड़ी का एक रूप है, पूर्व में कांगड़ा की कंडियाली, भटियाली और चम्बा की चम्याली बोलियाँ, पश्चिम में चिबाली, पोठोहारी उपभाषाएँ, जो पश्चिमी पंजाबी अथवा लहन्दी से मिलती हैं और दक्षिण में पंजाबी भाषा है। इस प्रकार यह भाषा जम्मू-कश्मीर के जम्मू भाग के अतिरिक्त हिमाचल प्रदेश के कुछ भाग में बोली जाती है। डोगरी पश्चिमी पहाड़ी वर्ग की पुत्री है। भाषाविद डा. सिद्धेश्वर वर्मा पर्याप्त अध्ययन के बाद डोगरी को एक स्वाधीन और सीमान्त बोली मानते हैं जिसने अपने लिए सम्पूर्ण भाषा की उपाधि अर्जित कर ली है। वह ग्रियर्सन के इस मत से सहमत नहीं रहे कि डोगरी को पंजाबी की एक विभाषा मात्र माना जाए।

एक भाषा की संरचना के अभिप्रेतार्थ को दूसरी भाषा में अभिव्यक्ति करने के लिए कई बार शब्दानुवाद का आश्रय न लेकर भावानुवाद किया जाता है। इस प्रकार संघटकों में संबंधों का सामीप्य अनुवाद के आधार पर माना जाता है। समीपी संघटक विश्लेषण में संरचनाएँ दो प्रकार की होती हैं: अंतःकेन्द्रिक और बहिःकेन्द्रिक। अंतःकेन्द्रिक संरचना में रचना का केन्द्र भीतर ही होता है अर्थात् उस रचना का एक घटक पूरी रचना के स्थान पर आ सकता है, जैसे—"**ओह दी बुड्ढी मा बमार है ऐं**"। (उसकी बूढ़ी माँ बीमार है) वाक्य में 'ओह दी बुड्ढी मा' अंतःकेंद्रिक संरचना है और उस पूरी रचना के स्थान पर उसका एक घटक 'मा'

आ सकता है। बहिःकेंद्रिक संरचना का केंद्र रचना के भीतर न होकर बाहर होत है अर्थात् उसका कोई भी घटक रचना के स्थान पर नहीं आ सकता। 'मा बमार ऐ संरचना में न ही 'मा' घटक 'बमार' के स्थान पर आ सकता है और न ही 'बमार' घटक 'मा' के स्थान पर। इसी भाँति सभी पर सर्गीय संरचनाएँ :' 'राम कन्नै' (राम के साथ) 'घोड़े उप्पर' (घोड़े पर) आदि भी बहिःकेंद्रिक हैं।

डोगरी से हिन्दी अनुवाद की समस्याएँ कुछ उदाहरणों से स्वतः स्पष्ट हो जाएँगी :—

| डोगरी | हिन्दी |
|---|---|
| में दुद्धै दा गलास लेइयै उन्दे कमरे च गेई। | मैं दूध का गिलास लेकर उनके कमरे में गई। |
| भोलिये, तुम्मीं मिगी नेईं समझाया। | भोली, तूने भी मुझे नहीं समझाया। |
| उ'न्नै एक लम्मा साह् भरेआ। | उसने एक लम्बी साँस भरी। |
| रब्ब तुसाढा भला करै भैनजी। | ईश्वर आपका भला करे बहन जी। |
| आपूं अपनी लोड़ा गी इत्थै औग। | स्वयं अपनी ज़रूरत को यहाँ आएगा। |
| जनेहा कम्म करगेओ नेहा फल पागेओ। | जैसा काम करोगे, वैसा फल पाओगे। |
| जिन्ना गुड़ पाओ उन्ना मिट्ठा। | जितना गुड़ डालो उतना मीठा होता है। |
| डाक्टर ने मरीज राजी करी दित्ता। | डाक्टर ने रोगी स्वस्थ कर दिया। |
| लो होई। | उजाला हुआ। |
| सारी रात और नेईं सुत्ते। | सारी रात हम नहीं सोए। |

अब कुछ वाक्य-समूह लेकर हिन्दी में अनुवाद को लिया जा सकता है :

| डोगरी | हिन्दी |
|---|---|
| पर एह् ते खुशीदी गल्ल ऐ ओह् उत्थै अपने कम्मै काजैच मग्न होई गेदे न। इत्थैं ओह छड़ा ऋतुसंहारगै लिखी सके हे। उत्थैं उनें केई नयें ग्रैन्थ लिखे न। परूँ परार जेछड़े बपारी इत्थैं आए हे। ओह् कुमारसम्भव ते मेघदूत नां दियां दो पोथियां मिगी देई गे हे। | और मुझे प्रसन्नता है कि वे यहाँ आकर व्यस्त हैं। यहाँ उन्होंने केवल ऋतुसंहार की रचना की थी। वहाँ उन्होंने कई नए काव्य की रचना की है। दो वर्ष पहले जो व्यवसायी आए थे उन्होंने 'कुमारसंभव' और 'मेघ-दूत' की प्रतियाँ मुझे ला दी थीं। |

अज्ज सिरफ पनीर बनग। पनीरा दे पकौड़े, पनीरा दा पलाऽ, पनीरा दा न्यौड़ा, ते पनीरा दी गै चटनी तुगी नेईं पता जे मेरे मित्रा गी पनीर किन्ना पसन्द ऐ। लोकें दियां मावां जागत-जम्मने उप्पर पता से बंडदियां न। पर तुगी पता ऐ

जे एह् दे जम्मने पर एह दी अम्मां ने गली-महल्ले च केह् बंडेआ हा ? पनीर। शड़ा पनीर।

## हिन्दी अनुवाद

आज घर में पनीर बनेगा। पनीर के पकौड़े, पनीर का पुलाव, पनीर ही की सब्जी और चटनी भी पनीर की ही। तुम नहीं जानते (सेवाराम) मेरे लंगोटिए को पनीर किस कदर पसन्द है। औरों की अम्माएँ लड़का जनने पर बतासे बाँटती हैं परन्तु इसके पैदा होने पर इसकी माँ ने गली-मुहल्ले में क्या बाँटा था, जानते हो ? पनीर ! सिर्फ पनीर।

'मैला आंचल' से एक अनुच्छेद अनुवाद के लिए लिया जा सकता है :

मैला आँचल। लेकिन धरती माता अभी स्वर्णांचल है। गेहूँ की सुनहली बालियों से भरे हुए खेतों में पुरवैया[1] हवा लहरें पैदा करती है। सारे गाँव के लोग खेतों में हैं। मानो[2] सोने की नदी में कमर-भर सुनहले पानी में सारे ॰ र के लोग क्रीडा कर रहे हों। सुनहली लहरें, ताड़ के पेड़ों की पंक्तियाँ, झरबेरी का जंगल, कोठी का बाग, कमल के पत्तों से भरे हुए कमला नदी के गड्ढे। डाक्टर को सभी चीजें नयी लगती हैं। कोयल की कूक ने डाक्टर के दिल में कभी हूक[3] पैदा नहीं की।

रचना ही नहीं किसी कृति का शीर्षक भी भिन्न-भिन्न प्रकार से अनूदित हो सकता है, जैसे,

### शब्दानुवाद पद्धति से

| | |
|---|---|
| पथ के दावेदार | बत्तै दे दावेदार |
| मृच्छकटिकम् | मित्ती दी गड्डी |
| एक चादर मैली सी | इक चादर मैली जनेही |
| जानवर | जनौर |

### भावानुवाद पद्धति से :

| | |
|---|---|
| धरती अपनी-अपनी | साँझी धरती बखले माहुन |
| कांचन रंग | सुन्ना ते स्वार्थ |
| रास्ता, कांटे और हाथ | न्हेरे रास्ते चानन होए |

1. पुरवैया' के स्थान पर डोगरी में "पूरै दी वा" होगा और कभी-कभी मात्र 'पुरा' से भी अर्थ व्यक्त हो जाएगा।
2. 'मानो' के स्थान पर "**इयां लभदे न**" उपयोगी होगा।
3. 'हूक' का डोगरी में शब्दानुवाद 'टीस', जां चिड़' होता है पर इस स्थान पर अभिव्यक्ति की दृष्टि से '**खौबल**' शब्द का प्रयोग अधिक समीचीन होगा।

**सर्वथा नवीन :**

| | |
|---|---|
| आषाढ़ का एक दिन | मल्लिका |
| मैला आंचल | नीला कमल |
| वादियाँ और वीराने | चाननी दे चोर |

यही बात अभिव्यक्तियों के संबंध में है;

| | |
|---|---|
| न माया मिली, न राम ही हाथ आये। | नां माया मिली, नां राम गै हत्थ आए। |
| दौलत मेरे पांव चूमती थी। | दौलत मेरे पैरें चरुलदी ही। |
| मैं तो अपने हाथों अपने पांव में कुल्हाड़ी नहीं मारुंगा। | मैं अपने हत्थे अपने पैरें पर कुहाड़ी नेईं मारदा। |

यही बात विचारणीय है कि कहाँ शब्दानुवाद किया जाए और कहाँ भावानुवाद। "मिट्टी में बिखरे" के स्थान पर "मिट्टी च रुलदे" अधिक उपयुक्त होते हुए भी शब्दानुवाद "मिट्टी च खिल्लरे दै" कर दिया जाता है। "पर्वत-तोड़ परिश्रम" का भावानुवाद 'जान मारना' / 'जिन्द मारना' अधिक उपयुक्त होगा। '**बन्ध्या**' के स्थान पर '**बंजर**' भी चल सकता है और '**रक्कड़**' भी।

इस दिशा में और अधिक विवेचन के लिए डा० चम्पा शर्मा के साथ लिखी मेरी '**अनुवाद विज्ञान**' (1985) कृति देखी जा सकती है। भाषा में सुरलहर, बलाघात, विरामादि अति खंडीय तत्त्वों का भी महत्त्व है जिनको अनुवाद में ठीक-ठीक व्यक्त करना भी विकट समस्या है।

# पंजाबी

## कु० रचना भाटिया

पंजाब राज्य में बोली जाने वाली भाषा 'पंजाबी' से अभिहित की जाती है। पंजाब के बाहर भी जहाँ अधिक पंजाबी रहते हैं बोलचाल में प्रयुक्त की जाती है। पाँच नदियों के क्षेत्र से घिरा हुआ क्षेत्र 'पंचनद' ही किसी समय पंजाब कहलाता था जिसका अब कुछ भाग 'पाकिस्तान' में है। इसकी सीमाओं की दृष्टि से उत्तर में 'डोगरी' तथा 'हिमाचली', पश्चिम में लहंदा (मूलतः यही पंजाबी थी) तथा दक्षिणपूर्व में राजस्थानी की उपभाषाएँ बागड़ी, बीकानेरी तथा हरियाणा की हरियाणवी हैं। प्राचीनता की दृष्टि से इस भाषा का क्षेत्र ही वैदिक भाषा से संबंधित था जिसके कारण अब भी इस भाषा में वैदिक संस्कृत के अनेक तत्त्व विद्यमान हैं। दसवीं शताब्दी के बाद पंजाबी के साहित्यकारों में मसूद तथा फ़रीद-उद्दीन गंज-ए-शकर प्रसिद्ध हैं। यही बाबा फ़रीद के नाम से विख्यात हुए। बाबा फ़रीद ही दिल्ली के ख़्वाजा निजामुद्दीन औलिया के गुरु थे और अपने युग के पहुँचे हुए सूफी थे जिनका प्रभाव दूर-दूर तक था। आदि-काल के सुप्रसिद्ध कवि चन्द भी लाहौर में पैदा हुए अतएव उनके काव्य में पंजाबी की यत्र-तत्र झलक मिलती है।

वस्तुतः गुरु नानक ने पंजाबी भाषा की आधार शिला रखी। गुरु की वाणियों का मात्र धार्मिक महत्त्व ही नहीं है वरन् सामाजिक तथा साहित्यिक दृष्टियों से भी महत्त्व है। 'श्री गुरु ग्रंथ साहिब' महत्त्वपूर्ण ग्रंथ है जिसको सिखों के पाँचवे गुरु अर्जुनदेव ने संकलित करवाया। भाषा की दृष्टि से इसमें सरलता तथा स्पष्टता को प्रधानता दी गई है :

> कलि होई कुत्ते मुही खाजु ही आ मुरदारु।
> कुड़ु बोलि बोलि मदुकणा चूका धरम बिचारु॥
> [कलयुग के शासकों की खाद्यवस्तु आदमी का मांस हो गयी है अर्थात् रजवाड़े कुत्तों के समान लालची हो गये हैं। वे रिश्वत और बेइमानी से पैसे खाते हैं।]

मुस्लिम सूफ़ियों का भी पंजाबी को आगे बढ़ाने में बहुत बड़ा योगदान रहा। अठाहरवीं शताब्दी में कृष्णलाल खत्री ने महाभारत का अनुवाद एक लाख श्लोकों

में किया। लोक जीवन में व्याप्त प्रेम से संबंधित लोककथाओं को भी पंजाबी में साहित्य का आधार बनाया गया।

पंजाबी की मुख्य उपभाषा लहंदा के अतिरिक्त माझी, पुवाधी, राठी, मलतई, भट्टियानी आदि हैं। इसके पश्चिमी तथा पूर्वी रूपों के मध्य विभाजक रेखा खींचना सरल कार्य नहीं है। मूलतः पंजाब क्षेत्र—यमुना तटवर्ती, केंद्रीय बोलियों का समूह, पहाड़ी बोलियों का समूह तीन भागों में विभक्त था। पहला क्षेत्र ही अब राजनीतिक मानचित्र पर हरियाणा बन गया है। यमुना के किनारे हिन्दी है तो सतलुज के किनारे पंजाबी और बीच में दोनों का संक्रमण क्षेत्र है। हिसार की सिरसा तहसील को हिन्दी-पंजाबी के मध्य की विभाजक रेखा माना गया। इसी रेखा के आसपास पुवाधी बोली जाती है।

पंजाबी की लिपि 'गुरुमुखी' है जो शारदा लिपि से काफ़ी समान और नागरी से प्रभावित है। वर्तनी में (समान शब्दावली होते हुए भी) भिन्नता है। व्यंजन गुच्छों को तोड़ दिया जाता है :

| **हिन्दी** | **पंजाबी** |
|---|---|
| प्रताप | परताप |
| प्रेम | परेम |
| राजेन्द्र | राजेन्दर / रजिन्दर |

पंजाबी-हिन्दी के व्याकरणिक ढाँचे में काफ़ी समानता है, जैसे, दोनों में दो लिंग—पुंलिंग-स्त्रीलिंग हैं; परसर्गों में—ने हिन्दी के समान है (मुंडे ने शाल जिता —लड़के ने शाल जीता (हिं)। अन्य परसर्ग भिन्न हैं, जैसे को, से, लिए, से, का, में के स्थान पर क्रमशः नूं, नाल, वास्ते, तों, दा, विच का प्रयोग किया जाता है। बहुवचन रूप पंजाबी में—'आँ' जोड़कर बनाये जाते हैं, जैसे कुड़ी (कुड़ीआँ), मोटर (मोटराँ)। आकारान्त विशेषणों में हिन्दी की तरह ही परिवर्तन होता है, जैसे,

| | | |
|---|---|---|
| चंगा | (अच्छा) | |
| चंगी | (अच्छी) | बहु० चंगीआँ |
| चंगे | (अच्छे) | |

इस प्रकार व्याकरणिक ढाँचे में काफ़ी समानता होने के कारण अनुवाद में भी यत्र-तत्र शब्दों में थोड़ी हेरफेर होती है अन्यथा वाक्य का रूप वही बना रहता है। यही कारण है कि अगर पंजाबी को नागरी लिपि में लिख दिया जाए तो हिन्दी भाषाभाषी को समझने में कठिनाई नहीं होती। यह बात कुछ उदाहरणों से स्पष्ट होगी :

| हिन्दी | पंजाबी |
|---|---|
| उसने मेरी सहायता **की**। | ओ ने मेरी मदद **कीती**। |
| उसने मेरे कपड़े **धुलवाए**। | ओ ने मेरे कपड़े **धुआए**। |
| उसने मेरे कपड़े **धोए**। | ओ ने मेरे कपड़े धोत्ते। |
| उसने खुशी **से** मेरा कमरा साफ़ **करवाया**। | ओ ने खुशी **नाल** मेरा कमरा साफ़ **कराइआ**। |
| उसने खुशी **से** सहायता **की**। | ओ ने खुशी **नाल** मदद **कीती**। |

किसी भाषा को प्रभावी बनाने में अभिव्यक्तियाँ, मुहावरे तथा लोकोक्तियाँ साधन होती हैं। इससे अर्थ में गंभीरता आती है। एक भाषा से दूसरी भाषा में अनुवाद करते समय मुहावरे-लोकोक्तियों के अनुवाद की समस्या विकट होती है पर पंजाबी-हिन्दी में समानता होने के कारण सरलता है।

**लगभग समान :**

| पंजाबी | हिन्दी |
|---|---|
| ऊँची दुकान फिक्का पकवान। | ऊँची दुकान, फीका पकवान। |
| चोर दी दाड़ी बिच तीला। | चोर की दाड़ी में तिनका। |
| ऊँट दे मुँह बिच जीरा। | ऊँट के मुँह में जीरा। |
| लोमड़ी नूँ अँगूर खट्टे। | लोमड़ी के लिए अंगूर खट्टे। |
| पाणी बिच रह के मगर नाल बैर। | जल में रहकर मगर से बैर। |
| लत दा भुत गलों नाल नई मनदा। | लातों के भूत बातों से नहीं मानते। |
| अली अग्गे रोणा ते अंधा दा खो। | अंधे के आगे रोना अपना दीदे खोना। |
| होनहार बिरवान दे होद चीकने पात। | होनहार बिरवान के होते चीकने पात। |
| खोदरया पहाड़ निकली चूही। | खोदा पहाड़ निकली चुहिया। |

कहीं-कहीं सामाजिक परिवेश के कारण नाममात्र का अंतर है :

| | |
|---|---|
| बंदर नूँ की पता गुड़ दा स्वाद। | अंधा क्या जाने बसन्त की बहार |
| उक रजाई, सौ जंवाई। | एक अनार सौ बीमार |
| पैड़े नाल चंगा वी मरदा है। | आटे के साथ घुन भी पिसता है। |

सर्वाधिक कठिनाई सुरों को व्यक्त करने में अनुवाद में होती है क्योंकि पंजाबी सुर प्रधान भाषा है। डा० बहल के अनुसार इसे तीन प्रकार से व्यक्त किया जाता है :

1. सघोष महाप्राण लिपि चिह्नों—घ, झ, द, ध, भ,
2. मध्य / अन्त्य स्थिति में, ह, लिपि चिह्न द्वारा।
3. स्वर की यात्रा के नीचे, ह, का ही चिह्न देकर।

मात्र लिप्यंतरण कर देने से भी पंजाबी का भाव स्पष्ट हो जाता है। यह बात गद्य में तो बहुत साफ है। पर कविता में भी आसानी हो जाती है। केंद्रीय हिन्दी निदेशालय अपने मुखपत्र 'भाषा' में इस प्रकार अनुवाद प्रायः प्रकाशित करता रहता है। 'भाषा' के जून 1979 के अंक में प्रकाशित एक कविता का अंश इस दृष्टि से उद्धृत किया जा रहा है :

**अजीब आदत सी उस रुख दी**

महेन्द्र कौर ग़िल

उजड़े घर दी हवा
काहनु सुनसान राह ते त्रबक दीऐं।
हादसा 'कल्लियाँ नहीं वा परदा'
ओह तां भरे बाजार विच दी
हो जां दै।
क्यों सूहे अंगारे नूँ देख के
ड्सकी ऐं ?

**हिन्दी रूपान्तरण**

**अजीब आदत थी उस वृक्ष की**

गगत गिल

उजड़े घर की हवा
क्यों सुनसान राह पर चौंकती है
हादसा अकेले नहीं घटता
वह तो भरे बाजार में भी
हो सकता है।
क्यों सुर्ख अंगारा देखकर
सिसकती है ?

इससे सिद्ध होता है कि हिन्दी के मानक स्वरूप के निकटतम पंजाबी है। अमृता प्रीतम तो स्वयं ही सीधे पंजाबी के साथ-साथ हिन्दी में लिख लेती हैं। मात्र भिन्न प्रयोगों की ओर विशेष ध्यान रखना चाहिए जिससे अतिव्याप्ति तथा अव्याप्ति दोष से बचा जा सके। उपयुक्त शब्द-चयन की ओर ध्यान रखना चाहिए। निकटता से लाभ उठाना चाहिए न कि जल्दबाजी में अधकचरा अनुवाद प्रस्तुत कर दिया जाए।

# सिंधी

डॉ. मुरलीधर कृष्णचन्द्र जेतली

आधुनिक भारतीय आर्यभाषाओं में सिंधी भाषा की निराली स्थिति है। ऐतिहासिक विकास की दृष्टि से इस भाषा का मूल केन्द्र सिंधु प्रदेश है, जो 1947 के बाद पाकिस्तान का अंग बन गया है। पंजाबी और बँगला भाषाओं को स्वतंत्रता के पश्चात् अपने प्रदेश का कुछ भाग भारत में मिला, जहाँ इनका विकास पहले की तरह हो रहा है। परन्तु सिंधी भाषा का उद्‌गम स्थान पूर्णतया पाकिस्तान के अन्तर्गत है। देश विभाजन के बाद लाखों की संख्या में सिंधी हिन्दू अपनी जन्मभूमि से निर्वासित होकर भारत में आए और इस विशाल देश के प्रत्येक प्रान्त में बस गए। फिर भी, यहाँ एक भी प्रदेश ऐसा नहीं, जहाँ सिंधी भाषा का विकास निर्बाध गति से हो सके। दूसरी ओर, अपने जन्मस्थल सिंधु प्रान्त में भी विभाजन के पश्चात् विभिन्न भाषा-भाषियों के अधिक संख्या में बस जाने के कारण, सिंधी भाषा को अपना अस्तित्व बनाए रखने के लिए संघर्ष करना पड़ा है।

स्वतंत्रता के पश्चात् भारत में सिंधी भाषा को लगभग बीस वर्ष बाद अप्रैल 1967 में भारतीय संविधान में स्थान मिला। तब से यह भाषा भारत की प्रमुख साहित्यिक भाषाओं में गिनी जाती है। इस देश में लगभग पचीस लाख सिंधी-भाषी रहते हैं। दुनिया के विभिन्न देशों में भी सिंधी-भाषी स्थायी रूप से बसे हुए हैं। इसके बावजूद भी सिंधी भाषा, साहित्य तथा संस्कृति का मूल स्रोत सिंधु-प्रदेश ही है, जहाँ सिंधी भाषा का उद्‌भव और विकास हुआ है, और जहाँ सब से अधिक संख्या में इस भाषा के बोलने वाले रहते हैं।

दसवीं ईस्वी सदी के आसपास अन्य आधुनिक भारतीय आर्यभाषाओं के समान, सिंधी भाषा ने भी अपने विशेष लक्षणों को प्रकट किया। तब से लेकर सिंधी और हिंदी भाषा का आपस में कुछ-न-कुछ सम्पर्क रहता आया है। आदिकाल में इस सम्पर्क का माध्यम चारण और भाट थे, तो मध्यकाल में संतों, महात्माओं और सूफ़ी दरवेशों ने दोनों भाषाओं के बीच घनिष्ठ सम्बन्ध क़ायम रखा। दादू दयाल (1544-1603) और प्राणनाथ (1618-1694) जैसे संतों ने हिंदी के साथ-साथ सिंधी भाषा में भी अपने उद्‌गारों को अभिव्यक्त किया। दूसरी ओर सिंधुप्रदेश में भी कुछ सूफ़ी और संत कवि हुए हैं, जिन्होंने अपनी मातृभाषा सिंधी

के अतिरिक्त हिंदी में भी सुन्दर काव्य की सृष्टि की है। इनमें रोहल (1734-1804), मुराद (1743-1796) और उनके अनुयायी संत कवियों के नाम विशेष रूप से उल्लेखनीय हैं। परन्तु मध्यकालीन सिंधी साहित्य में हमें एक भी ऐसी साहित्यिक कृति नहीं मिलती, जो हिंदी से अनूदित हो। इसी प्रकार आधुनिक काल से पूर्व किसी भी सिंधी रचना का हिंदी में अनुवाद हुआ हो, उसकी भी कोई जानकारी अब तक नहीं मिली है।

सिंधी और हिंदी के बीच भाषान्तर की प्रवृत्ति आधुनिक काल की ही देन है। सन् 1843 ईस्वी में अंग्रेजों ने सिन्ध पर विजय प्राप्त की। सिंधी साहित्य में आधुनिक काल का आरम्भ इसी साल से माना जाता है। आधुनिक काल में सिंधी गद्य के विकास का आरम्भ, हिंदी और अन्य भाषाओं की साहित्यिक रचनाओं को सिंधी में अनूदित करने से हुआ। 1843 से लेकर 1947 तक हिंदी की कई कहानियाँ, उपन्यास और धार्मिक पुस्तकें सिंधी में अनूदित की गईं। परन्तु इसके विपरीत, इस अवधि में वे सिंधी रचनाएँ जिनका हिंदी में अनुवाद किया गया है, उँगलियों पर गिनी जा सकती हैं। पिछली सदी के उत्तरार्ध से लेकर सिन्ध में हिंदी का प्रचार जोरों से शुरू हुआ, जो बीसवीं सदी के पूर्वार्ध में बहुत विस्तृत हो गया। देश की आज़ादी के बाद जब लाखों की संख्या में सिंधी-भाषी हिन्दू लोग भारत के हिन्दी-भार्षा क्षेत्रों में आकर बस गए, तब सिंधी और हिंदी का सम्बन्ध और भी घनिष्ठ हो गया। भारत में अन्य क्षेत्रीय भाषाओं की अपेक्षा, सिंधी भाषा हिंदी से अधिक प्रभावित हुई है। आजकल भारत में युवा पीढ़ी का प्रायः प्रत्येक सिंधी हिन्दी भाषा का अच्छा ज्ञान रखता है। अतः इन दोनों भाषाओं में आजकल आदान-प्रदान की प्रवृति पहले से अधिक दिखाई देती है।

अनुवाद की प्रक्रिया में सामान्यतः यह देखा गया है कि जब अनुवाद की जाने वाली कृति, किसी विदेशी भाषा में अथवा किसी भिन्न परिवार की भाषा में है, तो उसका अनुवाद करते समय अपेक्षाकृत अधिक समस्याएँ उत्पन्न होती हैं। उदाहरणार्थ, चीनी, जापानी अथवा अफ्रीकी भाषाओं से यदि कोई रचना हिंदी में अनूदित की जाती है, तब किसी अन्य आर्यभाषा की रचना की तुलना में, उसमें अधिक कठिनाइयाँ पैदा होती हैं। इसका कारण मुख्यतः सांस्कृतिक भिन्नता है, जिससे कई भावों अथवा वस्तुओं की अभिव्यक्ति के लिए हिंदी में उचित शब्द नहीं मिलते। परन्तु सिंधी से हिंदी में अनुवाद करते समय इतनी समस्याओं का सामना करना नहीं पड़ता। सिंधी और हिंदी दोनों भारतीय आर्य परिवार की भाषाएँ हैं। दोनों का ऐतिहासिक विकास-क्रम लगभग समान रहा है। दोनों भाषाएं स्थूल रूप से एक ही सभ्यता और संस्कृति की गोद में पली हैं।

सिंधी और हिंदी में इतनी समानता होते हुए भी दोनों भाषाओं की भाषिक संरचना में काफी अन्तर है, अपनी-अपनी विशेषताएं हैं। प्रादेशिक रीति-रिवाजों,

रहन-सहन, वेशभूषा आदि के कारण दोनों में कुछ निरालापन भी है, जो दोनों भाषाओं के अस्तित्व को एक-दूसरे से अलग बनाए हुए है। कहावत है, 'बारह-कोस पर बोली बदल जाती है'। हिंदी-भाषी प्रदेश में भी स्थानीय विशेषताओं के कारण कई बोलियाँ दिखाई देती हैं। फिर स्वाभाविक है कि सिंधी और हिंदी में वैशिष्ट्य की मात्रा अधिक पाई जाए। सिंधी की इस प्रकार की भाषिक और सांस्कृतिक विशेषताएँ ही कई स्थानों पर सिंधी से हिंदी में भाषान्तर करते समय समस्याएँ उत्पन्न करती हैं। यहाँ कुछ मुख्य समस्याओं का उल्लेख किया जा रहा है।

सिंधी भाषा में चार अंतःस्फुटित घोष स्पर्श व्यंजन हैं, जो हिंदी भाषा में नहीं पाए जाते। देवनागरी लिपि में इन व्यंजनों के नीचे रेखा खींच कर लिखा जाता है। जैसे, ग, ज, ड, ब। सिंधी शब्दों में इनका यदि ठीक प्रयोग न किया जाए, तो अर्थ का अनर्थ हो जाएगा। निम्नलिखित शब्द-युग्म देखिए—

/ग/ : ग/ गिला 'गाल' : गिला 'निन्दा'
गारो 'क्षीणता' : गारो 'गारा'

/ज/ : /ज/ जारो 'जाला' : जारो 'ताक, आला'
जाम 'राजा' : जाम 'अधिक, ज्यादा'

ड/ : /ड/ : द/ : /ड़/
पड़ु 'आत्मश्लाघा कर' (आज्ञार्थ)
पड़ु 'मरुभूमि'
पदु 'पद, ओहदा'
पड़ु 'पीर की क़ब्र पर डाला जाने वाला वस्त्र'

/ब/ : /ब/ बिरु 'बिल' : बिरु 'दुःखी'
बारु 'बालक' : बारु 'भार, वज़न'

जब सिंधी में इनका प्रयोग किसी व्यक्तिवाचक अथवा वस्तु विशेष-वाचक शब्द में होता है, तब हिंदी अनुवाद में भी उन्हें बरक़रार रखना आवश्यक हो जाता है। जैसे, गरेलो 'ग्राम विशेष का नाम' साधुबेलो 'सिंध में तीर्थ विशेष', बालेशाही 'हरिजनों का एक विशेष वर्ग' जट-जामोट 'मुसलमान'। 'डियार्योमलु 'विशेष नाम।'

जब किसी सिंधी कविता में अनुप्रास अलंकार का आधार ही ये ध्वनियाँ होती हैं, तब उस भाषासौंदर्य को किसीं अन्य भाषा में लाना असम्भव हो जाता है। सिंधी में कई व्यक्तियों के नामों में भी ये ध्वनियाँ प्रयुक्त होती हैं; जैसे जाजी, माताडिनो, अल्लाहडिनो, बाघी, भाग इत्यादि। ऐसे नाम असिंधी-भाषियों के लिए बोलने में तो कठिनाई पैदा करते ही हैं, परन्तु जब किसी हिंदी रचना में इन्हें ज्यों-का-त्यों रखा जाता है, तब हिंदी संरचना के अनुकूल न होने के कारण, हिंदी

पाठक के लिए भी बाधक-से बन जाते हैं। यहाँ मुझे एक मधुर घटना का अनायास स्मरण हो आता है। पचीस-तीस वर्ष पहले की घटना है। मैं एक माध्यमिक पाठशाला में हिंदी पढ़ाता था। वहाँ एक सिंधी चपरासी था, जिसका नाम था 'जाञी। इसका शाब्दिक अर्थ है 'बराती', जो 'जञ' यानी बरात से बना है। पाठशाला के असिंधी-भाषी अध्यापक जब उस चपरासी को बुलाते थे, तो उसके नाम का सही उच्चारण नहीं कर पाते थे। अतः वे 'जाञी' को 'जानी' कहकर पुकारते थे। उर्दू और हिंदी में उसका अर्थ है 'घनिष्ठ; जान का; प्राणप्रिय'। अतः असिंधी-भाषी अध्यापिकाओं के लिए उस चपरासी को बुलाना एक समस्या बन जाती थी। आखिर उन्होंने उसे नाम से बुलाना ही छोड़ दिया। आप कल्पना कीजिए कि यदि किसी सिंधी कहानी में यह किसी पात्र का नाम हो, तो अनुवादक उसे सही रूप और अर्थ में क्या हिंदी में प्रयुक्त कर सकेगा ? ऐसी हालत में वह उस पात्र का नाम ही बदल देगा, या किसी स्थान पर पादटिप्पणी में नाम के लिए स्पष्टीकरण देगा।

सिंधी भाषा में पाँचों अनुनासिक व्यंजन स्वनिम हैं। हिंदी में (ङ्) और (ञ्) ध्वनियों का प्रयोग केवल संयुक्त व्यंजन में अपने वर्ग के व्यंजन के पूर्व होता है ; जैसे मयङ्क, पङ्ख, पञ्च, व्यञ्जन। परन्तु सिंधी शब्दों में ये ध्वनियाँ दो स्वरों के बीच भी प्रयुक्त होती हैं। उदाहरणार्थ—

मङी 'सगाई हुई', मञी 'मानकर', मणी 'मणि, रत्न', मनी 'वीर्य', ममी 'माता'।

मङ 'मँगेतर' (स्त्री), मञ 'वधूपक्ष', मण 'मन, चालीस सेर' (बहुवचन), मन 'हृदय', मम 'डायन'।

इस प्रकार के विशेष सिंधी शब्द और नाम (जिनमें /ङ/ और /ञ/ ध्वनियों का प्रयोग दो स्वरों के मध्य होता है) हिंदी अनुवाद में ज्यों-का-त्यों रखने से, हिंदी संरचना के अनुकूल न होने के कारण, अजीब लगते हैं और हिंदी भाषियों को उन्हें पढ़ने में भी दिक्कत होती है। जैसे मुङियों 'जाति विशेष का नाम', जाञी 'बाराती, व्यक्ति विशेष का नाम', छाङोमलु 'नाम विशेष', कञरु 'जाति विशेष'।

अरबी-फारसी की संघर्षी व्यंजन ध्वनियाँ ख़, ग़, ज़, फ़ हिंदी-उर्दू के समान सिंधी में भी स्वनिम हैं। अतः अर्थभेद की दृष्टि से ये महत्त्वपूर्ण हैं। हिंदी-भाषियों में जो वर्ग उर्दू जानता है, वह इन ध्वनियों के महत्त्वपूर्ण उच्चारण और अर्थभेदक क्षमता को पहचानता है। परन्तु सामान्य हिंदी-भाषी न तो उच्चारण में इन ध्वनियों को बोलते हैं, और न सुनने अथवा पढ़ने में ही इनके महत्त्व को पहचानते हैं। सिंधी में इन ध्वनियों के अर्थभेद करने की क्षमता निम्नलिखित उदाहरणों से देखी जा सकती है—

/ख़/ : /ख/ — ख़ामी 'कमी, न्यूनता' : खामी 'जलकर'
/ग़/ : /ग/ — ग़म 'दुःख' : गम 'ज्ञान, जानकारी'
/ज़/ : /ज/ — ज़ारी 'रुदन' : 'जारी, प्रचलित'
/फ़/ : /फ/ — फ़िदा 'मुग्ध' : फिदा 'पक्षीविशेष' (बहुव०)

सिंधी शब्दों में जहाँ इन स्वनिमों का प्रयोग होता है, और हिंदी अनुवाद में उन्हें क़ायम न रखने से जहाँ अर्थ बदल जाने की सम्भावना है, वहाँ हिंदी में भी इन्हें दिखाना आवश्यक है, चाहे सामान्य हिंदी-भाषी इनके महत्त्व से अनभिज्ञ ही क्यों न हों। जैसे—

जलाल 'प्रताप, तेज' : ज़लाल 'पाप, गुनाह'
जलील 'तेजस्वी, महान्' : ज़लील 'नीच, कमीना'
खान 'खानि, खदान' : ख़ान 'पठानों की उपाधि'

सिंधी भाषा में अधिकांश संज्ञाएँ उकारान्त और ओकारान्त हैं। दूसरी ओर खड़ी बोली हिंदी से उकारान्त संज्ञाएँ तो कुछ ही मिलती हैं, परन्तु ओकारान्त संज्ञाएँ अतिविरल हैं। इस प्रकार के व्यक्तिवाचक नाम जब हिंदी में लिखे जाते हैं तो कई अनुवादक उन्हें आकारान्त बनाकर लिखते हैं। सिंधी उकारान्त या ओकारान्त व्यक्ति विशेष नामों को जब हिंदी में सुरक्षित रखा जाता है, तब वे हिंदी-भाषियों को अजीब-से लगते हैं। कुछ उदाहरण देखिए : भुटो, सूमरो, समो, कल्होड़ो (वंश विशेष के नाम); मूलो (मूलाराम, मूलचन्द), रूपो (रूपचन्द), मौलाडिनो, गुरुडिनो, साँवलु (साँवल, श्यामल), डियार्यो, भूरो। उकारान्त संज्ञाएं हिंदी अनुवाद में प्रायः अकारान्त बना दी जाती हैं; जैसे, गम्बटु (गम्वट, ग्राम विशेष), कम्बरु (कम्बर, ग्राम विशेष), रामु (राम), गोबिन्दु (गोविन्द) आदि।

भारत में सिंधी भाषा सिंधी-देवनागरी और सिंधी-अरबी-फ़ारसी अक्षरों में लिखी जाती है। यह दूसरी लिपि सन् 1853 ईस्वी में अंग्रेज सरकार के आदेश से परिनिष्ठित की गई थी। इसके पूर्व सिंधी भाषा चार अलग-अलग लिपियों में लिखी जाती थीं। वे थीं,—सिंधी-देवनागरी, गुरुमुखी, हिंदू-सिंधी (नागरी अक्षरों के आधार पर बनाई हुई शिरोरेखा रहित लिपि, जिसका प्रयोग प्रायः व्यापारी लोग करते थे) और अरबी-फारसी। अंतिम लिपि में अरबी के अट्‌ठाईस और फ़ारसी के चार विशेष वर्गों के द्वारा सिंधी ध्वनियों को अभिव्यक्त किया जाता था, जिसके लिए ये बत्तीस वर्ण पूरे नहीं थे। अतः सन् 1853 में अंग्रेज सरकार ने विद्वानों की एक समिति नियुक्त की, जिसने अरबी और फारसी के बत्तीस वर्णों में नुक्ते आदि लगाकर थोड़ा-सा परिवर्तन कर, बावन वर्णों की एक लिपि तैयार की। तब से उस परिनिष्ठित और परिवर्धित अरबी-फ़ारसी लिपि में सिंधी की कई पुस्तकें प्रकाशित होने लगीं। इसमें शक नहीं कि अन्य तीनों लिपियों का भी

प्रयोग सीमित क्षेत्रों में लगातार होता रहा। स्वतंत्रता के बाद सिंधी-देवनागरी लिपि को भारत में फिर सिंधी हिंदुओं ने शिक्षा और साहित्य के क्षेत्र में अपनाया। अतः यहाँ सिंधी लिखने के लिए मुख्य रूप से सिंधी-देवनागरी और सिंधी-अरबी लिपियों का प्रयोग हो रहा है।

सिंधी साहित्य में कई स्थानों पर ऐसे प्रयोग मिलते हैं जिनका आधार अरबी-फ़ारसी वर्णों का स्वरूप है। इस प्रकार के प्रयोगों को हिन्दी में अनूदित करना कठिन है। हिन्दी-भाषी पाठक जो अरबी-फ़ारसी वर्णों के रूप से अपरिचित हैं, ऐसे भाषा-प्रयोगों को समझ नहीं पाता। अतः अनुवादक, आवश्यक टिप्पणियों द्वारा भाव को व्यक्त करने का प्रयत्न करता है। यहाँ इस प्रकार के भाषा-प्रयोगों के कुछ उदाहरण दिए जाते हैं—

(1) कातिबु लिखे जीअं, लाय़ो लामु अलिफ़ सें,
असां सजणु तीअं, रह्यो आहे रूह में।

(शाह जो रिसालो, सुर जमन)

लिखने वाला जिस प्रकार लामु (ल-वर्ण) को अलिफ़ (आ स्वर का चिह्न) से मिलाकर 'ला' लिखता है, उसी प्रकार हमारी साजन (प्रियतम, परमात्मा) हमारे प्राणों से मिला हुआ है। वह हमेशा हमारे हृदय में बसा हुआ है।

(अरबी-फ़ारसी में 'ल' वर्ण का स्वरूप है 'ل'। 'ला' लिखने के लिए उसके भीतर अलिफ़ का चिह्न लगाया जाता है—'لا'। कुछ कातिब इसे मिलाकर 'لا' भी लिखते हैं। कवि ने इस लेखन प्रणाली का उदाहरण देकर कहा है कि जिस प्रकार 'ल' और अलिफ़ मिलकर एकाकार हो जाते हैं, वे एक वर्ण हो जाते हैं, उसी प्रकार हमारा प्रियतम हमारे प्राणों से मिलकर एक हो गया है।

(2) पढ़िओ पढ़ेजाहु, सबक़ु इनहिम् सूर जो,
मीमु रखिजाहु मन में, अलिफ़ु तिहि अगियाहु,
चिता चोरेजाहु, इहा लाति लतीफ़ु चे।

(शाह जो रिसालो, सुरु जमन कल्याण)

'इस दर्द का पाठ पढ़कर फिर पढ़ना। अपने मन में मीमु (म-वर्ण) को धारण करना, और उसके आगे अलिफ़ रखना। लतीफ़ कहता है कि अपने चित्त में से इसी ध्वनि का उच्चारण करते रहना।'

(मीमु अर्थात् म-वर्ण से तात्पर्य मुहम्मद के प्रथम वर्ण से है। अलिफ़ से मतलब अल्लाह से है जिसके आरम्भ में यह वर्ण आता है। सूफ़ी कवि शाह अब्दुललतीफ़ का कहना है कि हे मनुष्य! तू अपने मन से हमेशा अल्लाह और मुहम्मद के नाम का उच्चारण करता रह।)

मोतीलाल जोतवाणी के उपन्यास 'नारंगी ट्रैफ़िक लाइट ते' (पीली बत्ती पर) से निम्नलिखित गद्यांश देखिए—

"हुन लाइ उहो समूरो अंग्रेज़ीअ जो S-u-f-f-e-r बणिजे थो। शाम जो थकिजी टुटिजी घरि अचे यो ऐं राति जो रबड़जी औरत खे उभारे-उभारे थो।

एतिरे में मनोहर सोच्यो, वाह ! हित जे खिन अग्र सोच्यल 'उभारे-उथारे' लफ़्ज़नि में 'भ' ऐं 'थ' अखरनि जी बीहक काफ़ी माना भर्यल आहे। खेसि इन्हनि अखरनि में औरत खे उभारण-उथारण जे वक्त वारी लेट-पेट डिसण में आई।" (पृष्ठ 15)

हिन्दी अनुवाद : 'उसके लिए वह पूरा सफ़र अंग्रेज़ी का S-u-f-f-e-r बन गया। शाम को श्रांत-क्लान्त होकर वह घर लौटता है और रात को रबड़ की औरत को उभाड़ता, उठाता है।

इतने में मनोहर ने सोचा, वाह ! उसके खिन-पल पहले सोचे हुए उभारणु, 'उभाड़ना' और उथारणु 'उठाना' शब्दों में 'भ' और 'थ' वर्णों का रूप काफ़ी सार्थक है। उसे इन वर्णों में औरत को उभाड़ने और उठाने के समय वाली लोट-पोट नज़र आई।'

इस गद्यांश का भाव तब तक स्पष्ट नहीं होगा, जब तक पाठक को अरबी-फ़ारसी लिपि में 'भ' और 'थ' वर्णों के स्वरूप का ज्ञान नहीं हुआ है। सिन्धी के लिए प्रयुक्त अरबी-फ़ारसी वर्ण, उर्दू वर्णमाला से कई स्थानों पर भिन्न हैं। उर्दू में 'भ' और 'थ' क्रमशः 'ब्' और 'त्' में 'ह्' मिलाकर लिखे जाते हैं, परन्तु सिन्धी-अरबी वर्णमाला में 'भ' वर्ण, लकीर के नीचे चार नुक़्ते लगाकर लिखा जाता है और 'थ' वर्ण लकीर के ऊपर चार नुक़्ते लगाकर लिखा जाता है। लेखक ने यहाँ इन नुक़्तों के परिवर्तन पर पूरे दृश्य को आधारित किया है। मनोहर को अचानक 'भ' और 'थ' वर्णों में, नुक़्तों के उलट-फेर का ध्यान आ गया। जिस प्रकार इन वर्णों में जो नुक़्ते पहले नीचे थे वे उठकर ऊपर हो गये, उस प्रकार मनोहर सारे दिन के काम और सफ़र से थका हुआ जब घर लौटता है, तब रात को लेटी हुई अपनी पत्नी को उभाड़ना और उठाता है, ताकि उसके साथ अपना दिल बहला सके। इस रंगरेली की प्रक्रिया में रबड़ की गुड़िया-सी लेटी हुई औरत भी धीरे-धीरे उत्तेजित होती है और फिर उठकर पति का साथ देती है। लेटने की परिस्थिति से उसका ऊपर उठना, नीचे गिरे हुए नुक़्तों के ऊपर उठने के समान है।

इस प्रकार के लिपि-वैशिष्ट्य पर आधारित वर्णन को अन्य भाषा में अनूदित करना कठिन है। जब तक उसे स्पष्ट व्याख्या सहित समझाया नहीं जाता, तब तक पाठक न तो भाव को ग्रहण कर पाता है, और न उसका आनन्द ले सकता है।

सिन्धी में कुछ मुहावरे भी लिपि-वैशिष्ट्य पर आधारित हैं। जैसे, 'हू अलिफ़ नंगो आहे' अर्थात् वह बिल्कुल अलिफ़ के समान नंगा खड़ा है। अरबी-फ़ारसी में अलिफ़ वर्ण का चिह्न लम्बी खड़ी लकीर है (।)। इसके साथ जब दूसरे स्वर ~ चिह्न लगते हैं तब, इसका उच्चारण निश्चित से होता है। जैसे I (अ), । (आ), ।

(इ)। अलिफ़ का रूप एक लम्बी खड़ी लकीर होने के कारण, इसे अल्लाह, खुदा का प्रतीक भी माना गया है। अतः शाह अब्दुल लतीफ़ ने कहा है—

अखरुपढ़ु अलिफ़ जो, वर्क़ सभु विसारि,
अन्दरु खणी उजारि, पना पढ़न्दें केतिरा।

(हे मनुष्य ! तू अलिफ़ का एक ही वर्ण पढ़ ले, दूसरे सभी पृष्ठों को भूल जा। इस एक ही वर्ण के प्रकाश से तू अपने हृदय को उज्ज्वल कर। कितने पन्ने पढ़कर कितने पढ़ेगा ?)

उर्दू, फ़ारसी के समान सिन्धी में भी से-हर्फ़ी काव्य लिखने की परम्परा रही है। इसमें काव्य के पदों का आरम्भ अरबी-फ़ारसी वर्णमाला के प्रत्येक वर्ण से क्रमानुसार होता है। इस प्रकार की काव्य-रचनाओं को हिन्दी में लाना कठिन है। हिन्दी पाठक या श्रोता भी ऐसी रचना का आनन्द नहीं ले सकेगा, जब तक उसे अरबी-फ़ारसी वर्णमाला का ज्ञान न हो। सिन्धी-अरबी वर्णमाला में बावन वर्ण हैं, अतः उनके अनुसार सिन्धी में 'बावन-अखिरी' (बावन अक्षरों से आरम्भ होने वाली) काव्य-रचना भी हुई है।

सिंधी पद संरचना की कुछ ऐसी विशेषताएँ हैं, जो हिन्दी में नहीं पाई जातीं। इन्हें अनुवाद करते समय इच्छित भाव की अभिव्यक्ति के लिए, हिन्दी में अपेक्षाकृत अधिक शब्दों अथवा वाक्यांशों का प्रयोग करना पड़ता है। कुछ उदाहरण यहाँ दिये जाते हैं—

सिन्धी में तृतीय पुरुष के सार्वनामिक पदों के कर्ता कारक में पुल्लिग और स्त्रीलिंग में अलग-अलग रूप हैं। जैसे, हू 'वह, (पुं०)', हूअ वह, (स्त्री०)'; इहो इहा 'यही (पु०)', 'यही (स्त्री०)'। सिन्धी में जब किसी वाक्य में केवल सर्वनाम से ही लिंगबोध भी हो जाता है, हिन्दी में हमें उसके लिए संज्ञा आदि के द्वारा लिंगबोध कराना पड़ता है—

हुते केरु आहे ? 'वहाँ कौन है ?'
हूअ आहे। 'वह (लड़की/औरत) है।'

सिन्धी और हिन्दी में कई शब्द समान हैं। परन्तु जब ऐसे शब्दों का लिंग दोनों भाषाओं में भिन्न होता है, और जब भाव की अभिव्यक्ति लिंग की विशेषता पर आधारित होती है, तब अनुवाद में वह भाव नहीं आ पाता। उदाहरणार्थ, **औलाद, शराब, सुबह, सुलह, कसम** हिन्दी में स्त्रीलिंग हैं तो सिन्धी में पुल्लिग। **'दिल'** हिन्दी में पुल्लिग है तो सिंधी में स्त्रीलिंग। निम्नलिखित वाक्य देखिए—

"शराब अहिड़ो भूतु आहे जो हिकु दफ़ो कंहिजे सिर ते सवारु थ्यो, त पोइ बुरायुनि रूपी भूतिष्यू बि पंहिंजे घोट पुठ्यां डोड़न्दयूं, वेंद्यूं, ऐ वञी उन शख़्स में वासो कंद्यूं।"

(शराब ऐसा भूत है जो एक बार किसी के सिर पर सवार हुआ तो फिर

बुराइयों के रूप में भूतिनियाँ भी अपने पति के पीछे दौड़ती जाएँगी, और जाकर उस आदमी में निवास करेंगी)

'शराब' शब्द हिन्दी में स्त्रीलिंग है, अतः पति के रूप में उसका वर्णन अटपटा-सा लगता है। ऐसी हालत में अनुवादक 'शराब' का पर्यायवाची कोई पुल्लिंग शब्द (जैसे, आसव) चुनकर इस असंगति को दूर कर सकता है।

सिन्धी भाषा में सर्वनाम, प्रत्ययों के रूप में संज्ञा, क्रिया और परसर्गों के साथ लगकर भी प्रयुक्त होते हैं। इससे भाषा में सामासिकता और बोलचाल की स्वाभाविकता आ जाती है। हिन्दी में इसके लिए पूरे वाक्य अथवा कई शब्दों का प्रयोग कर भाव की अभिव्यक्ति करनी पड़ती है। उदाहरणार्थ—

**पुटुसि** 'उसका बेटा'
**पुटुहि** 'तेरा पुत्र'
**वटिसि** 'उसके पास'
**वटिनि** 'उनके पास'
**लिख्योमांसि** 'मैंने उसे लिखा'
**लिख्योमांनि** 'मैंने उन्हें लिखा'
**पकिड़ायाईंसि** 'उसने इसे पकड़वाया।'

बोलचाल में कई संज्ञाओं के साथ सार्वनामिक प्रत्ययों का प्रयोग अनौपचारिकता, आत्मीयता और भाषा की स्वाभाविकता को व्यक्त करता है। अर्थ और भाव की इस सूक्ष्मता को हिन्दी अनुवाद में लाना कठिन है।

**पिण्हे खे सडु करि** 'अपने पिताजी को बुला'
**भेणें किथे आहे** 'तेरी बहन कहाँ है?'
**नान्यहि आई आहे या न?** 'तेरी नानी आई है या नहीं?'

सिन्धी में कर्मणि और भावे प्रयोग की क्रियाओं को धातु में प्रत्यय लगाकर बनाया जाता है। दूसरी ओर हिन्दी में इस प्रकार की संरचना सहायक क्रिया द्वारा होती है।

**कजे** 'किया जाए', **पढ़िजे** 'पढ़ा जाए' **लिखिजे** 'लिखा जाए', **जीइजे** 'जीआ जाए', **बीहिजे** 'खड़ा रहा जाए,' **वाञिबो** 'चला जाए (भावे प्र०),' **जीइबो** 'जीआ जाएगा' **बीहबो** 'खड़ा रहा जाएगा।'

सिंधी बोलचाल में इस प्रकार के प्रयोग प्रचुर मात्रा में मिलते हैं। हिन्दी में ऐसे प्रयोगों को प्रायः कर्तरि प्रयोग में अनूदित किया जाता है, जिससे कभी-कभी इच्छित भाव की झलक लुप्त हो जाती है। जैसे—

**अजु घुमण हलिबो?** (भावे प्रयोग)
'आज घूमने चलेंगे?' (कर्तरि प्रयोग)

यहाँ सिंधी के भावे प्रयोग में जो अनौपचारिकता और अनासक्ति का भाव

है, उसे हिन्दी में नहीं लाया जा सकता।

प्रत्येक भाषा में कई सम्बोधन-शब्दों के प्रयोग मिलते हैं, जो उस भाषा मे तो सुन्दर और स्वाभाविक होते हैं, परन्तु अन्य भाषा में प्रायः हास्यास्पद लगते हैं। अतः अनुवाद में उन्हें छोड़ दिया जाता है, अथवा किसी अन्य सम्बोधन का प्रयोग किया जाता है। संस्कृत के सम्बोधन शब्द—रम्भोरू, पीनपयोधरी, कृशोदरी, आयतलोचना, गजगामिनी आदि आधुनिक भारतीय भाषाओं में स्वाभाविक नहीं लगते। सिन्धी भाषा में कई सम्बोधन-शब्द ऐसे हैं जिनका यदि शब्दशः अनुवाद हिन्दी में किया जाए तो वह अस्वाभाविक और अटपटा लगेगा। कुछ उदाहरण लीजिए—

**मुठा** ! 'मुसीबत में फँसे हुए !', **मुठीअ पुट** ! 'मुसीबत में पड़ी हुई के बेटे !,' **मुआ** ! 'मुए ! मरे हुए', **मार्या** ! 'मारे हुए !', **हार्या** ! 'हारे हुए !', **निनावां** ! 'अरे, तेरा नाम भी दुनिया में न रहे !', **मखण-पुट** ! 'मक्खन से भी कोमल बेटे !', **रन-पुट** ! 'राँड के बेटे !', **मारि भेणी** ! **मारि माआं** ! 'वाह ! आश्चर्य है !', **घोड़ा** ! **घोड़ा** ! 'हाय हाय, मर गए !'

बोलचाल में कई सम्बोधन-शब्द ऐसे हैं, जिनका हिन्दी में भाषान्तर असम्भव है, जैसे **भेटू लगन** !, **दऊस** !, **भेणियाँ** ! **धेजां** !

सिन्धी संज्ञाओं में—अल,—ड़ा प्रत्यय जोड़कर उन्हें कोमलता और माधुर्य-युक्त बनाया जाता है। हिन्दी में इस प्रकार के प्रत्यय नहीं मिलते। उदाहरणार्थ—

**भाउ** 'भाई'—**भायड़ा** 'मेरे प्यारे भाई !'

पुन्हू 'नाम विशेष'—**पुन्हल** 'मेरे प्यारे पुन्हू !'

**भायड़ा** ! **हितिड़े अचुनी** ! 'प्यारे भाई ! यहाँ आओ न !' **मातो, कढो था डोकर, या लिखूं बुडीअ खंधे** ! 'मैंने कहा, देते हो पैसे, या लिखें डूबी हुई रकम के हिसाब में ?' इत्यादि इस प्रकार के वाक्य हैं जिनकी शैलीगत विशेषता को भाषान्तर में व्यक्त करना कठिन है।

प्रत्येक भाषा की शब्द-सम्पदा में हजारों ऐसे शब्द मिलते हैं जिनका सम्बन्ध उस प्रदेश की सभ्यता, संस्कृति, भौगोलिक पर्यावरण, कृषि की विशेष उपज इत्यादि से होता है। ऐसी शब्दावली के पर्यायवाची शब्द प्रायः अन्य भाषाओं में नहीं मिलते। अनुवाद करते समय इस प्रकार के शब्दों की व्याख्या करनी पड़ती है, और उन्हें दूसरी भाषा में ज्यों-का-त्यों अपनाना पड़ता है। कभी-कभी एक ही शब्द के भाव की अभिव्यक्ति के लिए दूसरी भाषा में दो-तीन शब्दों का प्रयोग करना पड़ता है। यहाँ सिन्धी भाषा की विशेष शब्द-सम्पदा के कुछ उदाहरण प्रस्तुत किए जा रहे हैं—

(1) **पारिवारिक सम्बन्धों के द्योतक शब्द**—कुछ पारिवारिक सम्बन्ध ऐसे हैं जिनके लिए सिन्धी में एक शब्द है, परन्तु हिन्दी में उस सम्बन्ध की अभिव्यक्ति

के लिए दो या अधिक शब्दों का प्रयोग करना पड़ता है—

**सौटु** 'चचेरा भाई'—**सौटि** 'चचेरी बहिन'
**मासातु** 'मौसेरा भाई'—**मासाति** 'मौसेरी बहिन'
**पुफाटु** 'फूफेरा भाई'—**पुफाटि** 'फूफेरी बहिन'
**मारोटु** 'ममेरा भाई'—**मारोटि** 'ममेरी बहिन'
**डेरोटु** 'देवर का लड़का'—**डेरोटि** 'देवर की लड़की'
**सालाटु** 'साले का लड़का'—**सालाटि** 'साली की लड़की'
**सेणोटु** 'समधी का लड़का'—**सेणोटि** 'समधी की लड़की'

(2) **रीति रिवाज**—शास्त्रोक्त रीतियों और पूजन-पद्धति के शब्द कई भाषाओं में संस्कृत के ही प्रयुक्त होते हैं। परन्तु प्रादेशिक रीति-रिवाज हर क्षेत्र के अलग-अलग हैं। सिन्धी में विशेष रीति-रिवाजों के भी अनेक शब्द हैं, जिनकी हिन्दी अनुवाद में व्याख्या ही करनी पड़ती है। जैसे—

**डुतर मइणु**—'विवाह के बाद ससुराल में आने पर नव वधू के द्वारा प्रत्येक वर पक्ष वाले सम्बन्धी को हाथ में नमक देना और उससे वापस लेना।'

**सतावड़ो**—'सातवें दिन नवविवाहित पति-पत्नी को वधू पक्ष के द्वारा दी जाने वाली दावत।'

**जुञ्**—'विवाह के समय वर पक्ष वालों को वधू पक्ष की ओर से दी गई दावत।'

**ओराणा**—शीतला माता की स्तुति में गाये जाने वाले गीत।

(3) **खाद्य और पेय पदार्थ**—आजकल दक्षिण भारत के कुछ भोजन पदार्थों के नाम सारे भारत में और अन्य देशों में भी दक्षिण भारतीय लोगों के साथ पहुँच गये हैं। जैसे, 'इडली', डोसा', 'साम्बर', 'अनुपम' आदि। पंजाब के 'भटूरे' और 'कुलचे' अन्य भाषाओं में भी स्थान पा चुके हैं। ऐसे नामों को वस्तुओं के साथ-साथ अन्य भाषा-भाषी ग्रहण कर लेते हैं। इनका अनुवाद नहीं किया जाता। सिन्धी भाषा में भी अनेक विशेष भोजन पदार्थों के नाम मिलते हैं। जैसे **बुराणी** 'कमल के पराग से बनी हुई मिठाई', **घाञ्**रा, लोढ़, 'तालाब से कमल की जड़ से निकलने वाले पदार्थ', '**डूंघी**' 'सुखा हुआ नारियल का गूदा।' **ढोढो** 'ज्वार या मक्के की रोटी', **लोलो** 'मोठी, मोटी तहवाली तवे पर बनायी रोटी'; **टिकी** 'मीठी, मोटी तहवाली तली हुई रोटी'; **कुटी** 'सेकी हुई रोटी को कूट कर उसमें घी और चीनी डालकर चूर्मे की तरह बनाना।' '**कढ़ी**' शब्द तो कई भाषाओं में मिलता है, परन्तु हर प्रदेश में उसके बनाने की पद्धति भिन्न है। अत: उसके स्वाद में भी फर्क आ जाता है। इस प्रकार एक ही शब्द विभिन्न भाषा-भाषियों के लिए अलग-अलग भाव का द्योतक बन जाता है।

(4) **वास्तुकला और शिल्पकला**—सिन्ध में, खास तौर से हैदराबाद शहर में मकानों की छत में एक चतुष्कोण रिक्त स्थान, एक कोने में बनाया जाता था। उसके ऊपर चिमनी के आकार का, भीतर से पोला स्तूप-सा बनवाया जाता था, जिससे हवा खिचकर नीचे कमरे में आ जाती थी। अतः वहाँ पंखे की जरूरत बिल्कुल नहीं पड़ती थी। वास्तुकला का यह नमूना हैदराबाद सिन्ध की विशेषता है। इसे सिन्धी में 'मंघु' कहा जाता है, जिसके लिए हिन्दी में कोई पर्यायवाची शब्द नहीं मिलता। पींघो या हिन्दोरो भी सिन्ध की दूसरी विशेषता है। चार पायों वाले स्टैण्ड के बीच एक कमानी लगी होती है, जिसमें बड़ा पालना लटकाया जाता है। उसमें पाँच-छह लोग एक साथ बैठ कर झूल सकते हैं। पच्चीकारी और नक्काशी से स्टैंड और पालने को सजाया जाता है। इस 'पींघो' का यदि हिन्दी में पर्याय झूला, पालना या हिंडोरा, हिंडोला माना जाए, तो उससे सिन्धी 'पींघो' की विशेष आकृति का कोई ज्ञान नहीं होगा। इस प्रकार कई वास्तुकला की और शिल्पकला की विशेषताएँ और भी हैं, जिनके लिए हिन्दी में पर्याय नहीं मिलते।

सिन्ध देश की रंगीन, चीनी के समान चमकती टाइलें भी बहुत प्रसिद्ध हैं। इन्हें 'काशीअ जूं सिरूं' (काशी की ईंटें) कहते हैं। इनका उपयोग ज्यादातर मसजिदों को सजाने के लिए किया जाता है। खराद पर तराशी हुई गोल लकड़ी पर वार्निश के समान चमकता पक्का रंग चढ़ाया जाता है। इसे 'जंडीअ जो कमु' (जंडी का काम) कहते हैं। इसके अतिरिक्त दस्तकारी और कशीदाकारी के भी कई विशेष नमूने हैं, जिनके लिए अलग-अलग नाम हैं। इस प्रकार की विशेष शब्दावली के लिए हिन्दी में पर्याय शब्द नहीं मिलते।

(5) **वेशभूषा**—लम्बा कपड़ा जो सिर पर लपेट कर बांधा जाता है, सिन्धी में **'पटिको'** कहलाता है। इसे **'साफो'** भी कहते हैं। परन्तु, कपड़े को लपेट कर टोपी के आकार का एक और शिरस्त्राण भी सिन्ध में बनता है। इसे **'पगिड़ी'** या **'पग'** कहते हैं। इसकी आकृति निश्चित होती है और इसे टोपी की तरह पहना और उतारा जाता है। हिन्दी में दोनों के लिए 'पगड़ी, पाग, साफा, चीरा' शब्द हैं। **अजरक** कन्धे पर ओढ़ने की रंगीन डिजाइनों वाली बड़ी चादर है, जिसे मुसलमान इस्तेमाल करते हैं। **'रिली'** या **'रिल्ही'** बिस्तर पर बिछाने की अथवा ऊपर ओढ़ने की चादर है, जो कशीदाकारी और रंग-बिरंगी डिज़ाइनों का विशेष नमूना है। **'घघो'** आधुनिक गाउन के समान वस्त्र है, जिसे खास तौर पर बलोची औरतें पहनती हैं। इसके सिवाय कुछ विशेष आभूषण भी ऐसे हैं, जिनको सिन्ध में ही लोग पहनते हैं। इस प्रकार की वस्तुओं के हिन्दी में पर्याय शब्दों के मिलने का प्रश्न नहीं उठता।

(6) **लोक-संस्कृति**—लोक-संस्कृति की विशेष शब्दावली को जिसका आधार प्रादेशिक वैशिष्ट्य है, हिन्दी में भी ज्यों-का-त्यों लेना पड़ता है। 'भगति', 'चौंकी'

सिन्धी लोक-संस्कृति के विशेष लोक-नाट्य हैं। 'धमाल', 'छेज', 'झुमिर', 'जमालो', 'डांडी', 'डौंका' सिन्धी लोक नृत्य के विशेष प्रकार हैं। 'बोरींडो', 'चंगु', 'नड़ु', 'चपिड़ी' विशेष सिन्धी साज़ हैं, जिनका लोक संगीत में इस्तेमाल होता है। उसी प्रकार 'होजमालो', 'लाडेलो', 'डहूको', 'कजिलियो', 'वरिसारो', 'लोड़ाऊ', 'छलो', 'मोरो', 'ढोलो', 'जागो', सिन्धी लोकगीतों के कुछ नमूने हैं। 'मौलूद', 'मदाहूं', 'मनाकिबा', 'मुनाजातूं' सिन्धी मुसलमानों के भक्तिरस प्रधान गीत हैं। 'मुनाजिरो' हास्यरस प्रधान वाद-विवाद की शैली पर आधारित लोककाव्य है, जिसका आज भी सिन्धी लोक-जगत में प्रचलन है।

(7) **पशु-पक्षी और फल-फूल इत्यादि**—विशेष प्रकार के कुछ प्राणी, पेड़-पौधे, फल-फूल आदि जो सिन्ध की सीमाओं में ही पाए जाते हैं, उनके लिए हिन्दी में पर्यायवाची शब्द नहीं मिलते। विभिन्न व्यवसायों से सम्बद्ध पारिभाषिक शब्दावली में भी कई ऐसे शब्द मिलते हैं, जिनको हिन्दी में समझाया जा सकता है, परन्तु उनके लिए समानार्थी शब्द उपलब्ध नहीं होते। सिन्ध के बुजुर्ग मल्लाहों और मछुओं ने सिन्धु नदी और सिन्धु-प्रदेश के साथ लगने वाले अरब सागर में प्राप्त मछलियों और जलचर प्राणियों के डेढ़ सौ से भी अधिक नाम गिनाए हैं। सिन्ध में प्राप्त कई पशुओं के भी उनकी अलग-अलग उम्र और अवस्था को बताने वाले पारिभाषिक शब्द हैं। कुछ विद्वानों ने सिन्ध में पाए जाने वाले पक्षियों की चार सौ से भी अधिक जातियाँ दर्ज की हैं। विशेष जन्तुओं, कीड़ों-मकोड़ों के नामों की सूची भी काफी लम्बी है। इस प्रकार के पारिभाषिक शब्दों का अनुवाद करना प्रायः असम्भव है। कुछ शब्दों के उदाहरण यहाँ दिए जाते हैं—

'कुंढी' (गोल मुड़े हुए बड़े सींगों वाली भैंस); 'रोड़ी' (छोटी सींगों वाली भैंस); 'खटर' (गाय, भैंस जो दूध न दे); 'कुबियार' (गाय, भैंस जो अपने बछड़े को दूध न पीने दे); 'फंडी' (गाय, भैंस जो गर्भ धारण नहीं करती), 'लुवारो' (गाय का छोटी उम्रवाला बछड़ा); 'बाखड़' (दो-तीन साल की उम्र का बछड़ा); 'वहुड़ो' (जवानी में आया हुआ गाय का बछड़ा); 'तोडो' (छोटी उम्र का ऊँट); 'तोडिकी' (छोटी उम्र की ऊँटनी); 'ठल्ही' (ऊँटनी, जिसने अभी गर्भ धारण नहीं किया); 'बेतिरू' (गर्भवती ऊँटनी); 'डाची' या 'सांढ' (ब्याई हुई ऊँटनी); 'ठांठी' (वह ऊँटनी जो बाँझ है); 'खोदो', 'खोदिड़ो', 'खोदियो' (गधे का छोटा बच्चा)।

बाज पक्षी की कुछ ज़ातियाँ—'शहबाज', 'बहरी', 'बाशो', 'शकरो', 'लगड़ु', 'चर्गु', 'चपाक'।

थरपारकर के रेगिस्तान में पैदा होने वाले कुछ पौधे—'झिल', 'बूहु', 'खिप', 'सिण', 'मुरटि', 'इकड़', 'जोगीड़ो', 'लुलर', 'पिपू', 'गोलाड़ा', 'मूगेल'। इस इलाके के कुछ फल हैं—'मितेरा', 'चिभुड़', 'गेदूरा', 'लियारि', 'टूह', 'पेरूं'।

(8) **भौगोलिक पारिभाषिक शब्द**—सिन्ध का थरपारकर जिला राजस्थान

के मरुस्थल से मिला हुआ है। इस जिले का अधिक भाग मरुभूमि ही है। वहाँ की भौगोलिक परिस्थिति पर आधारित कई शब्द ऐसे हैं, जो सिन्ध के अन्य भागों में भी प्रचलित नहीं। इनके पर्यायवाची शब्द शायद पश्चिमी राजस्थानी भाषा में मिल जाएँ, परन्तु खड़ी बोली हिन्दी में नहीं मिलते। उदाहरणार्थ—

'भिट' (मरुस्थल में रेत का बड़ा टीला); 'दड़ो' (कम ऊँचाई वाला रेत का टीला); 'लक' (मरुस्थल में रेत के टीले के ऊपर उसे पार करने का मार्ग); 'मथारी' (मरुस्थल में रेत के टीले पर समतल स्थान); 'डहरु' (मरुस्थल में दो टीलों के बीच तलहटी वाली समतल जमीन, जहाँ खेती भी होती है); 'तिड़िकोल' (मरुस्थल में रेत के टीले का वह भाग, जिस पर सूर्योदय के समय पहले-पहले धूप आती), 'गोछाड़' (टीले के तिड़िकोल के बिल्कुल विपरीत वाला भाग), 'पोछांडो' (रेत के टीले की ढलान वाला भाग, जो धीरे-धीरे तलहटी में समतल भूमि से जाकर मिलता है।)

(9) **शरीर के कुछ क्रियाकलाप**—मनुष्य-शरीर की कुछ ऐसी क्रियाएँ हैं जिनके लिए समान भाव की अभिव्यक्ति करने वाले शब्द सिन्धी और हिन्दी में मिलते हैं; 'आङूठो डेखारणु' (अँगूठा दिखाना, इनकार करना); 'मुछ मरोड़णु' अथवा 'मुछ ते हथु रखणु' (मूँछों पर ताव देना, अभिमान करना)। परन्तु कुछ क्रियाएँ ऐसी हैं, जो हिन्दी-भाषी क्षेत्रों के लोगों में नहीं दिखाई देती। अतः उनके लिए कोई शब्द हिन्दी में नहीं मिलता। जैसे, 'बुजो डियणु/'भूंडो डियणु' (किसी को धिक्कारना, फटकारना)। परन्तु इस क्रिया के समय सिन्धी लोग बाँह को आगे सीधी फैलाकर, हाथ के पंजे की पाँचों अँगुलियों को एक-दूसरे से अलग विस्तृत कर दूसरे व्यक्ति को फटकारते हैं। इस परिस्थिति में हाथ को 'बुजो' या 'भूंडो' कहा जाता है। 'जानो भरणु' का अर्थ है तर्जनी मोड़कर, उससे नाक को रगड़ते हुए पश्चाताप का भाव व्यक्त करना। 'गीसी पाइण' का अर्थ भी है तोबा करना, पश्चाताप करना। परन्तु इस समय पछतानेवाला व्यक्ति चूतड़ (नितम्ब) के बल धरती पर रेंगता आगे बढ़ता है। 'गीसी' का शाब्दिक अर्थ इस तरह रेंगने की क्रिया है। 'चीच गंढणु' अर्थात् यारी, दोस्ती करना। इसका शाब्दिक अर्थ है कानी उँगली मिलाना या जोड़ना। आपस में मित्रता करने के लिए बच्चों में एक-दूसरे के दाहिने हाथ की कानी उँगली जोड़ने का रिवाज है। इस प्रकार के कई शब्द हैं, जिनका आधार सिन्धी लोगों की विशेष सांस्कृतिक रीतियाँ अथवा क्रियाएँ हैं। हिन्दी अनुवाद में इन्हें केवल समझाया जा सकता है।

(10) **मुहावरे और कहावतें**—हर भाषा में मुहावरे और कहावतें इस प्रकार की हैं, जो किसी खास अर्थ की अभिव्यक्ति करने के लिए रूढ़ हो जाते हैं। इनका शाब्दिक अर्थ एक होता है तो उनसे व्यंजित अभीष्ट अर्थ दूसरा होता है। कई भाषाओं में समानार्थी मुहावरे और कहावतें होती हैं। एक भाषा से दूसरी भाषा

में अनुवाद करते समय, उन समभाव वाले प्रयोगों को आसानी से अनूदित किया जा सकता है। जैसे, 'डंदें आङ्यु ड़ियणु' (दाँतों तले उँगली दबाना), 'तीलीअ मां थंभु करणु' (राई से पहाड़ बनाना), 'पत्थर ते लीक आहे' (पत्थर पर लकीर है।) 'फटनि ते लूणु बुर्कणु' (ज़ख्मो पर नमक छिड़कना), 'अंधनि में काणो राजा' (अंधों में काना राजा), 'ठल्हो चणो, बजे घणो' (थोथा चना, बाजे घना), 'जेकी करे नाणो, सो न करे राणो' (पीर ईसा पीर मूसा, बड़ा पीर पैसा)। परन्तु प्रत्येक भाषा में विशेष मुहावरों और कहावतों की भी कमी नहीं है। ऐसे प्रयोगों का आधार प्रायः उस भाषा के प्रदेश की सांस्कृतिक विशेषताएँ होती हैं। इन्हें अनूदित करने के लिए केवल इनके भाव को ही ग्रहण किया जाता है। इनका यदि शाब्दिक अनुवाद किया गया तो वह हास्यास्पद सिद्ध होगा। सिन्धी भाषा के कुछ उदाहरण देखिए—

'अगठ जो सङु हुअणु' मुहावरे का शाब्दिक अर्थ नारे के द्वारा सम्बन्ध होना। इसका भाव है पत्नी के कारण रिश्ता होना। 'हुननि जा पाण में डतर संबां न आहिनि' (शब्दशः, उनके आपस में 'डतर' सीधे नहीं हैं, विवाह के बाद उन्होंने नमक लेने-देने की रीति ठीक तरह से नहीं की है)। इस मुहावरे का भाव है उनमें वैमनस्य या द्वेष चल रहा है अथवा उनकी आपस में शत्रुता है। 'धुकर खे अटो लाइणु' (शब्दशः, तबले पर आटा लगाना) का भाव है झगड़े को शुरू करना या बढ़ाना। 'बात में मुङ हुअणु' (शब्दशः, मुँह में मूँग होना) का भाव है चुप रहना, कुछ न बोलना। 'कननि जे गाल्हियुनि मीर बजरु मारायो' (शब्दशः, कानों की बातों ने मीर बजर को मरवा डाला) कहावत का अर्थ है, कानाफूसी करने से किसी दूसरे पक्ष के विनाश की सम्भावना उत्पन्न होती है। 'उमरू वठी वठी मारुई वठन्दो, थरु न कोन थेलहीन्दो' (शब्दशः, उमर ज्यादा में ज्यादा मारुई को ले जाएगा, सारे थर ज़िल्ले को तो बरबाद नहीं करेगा) कहावत का भाव है, वह अधिक से अधिक कुछ करेगा तो अपनी इच्छित वस्तु ले जाएगा, सारी वस्ती का विनाश तो नहीं करेगा।

सिन्धी से हिन्दी में अनुवाद करने की मुख्य समस्याओं का यहाँ उल्लेख किया गया है। इसमें सन्देह नहीं कि अनुवाद एक कला है। केवल अनुवाद करने के सिद्धान्तों को जानने से कोई कुशल अनुवादक नहीं बन सकता। अनुवादक जब तक मूल लेखक के साथ तादात्म्य प्राप्त नहीं कर लेता, सृजन-प्रक्रिया की उस भूमि में नहीं पहुँचाता जहाँ मूल लेखक था, तब तक वह सुन्दर और प्रभावपूर्ण अनुवाद नहीं कर सकेगा। अनुवाद में मूल लेखक के समान विद्वत्ता, सूझबूझ और विस्तृत ज्ञान का होना आवश्यक है। उसे दोनों भाषाओं (मूल कृत की और अनुवाद की भाषा) पर पूरा अधिकार होना चाहिए। न केवल इतना, परन्तु उसे दोनों भाषाओं की सांस्कृतिक पृष्ठभूमि की भी अच्छी जानकारी होनी चाहिए। अनुवादक की

सफलता इसी में है कि उसकी अनूदित कृति, अनुवाद न होकर दूसरी भाषा की मूल कृति के समान प्रतीत हो।

विचारप्रधान (गणित, विज्ञान, भूगोल, दर्शन आदि) साहित्य में अनुवादक उस विशेष विषय के ज्ञान और पारिभाषिक शब्दावली की जानकारी के आधार पर सफल अनुवाद कर सकता है, परन्तु कल्पना और भाव-प्रधान (कविता, कहानी, उपन्यास, नाटक आदि) रचनाओं के अनुवाद में उसे अपनी सूझबूझ, कल्पना-शक्ति और प्रतिभा का भी प्रयोग करना पड़ता है। यहाँ भाषान्तर-प्रणाली में भावानुवाद की प्रवृत्ति प्रधान रहती है। जहाँ कविता के अनुवाद का प्रश्न है, वहाँ यदि मूल रचना के सौन्दर्य शब्द-चयन, ध्वनि, लय और ताल पर आधारित है, तो वहाँ अनुवाद करना कठिन या असम्भव हो जाता है। गीत-गोविन्दम्, मेघदूत आदि संस्कृत काव्यों के आधुनिक भाषाओं में और यूरोपीय भाषाओं में कई अनुवाद हुए हैं, परन्तु मूल कृति में जो माधुर्य, लालित्य और संगीतात्मकता है, वह उसके अनुवाद में कहाँ?

आधुनिक भारतीय भाषाओं के आधुनिक काल के आरम्भिक चरण में गद्य का विकास प्रायः अनूदित कृतियों से हुआ है। यूरोपीय साहित्य की कई कृतियाँ भारतीय साहित्य में लाई गई हैं। उनमें अनुवाद या भाषान्तर की अपेक्षा रूपांतर (Adaptation) की प्रवृत्ति अधिक दिखाई देती है। इसमें पात्रों के नाम बदल दिये जाते हैं, विदेशी वातावरण को बदलकर भारतीय और प्रादेशिक वातावरण से कृति को प्रस्तुत किया जाता है। कथानक को कहीं-कहीं परिवर्तित किया जाता है। ऐसे रूपान्तरों में केवल मूल कृति के कथानक से प्रेरणा ली जाती है। अतः रूपान्तरित रचना लगभग एक नई कृति बन जाती है।

यहां सिन्धी से हिंदी में अनूदित कृतियों में से दो-तीन उदाहरण देकर मैं इस निबन्ध को समाप्त करूँगा। इन उदाहरणों से यह सिद्ध होगा कि अनुवादक, हिंदी पाठक वर्ग को ध्यान में रखकर किस प्रकार मूल कृति की कुछ बातों को छोड़कर, केवल उसके भाव को प्रस्तुत करता है।

डॉ० मोतीलाल जोतवाणी ने अपने सिन्धी उपन्यास 'नारंगी ट्रैफ़िक लाइट ते' का 'पीली बत्ती पर' नाम से हिंदी में अनुवाद प्रस्तुत किया है। वे दोनों भाषाओं के सिद्धहस्त लेखक हैं। इससे एक उदाहरण देखिए—

उपन्यास का नायक मनोहर, अपकी पत्नी रजनी के गत दिनों में लिखे हुए पत्र देख रहा है। मूल सिन्धी उपन्यास में रजनी का एक पत्र दिया हुआ है, जिसमें सिन्धी के प्रसिद्ध सूफी सन्त कवि शाह अब्दुल लतीफ़ के काव्य से दो पद भी दिए हुए हैं। (पृष्ठ 45) परन्तु हिन्दी अनुवाद में डॉ० जोतवाणी ने उन्हें हटा दिया है। हिंदी में दिया हुआ पत्र एक-दो वाक्यों में ही है—

'मेरे प्राणाधार,

लोग कहते हैं कि वर्षा की यह सुहावनी ऋतु है; मुझे तो सूनी-सूनी लगती है।

तुम्हारी याद में,

रजनी" (पृष्ठ 35)

वास्तव में देखा जाए तो सिन्धी पाठक शाह अब्दुल लतीफ़ के काव्य से आत्मीयता होने के कारण जो आनन्द या रस ग्रहण करता है, वह हिन्दी पाठक नहीं ले सकता। हिन्दी अनुवाद में चाहे उन पदों का भाव भी दिया जाता, तो भी उसका प्रभाव पाठक वर्ग पर नहीं पड़ता। अतः उन पदों का जो महत्त्व सिन्धी जगत् के लिए है, वह हिन्दी जगत् के पाठक के लिए नहीं।

स्वर्गवासी भारतभूषण अग्रवाल ने 'रंगीन रुबाइयाँ' नाम से डॉ० हरूमल सदारंगानी की चुनी हुई सिन्धी रुबाइयों का हिन्दी में अनुवाद किया था, जिसे सन् 1969 में भारतीय ज्ञानपीठ ने प्रकाशित किया। उस पुस्तक से एक उदाहरण देखिए—

सिन्धी—जर्रों छो सडायां, मां सहिरा आह्यां;
कतिरो न चओ कूजे में दरिया आह्यां;
मजनू थीं खुदा खुद थो फिरे मुंहिंजे पुठ्यां,
खादिम् न, खुदावंद जी लैला आह्यां।

हिन्दी—रजकण क्यों कहते हो मुझको,
मैं हूँ पूरा मरु-प्रसार,
विन्दु न कहना मुझको मैं हूँ,
पूर्ण प्रवाहित जल की धार,
मजनूं बनकर मेरे पीछे—
पीछे खुद फिरते भगवान,
'खादिम' नहीं, अरे मैं तो हूँ,
ईश्वर की लैला साकार।

यहाँ पूरी रुबाई का भाव स्थूल रूप से हिन्दी अनुवाद में व्यक्त होता है फिर भी उसकी सूक्ष्म छटा रूपांतरित नहीं हुई है। 'कूज़े में दरिया आह्यां' का भाव गागर में सागर का भाव है। मेरे इस छोटे शरीर में असीम परमात्मा का तेज समाया हुआ है। इस रुबाई की अंतःकथा 'लैला मजनूं' का किस्सा है। इसकी जब तक जानकारी पाठक को नहीं, तब तक इसे रुबाई का पूरा रस नहीं ले सकेगा।

# दक्षिणांचल

तमिल

तेलुगु

कन्नड़

मलयालम

# तमिल

## शौरिराजन

प्राचीन, सम्पन्न और सजीव भाषा सदानीरा के समान क्षेत्रीय तटों से जुड़ी हुई, कुछ लेती हुई, कुछ संरक्षण पाती हुई आगे बढ़ती है। प्रदेशों को पार करते हुए उस प्रवहमान जीव नदी के रूप, रंग, नाम और तत्व बदलते जाते हैं। यह नियति जीवन्त, पुरातन भाषाओं की भी सामान्य पहचान है।

नदी की तरह उद्गम या उत्स के रूप-स्वरूप में परिवर्तन में परिवर्तन आ जाना भाषा की धारा के लिए अनिवार्य तत्त्व है। भाषा के प्रवाह में जो नये-नये भाव, शब्द, शैली, चिन्तन और स्वर जुड़ते हैं, इनके सम्मिलन में अनुवाद या अनुकृति ही आधार है। प्रारम्भ में शब्दों, वाक्यों, उक्तियों, उद्गारों का अनुवाद अपेक्षित भाषायी आदान के रूप में प्रचलित थे। बाद में इस आदान का विस्तार हुआ। आदेश, घोषणा, सूचना, समाचार, साहित्य आदि का भाषांतरण ईसा पूर्व शतियों में ही आवश्यक शासकीय विधान-सा हो गया। आगे चलकर रचनाओं, ग्रन्थों, व्याख्यानों आदि का आंशिक एवं पूर्ण भाषांतरण (अनुवाद) का विकास हुआ। यह दशा प्रायः सभी जीवन्त भाषाओं में पायी जाती है।

भाषाओं के बीच में सम्प्रेषण का सफल माध्यम है अनुवाद जो अपने आप में एक सृजनात्मक प्रक्रिया है। विश्व के सभ्य देशों में समृद्ध भाषा-साहित्य के मूल में संबलस्वरूप अनुवाद का महत्त्वपूर्ण प्रदेय रहा है। यह मान्यता सही है कि कोई भी साहित्य या वाङ्मय अनुवाद के प्रच्छन्न या प्रत्यक्ष योगदान के बिना सुविकसित हो ही नहीं सकता फिर भी अनुवाद का महत्त्व और मूल्य अपेक्षाकृत कम है, परिगणित या अनुसूचित श्रेणी में ही वह विस्थापित है।

संस्कृत, यूनानी, अरबी आदि प्राचीन भाषाओं की तरह तमिल में भी प्राचीनतम काल से ही अनुवाद की उपयोगिता सर्वमान्य रही है। ई० पूर्व शती के तमिल लक्षण ग्रन्थ तोल्काप्पियम् जो उपलभ्य प्राचीनतम व्याकरण-ग्रन्थ भी है, ग्रन्थों को मौलिक और अनुवादित—इन दो वर्गों में विभाजित करता है। 'अनुवादित' को 'अनुवर्ती' के रूप में लक्षित कर, उसके चार भेद उसमें बताए गए हैं—
"तोकुखल् विरित्तल् तोकैविरि मोळिपेयर्त्तु अतर्प्पड मात्तल्..."

मूलग्रन्थ के विषयों को शीर्षकवार संकलित करना, विस्तृत व्याख्या करना,

संकलन, व्याख्या दोनों करना और निज भाषा-प्रकृति के अनुरूप निर्दोष अनुवाद करना। यहाँ 'मोळिपेयर्प्पु' (भाषांतरण करना) अनुवाद का पर्याय है। मात्र अनुवाद को साहित्यिक प्रतिष्ठा देने का एक कालखण्ड रहा। उसमें संस्कृत, प्राकृत के धार्मिक, पौराणिक ग्रन्थों के अनुवाद को सर्वमान्य प्रतिष्ठा प्राप्त हुई थी। इसी कालखण्ड में, मणिमेखलै, जीवनचिन्तामणि, वळैयापति, कुण्डलकेशी आदि महाकाव्य बौद्ध-जैन ग्रन्थों के आधार पर अनुवादित हुए हैं। इनकी अनुकृति में परवर्ती काल में 'विल्लिपुत्तूरार् भारतम्', 'कम्बरामायणम्', 'प्रभुलिंगलीलै', 'कन्दपुराणम्', 'शिवपुराणम्' आदि काव्य-पुराण ग्रन्थों की रचना हुई। इनके बाद अनुवाद (अनुकृति) की परम्परा रूपान्तरण के रूप में चली आयी है, शैव, वैष्णव, शाक्त, सिद्ध, जैन, बौद्ध आदि सम्प्रदायों के प्रभाव से अनेक धार्मिक-दार्शनिक ग्रन्थ तमिल में आये हैं। संस्कृतमिश्रित 'मणिप्रवाल शैली' तमिल भाषा की विशिष्ट, मात्र विद्वजनों की, दुर्गम शैली बनी और प्रतिष्ठित हुई। पूर्वोक्त सभी ग्रन्थ छायानुवाद हैं, जो मौलिकता लिए हुए प्रभावी बन पड़े हैं।

तमिल के ठेठ शब्दों के अलावा पड़ोसी भाषाओं, सत्तागत भाषाओं, अभ्यागत जातियों की बोलियों तथा आक्रामक विदेशी लोगों की भाषाओं के प्रभाव भी तमिल में बराबर व्याघात बनकर मिल-जुल गये। अधिकांशतः संस्कृत तथा प्राकृत, गौणतः मराठी आदि पड़ोसी द्राविड़ भाषाएँ, फारसी, उर्दू, अंग्रेजी, फ्रांसीसी आदि विदेशी भाषाएँ तमिल को प्रभावित कर सकीं। तमिल को अपनी विशिष्ट भाषिक क्षमता के कारण उन प्रभावों को अपनी प्रकृति के अनुकूल आत्मसात कर पाने में सफलता मिली। अतएव प्रायः ढाई हजार वर्ष पुरानी तमिल भाषा के मूल स्वरूप को आज भी बनाये रखने में उसको साफल्य मिला है। बीसवीं शती में, सबसे अधिक विदेशी प्रभाव, अंग्रेजी के कारण तमिल पर पड़ा है।

तमिल प्रदेश के साथ उत्तरापथ का सम्पर्क वैदिक काल में अगस्त्य, कपिल, भारद्वाज आदि महर्षियों के द्वारा, बाद में उनके अनुयायियों द्वारा वढ़ता रहा। तमिल भाषा का प्रथम वैयाकरण अगस्त्य महर्षि माने जाते हैं। इन्हीं के बारह शिष्यों में से एक तोलकाफियर का विरचित लक्षण ग्रन्थ 'तोलकाप्पियम्' तमिल का सबसे प्राचीनतम उपलब्ध व्याकरण है जो दो हजार वर्ष पुराना है।

बाद में बौद्ध, जैन विद्वानों के सम्पर्क से प्राकृत एवं संस्कृत भाषाओं के साथ तमिल का सम्बन्ध जुड़ा रहा। तमिल भाषा की विशेषता रही है कि वह बाहरी भाषाओं से प्रभावित अवश्य हुई है किन्तु उस प्रभाव को अपनी विशिष्ट-विशुद्ध प्रकृति के अनुरूप आत्मसात कर लेने की क्षमता रखती आई है। किन्तु यह विशिष्ट क्षमता उन्नीसवीं शती में अंग्रेजी भाषा के प्रबल व्याघात से क्षोण हो गई। अंग्रेजी शब्दों, वाक्यशैलियों को तत्सम रूप में लेने की विवशता आ पड़ी। आजकल शिक्षित, अर्धशिक्षित लोगों की बोलचाल में अंग्रेजी शब्दों की अखरनेवाली भरमार

संक्रामक हो गई है। लिखित एवं मंचीय व्याख्यान की ठेठ तमिल में परम्परागत शुद्ध स्वरूप को पाया जा सकता है। भाषा शुद्धीकरण का आन्दोलन भी राजनीतिक रंग पाकर फीका पड़ चुका है, जैसे कि हिन्दी विरोधी आन्दोलन।

तमिल से इतर भाषा में अनूदित करने की परम्परा 18वीं शती से प्रारम्भ हुई। तिरुक्कुरलु को (जो ई० प्रारम्भिक शती का नीतिग्रन्थ है) फादर वेस्की, एललीसर, जी० यू० पोप, गिराल, एरिमल ले क्लेसर आदि विदेशी विद्वानों ने अंग्रेजी, फ्रेंच, इतालवी, जर्मनी भाषाओं में अनूदित किया है। एक जैनाचार्य ने संस्कृत में उसका अनुवाद किया। बाद में भारतीय विद्वानों के सहयोग से शैवसन्तों के कुछ गीतों का अंग्रेजी अनुवाद एफ० किंग्स्बरी, जी० ई० फ़िलिप्स आदि विदेशी विद्वानों ने प्रस्तुत किया। अंग्रेजी के विद्वत्ताप्राप्त तमिल भाषा लेखकों ने तमिल रचनाओं (गद्य और पद्य) को अंग्रेजी में अनूदित किया।

सन् 1898 ई० से 1902 ई० तक सुब्रह्मण्य भारती काशी में अपनी बुआ के घर में, जो हनुमानघाट में है, रहते थे। उस समय उन्होंने हिन्दी सीखी। भारतेन्दु मंडल से उनका सम्पर्क रहा। तब तक भारतेन्दु का स्वर्गवास हो चुका था, पर उनके गीतों और नाटकों का खूब प्रचार हो रहा था। भारतेन्दु के कई विचार जो स्वदेशी आन्दोलन के प्रेरक थे, जैसे कि "हा, हा भारत दुर्दशा न देखी जाई···", "निज भाषा उन्नति अहै सब उन्नति को मूल···" आदि सुब्रह्मण्य भारती के देशीय-जातीय गीतों में व्यक्त हुए हैं।

भारती ने भारतेन्दु, बंकिमचन्द्र चटर्जी आदि राष्ट्रवादी, स्वराज्य-प्रेमी साहित्यकारों से प्रेरणा पायी है। बंकिम बाबू के "वन्दे मातरम् !···" जातीय गीत (राष्ट्रगीत) का तमिल में तीन बार अनुवाद किया था—सन् 1905, 1906, 1909 में।

राष्ट्रीय सम्पर्क भाषा हिन्दी का प्रचार-प्रसार तमिलनाडु में राष्ट्रकवि सुब्रह्मण्य भारती ने लोकमान्य बालगंगाधर तिलक की प्रेरणा से सन् 1908 से प्रारम्भ किया था। सन् 1918 में राष्ट्रपिता गांधी जी की परिकल्पना के फलस्वरूप दक्षिण भारत हिन्दी प्रचार सभा की स्थापना हुई। तब से दक्षिण के चारों प्रान्तों में हिन्दी का व्यापक प्रसार होने लगा। प्रारम्भ में हिन्दी से दक्षिणी भाषाओं में लोकप्रिय साहित्य का अनुवाद अधिक मात्रा में हुआ। प्रेमचन्द, जयशंकर प्रसाद, सुदर्शन, कौशिक, सुभद्राकुमारी चौहान आदि अनुवाद द्वारा तमिल में लोकप्रिय हुए। बंकिम, शरत्, रवीन्द्रनाथ ठाकुर आदि बँगला साहित्यकार भी हिन्दी अनुवाद से तमिल भाषियों में पढ़े गए। बीसवीं शती के प्रारम्भ में राष्ट्रीय स्वाधीनता-आन्दोलन के साथ राष्ट्रीय साहित्य-दृष्टि भी पनपने लगी। किन्तु इस जमाने में ऐसा कोई हिन्दी भाषी विद्वान या लेखक नहीं निकला जो तमिल भाषा में निष्णात होकर, तमिल साहित्य को हिन्दी में अनूदित कर सके। इस सन्दर्भ में विदेशी

विद्वानों की श्लाघ्य तमिल सेवा बरबस याद आती है।

मराठी भाषी कथावाचकों के सम्पर्क से जिन्हें तमिलनाडु में 'हरिकथाकाल-क्षेप भागवतर' कहते थे, पौराणिक कथाओं को गद्य-पद्य सहित (चंपू शैली में) कथावाचन का प्रचलन अठारहवीं शती में लोकप्रिय हुआ। साथ ही उत्तर प्रदेश (उस समय का संयुक्त प्रान्त) से आते रहे बैरागी तीर्थयात्रियों के द्वारा तुलसी, सूर, कबीर आदि भक्त-सन्त कवियों की रचनाएँ तमिलभाषी शिक्षित अभिजात वर्गों में तमिल भावानुवाद के साथ परिचित हुई।

सन् 1835 ई० में ब्रिटिश ईस्ट इण्डिया कम्पनी का अंग्रेजी शासन पूरे भारत में नई शिक्षा नीति को मेकाले की योजना पर निर्धारित किया। तदनुसार अंग्रेजी शिक्षा का प्रचार-प्रसार बढ़ने लगा। सन् 1857 में कलकत्ता, बम्बई, मद्रास में विश्वविद्यालय शुरू किये गये।

उन्नीसवीं शती के प्रारम्भ में संस्कृत, हिन्दी, अंग्रेजी और उत्तर भारतीय भाषाओं की कथाएँ, पद्य रचनाएँ, भावानुवाद, छायानुवाद के रूप में तमिल में आने लगीं, जैसा कि तुलसीदास ने कहा :

तदपि कही गुरु बारहिं बारा।<br>
समुझि परी कछु मति अनुसारा।<br>
भाषाबद्ध करबि मैं सोई।<br>
मोरे मन प्रबोध जेहिं होई॥

इसी प्रकार पढ़ी-सुनी कथाओं को, नीतिग्रन्थों को, धार्मिक; दार्शनिक ग्रन्थों को भी तमिल में अनूदित करने की परम्परा चली आयी।

आन्ध्र और कर्नाटक के विजयनगर शासकों और बाद में बीजापुर, गोलकुंडा, मुगल आदि मुस्लिम हुकूमतों के वतनदारों के जमाने में 'उभय प्रबोधक चतुर-दुभाषी' लोगों की महत्त्वपूर्ण भूमिका रही है। फ्रांसीसी, अंग्रेज, डच आदि विलायती शासकों ने दुभाषी तमिलियों को प्रोत्साहित किया। तमिल में साहित्यिक अनुवाद पहले 'पंचतन्त्र', 'हितोपदेश', 'विक्रमादित्य की कथाएँ', 'सिंहासन बत्तीसी', 'परमार्थ गुरु कथाएँ', 'ईसप कथाएँ', 'मदनकामराजन् कथाएँ' आदि के रूप में निकलने लगी। इनमें से अधिकांश कथाएँ हिन्दी से तमिल में रूपांतरित हुई जो सन् 1820 से 1860 तक के कालखण्ड में प्रकाशित हुई।

ललित साहित्य की रचना उन्नीसवीं शती के मध्य प्रारम्भ हुई। तमिल का प्रथम मौलिक सामाजिक उपन्यास सन् 1879 में 'प्रतापमुदलियार चरित्तिरम्' के नाम से प्रकाशित हुआ। इसके पहले बंगला में 'फूलमणि ओ करुणा' (सन् 1952 में) जिसकी लेखिका ईसाई महिला हन्ना कैथेरिन थीं, निकली जो भारत का प्रथम मौलिक उपन्यास माना जाता है। बाद में बंगला के ही प्यारी चाँद मित्र के 'आलालेर घरेर दुलाल' (सन् 1958), बंकिम बाबू का 'दुर्गेशनंदिनी'

(सन् 1865) आदि निकले।

बीसवीं शती के प्रारम्भ में छायानुवाद, भावानुवाद, मूलानुरूप शुद्ध अनुवाद अधिक मात्रा में आने लगे। अधिकांश अंग्रेजी से, कम संख्या में बंगला, हिन्दी, मराठी आदि भारतीय भाषाओं से कथासाहित्य तमिल में अनूदित हुए। इनमें जासूसी उपन्यास, रंगीली प्रेमकथाएँ अधिक मात्रा में लाये गये।

सबसे पहले तमिल से हिन्दी में अनुवाद का कार्य तमिलभाषी हिन्दी प्रचारक विद्वानों ने शुरू किया। श्री प्रेमचन्द ने अपने 'हंस' पत्रिका द्वारा इस साहित्यिक प्रवृत्ति को प्रोत्साहित किया। इस दिशा में तत्कालीन अन्य हिन्दी पत्रिकाओं ने भी (जो राष्ट्रीय दृष्टि रखती थीं), तमिल रचनाओं को हिन्दी में लाने की स्तुत्य सेवा की। इसके पूर्व दक्षिण भारत हिन्दी प्रचार सभा की मुखपत्रिका 'हिन्दी प्रचारक' (बाद में 'हिन्दी प्रचार समाचार') के माध्यम से दक्षिणी भाषाओं के साहित्य के यदाकदा हिन्दी रूपान्तर प्रकाश में आये। तत्कालीन हिन्दी अनुवादकों में सर्वश्री बी० ए० कृष्णस्वामी, क० मा० शिवराम शर्मा का० श्री० श्री निवासाचारी, रा० वीलिनाथन, अंबुजम् अम्माल, शारंगपाणी, पं० हरिहरशर्मा, अ० भि० जयरामन्, एम० वेंकटरामन आदि उल्लेखनीय हैं, ये सब तमिल भाषी हिन्दी प्रचारक तथा हिन्दी तथा तमिल के लेखक थे।

सन् 1940 के बाद, अनेक युवा लेखक इस क्षेत्र में आये। सर्वश्री सरस्वती रामनाथन, र० शौरिराजन, पूर्ण सोमसुन्दरम्, उमाचन्द्रन, राजलक्ष्मी, ति० शेषाद्री, के० तुलसी, डॉ० जयरामन, डॉ० एन० बी० राजगोपालन, डॉ० जमुना, सुब्रह्मण्यम् 'विष्णुप्रिया', राजुशर्मा, एन० राघवन, सुमति ऐयर, एन० गोमती तंगप्पंन्, डॉ० इन्द्रराज वैद, डॉ० एन० सुन्दरम, डॉ० एन शेषन, श्रीधरन, श्रीमती वासवदत्ता पांडेय, शौरि वरदराजन, एम० सुब्रह्मण्यन, श्रीमती राधा जनार्दन आदि ने उल्लेखनीय सेवा की है और अब भी सक्रिय हैं। इनमें से केवल श्री इन्दरराज वैद को छोड़कर अन्य सभी अनुवादकों की मातृभाषा तमिल है और इनके लिए हिन्दी सायास सीखी हुई इतर भाषा है।

एक भाषा की किसी सामग्री का दूसरी भाषा में रूपान्तरण (भाषान्तरण) ही अनुवाद है, जो स्रोत भाषा में व्यक्त विषय को दूसरी लक्ष्य भाषा में पुनर्व्यक्त करता है। प्रत्येक भाषा विशिष्ट परिवेश में पनपती है, अतः उसकी अपनी अनेक ध्वन्यात्मक, शाब्दिक रूपात्मक, वाक्यात्मक, अर्थपरक, मुहावरा-लोकोक्ति विषयक, लाक्षणिक, संस्कारगत और आंचलिक विशेषताएँ होती हैं जो अन्य भाषाओं से भिन्न होती हैं। इसीलिए स्रोतभाषा और लक्ष्य भाषा में उपरोक्त विशेषताओं को लेकर शब्द, वाक्य, भाव शैली तथा अभिव्यक्ति में भ्रामक समानताएँ तथा स्पष्ट भिन्नताएँ पायी जाती हैं, अनुवादक के लिए वे दोनों बातें प्रायः बाधक होती हैं। दोनों भाषाओं की अर्थविधाओं को (अभिधा, लक्षणा,

व्यंजना) समान-सटीक अभिव्यक्ति देना पूर्णतः सम्भव नहीं हो पाता। इसी प्रकार दोनों भाषाओं की अभिव्यक्ति-इकाइयाँ (शब्द, शब्दबन्ध, पद, पदबंध, वाक्यांश, उपवाक्य, वाक्य, मुहावरे, लोकोक्तियां, आँचलिक अर्थ-प्रयोग, शैलियाँ) के प्रसंग-गत साम्य भी कम ही पाये जाते हैं। इसीलिए यह मानना पड़ता है कि "एक भाषा में व्यक्त विचारों की यथासम्भव समान और सहज अभिव्यक्ति द्वारा दूसरी भाषा व्यक्त करने का प्रयास अनुवाद है", या तो, "अनुवाद कथनतः और कथ्यतः निकटतम सहज प्रतिप्रतीकन-प्रक्रिया है।"

गत शताब्दी तक अनुवाद को एक स्वैच्छिक रूपान्तरण (मूलमुक्त अनुवाद) मात्र माना जाता रहा है। शिल्प कला और अनुवाद का विज्ञान की दृष्टि से साहित्य मूल्यांकन अब तक विदेशों की तरह भारत में नहीं हुआ है। इसीलिए दोयम दर्जे का स्तर अनुवाद को मिल रहा है। मुख्य कारण हैं—मूलनिष्ठ अनुवाद तथा मूलमुक्त अनुवाद में अन्तर न कर पाना, स्रोत तथा लक्ष्य भाषाओं का अधिकृत, परिव्याप्त और गहरा ज्ञान न होना, मूल और अनुवाद का मिलान कर देखने, परिमार्जित करने के द्वारा प्रामाणिक एवं रोचक रूपान्तरण प्रस्तुत करने की लगन का अभाव, निज भाषा के प्रति उत्कट अभिमान के साथ इतर भाषा के प्रति हीन-भावना, पाठक की संकीर्ण और विकृत साहित्य-चेतना एवं अभिरुचि, बौद्धिक दासता से मुक्त न हो पाना—इत्यादि।

तमिल द्राविड़ कुल की प्राचीनतम जीवंत भाषा है और आर्यकुल की भाषाओं के निकट प्रभाव से अधिक आकीर्ण नहीं है, जैसे कि तमिलेतर द्राविड़ भाषाएँ—मलयालम, तेलुगु, कन्नड़, मराठी आक्रान्त (आकीर्ण) हैं। इसलिए तमिल भाषा में प्राचीनतम काल से ही इतर भाषाओं के शब्द, पद, वाक्य, शैली तथा साहित्य को अपनी विशिष्ट प्रकृति के अनुसार 'तद्भव' बनाकर आत्मसात् कर लेने की परम्परा चली आयी है। तमिल की भाषाई संरचना ही ऐसी है कि उसमें इतर परिवार की भाषा का व्याघात यथावत् समा जाना संभव नहीं हो पाया। 'पंक्ति-प्रति-पंक्ति शब्दानुवाद तमिल से इतर भाषा में सफल नहीं हो पाता। अब तक जितने अनुवाद तमिल से हिन्दी आदि इतर भाषाओं में हुए हैं, वे भावानुवाद या छायानुवाद ही रहे हैं।

निम्नोक्त बातें तमिल भाषा को इतर भाषाओं से पृथक् करती हैं :

1. तमिल में व्यंजन के प्रथम और पंचम अक्षर मात्र हैं। जैसे कि—क, ङ, च, ञ; ट, ण। ख, ग, घ, छ, ज, झ आदि अक्षर नहीं होते। (आजकल प्रचलित ज, ष, स, ह, क्ष प्रक्षिप्त अक्षर हैं। ये संस्कृत विद्वानों के द्वारा जोड़े गये हैं।)
2. तमिल में पुल्लिग और नपुंसक लिंग के शब्दों का निर्धारण परिनिष्ठित है—जैसे कि समस्त पुरुषवाची शब्द पुल्लिग के हैं, स्त्रीवाची स्त्रीलिंग के तथा निर्जीव वस्तुएँ नपंसिक लिंग के (कुछ अपवाद भी हैं।)

3. इतर भाषाओं से प्राप्त तत्सम शब्दों (संज्ञा आदि) का भी तद्भव रूप दे देना—जैसे कि, कृष्ण (किरुष्णन्), राम (इरामन्), दर्शन (तर्चनम्), क्रोध (कुरोतम्), तद्भव, विदेशी, देशज शब्दों की स्थिति और भी भ्रामक है। मद और मत—दोनों के लिए तमिल शब्द 'मतम्' है। तीर (बाण, तट), धीर के लिए 'तीरम्', 'इंगलिश' के लिए 'आंकिलम्', गदा, कथा, गधा, कदा के लिए '**कतै**'; मंत्र, मंदिर, मंथर के लिए '**मंतिरम्**'; पद, पथ, बद के लिए '**पतम्**', काली, खाली, गाली के लिए '**कालि**'; 'संगम' संघम् के लिए **पंकम्**; गुरु, कुरु के लिए '**कुरु**' इत्यादि।

4. भाषा-शैली, ध्वनिप्रतीक, अर्थविज्ञान, भावप्रतीति, वाक्य-संरचना, अभिव्यक्ति की विशिष्टता, आंचलिक तथा जातिगत शब्दार्थ भेद, रूपविज्ञान, आदि भाषिक तत्त्वों में भिन्नता या विशिष्टता के कारण लक्ष्य भाषा (यहाँ हिन्दी) में उन तत्त्वों का व्याघात पड़ जाता है, जो लक्ष्य भाषा की निजी प्रकृति के विपरीत या असंबद्ध होते हैं।

उदाहरण के लिए हिन्दी के जातिबोधक शब्दों को जैसे चमार, भंगी, नाई, मोची, डोम, जल्लाद आदि का तमिल में अनुवाद करते समय आदर सूचक शब्द जोड़कर लिखना होगा। जाति नामों का बार-बार उल्लेख करना हेय समझा जाता है। उनके काम धंधे की चर्चा की जा सकती है, न कि जातिवाचक नाम की। एक-दो स्थान पर करने की आवश्यकता पड़ने पर 'चमार जी', 'भंगी साहब', 'नाई महाशय'—इस प्रकार अनुवाद करना पड़ता है। उच्च वर्ग के अभिजातीय पात्रों को आदर के साथ बार-बार दुहराना भी वर्ज्य माना जाता है। इसलिए अनुवादक पांडेय, चतुर्वेदी, ठाकुर, सिंह, सक्सेना, गुप्त, सेठ, अग्रवाल आदि जातिसूचक शब्दों का अनुवाद नहीं करते, यथावत् तत्सम रूप दे देते हैं। पाठकों को पता नहीं चलता कि वे नामधारी किस जाति-कुल के हैं।

लोकोक्तियों, मुहावरों के अनुवाद में ताल-मेल न बैठा पाने पर पूरा अर्थबोध नहीं हो पाता। अधिकाँश अनुवाद इस पूर्वाग्रह के साथ हठ पकड़ते हैं कि स्रोत भाषा के मुहावरे लक्ष्य भाषा में भी (अपने अटपटे अनुवाद के बलबूते) चल पड़े, स्वीकार्य हों। यह वृथा प्रयास है।

5. शब्दों के अर्थान्तर अनेकार्थ, भिन्नार्थ और समानार्थ होने के कारण अनुवाद भाषा के तत्समान शब्दों के चयन में त्रुटि आ जाती है। उदाहरणार्थ—तमिल में 'परिवारम्' नौकर-चाकरों के लिए प्रयुक्त तद्भव शब्द है। हिन्दी में अनुवादक भूल से उसी शब्द का प्रयोग कर बैठे, तो अर्थान्तर हो जायेंगे। इसी प्रकार, धर्मम् (दान), संसारम् (पत्नी), सवाल (चुनौती), शिक्षा (सजा-दंड), अवसरम् (जलदी), अपवादम् (बदनामी), पशु (गाय), संगति

(खबर) अयोग्य—(बदमाश) संप्रदाय (रीत-रिवाज) आदि शब्द अनुवादक को भ्रम में डाल देते हैं, बहका देते हैं।

6. तमिल में संयुक्त वाक्य नहीं होते, कई वाक्यों को वाक्यांश बनाकर एक ही लंबे वाक्य में प्रयुक्त करने की प्रक्रिया प्रचलित है। इन्हें अनूदित करते समय हिन्दी की प्रकृति से अनभिज्ञ अनुवादक असफल हो जाता है। उदाहरणार्थ—(तमिल वाक्य रचनानुसार)—"दिल्ली में पुलिस वाले अब जनता के लिए ऐसे अनुरोध लगातार प्रसारित करते रहते हैं : रास्ते में हुई दुर्घटनाओं को देखकर अनदेखा न कर, वहाँ जो भी वाहन मिले, उसमें दुर्घटनाग्रस्त व्यक्ति को लेकर आसपास के अस्पताल में पहुँचाकर, तुरंत हमको सूचना देने पर, हम आपको गाड़ी-किराया एक सौ रुपये तक दे देंगे और आगे आपको इस दुर्घटना-संबंधी मामले में बार-बार बुलाकर तंग नहीं करेंगे—ऐसा आश्वासन देते हैं; दुर्घटनाग्रस्त व्यक्ति के प्रति दया दिखावें—ऐसी प्रार्थना करते हैं।"

इस प्रकार के लंबे-चौड़े वाक्य बोलने और लिखने की तमिल भाषी-प्रवृत्ति अनुवादक के लिए टेढ़ी खीर बन जाती है। मुहावरों, लोकोक्तियों के विषय में और कठिनाइयाँ पेश आती हैं। स्रोत और लक्ष्य भाषाओं का गहरा ज्ञान, अनुभव, उनमें अभिव्यक्ति क्षमता तथा लेखकीय प्रतिभा की कमी के कारण अधिकांश अनुवाद आधे-अधूरे तथा अधकचरे पाये जाते हैं। तमिल और हिन्दी—दोनों भाषाओं में समान अधिकार और व्यापक अनुभव होने पर ही हिन्दी अनुवाद सही और सफल हो सकते हैं।

7. तमिल में एक ही शब्द के परिवेशगत अर्थान्तर, भावभेद होते हैं। उनके हिन्दी अनुवाद में प्रायः समस्या खड़ी हो जाती। जैसे कि—'जल' के लिए तमिल में—तण्णीर, नीर, जलम्, तीर्थम् प्रचलित हैं। तण्णीर—ठंडे पानी के लिए, नीर—हाथ-मुंह धोने के पानी के लिए, जलम्—पेय जल के लिए, तीर्थम्—देवालय के प्रसाद स्वरूप पवित्र जल के लिए प्रयुक्त होते हैं। कुछ शब्द एक प्रान्तर में शुभसूचक हैं, तो दूसरे प्रान्तर में अशुभसूचक—जैसे कि पंदल् (पंडाल) तंजाऊर जिले में मांगलिक पर्वों में बनाया जाने वाला तो मदुरै आदि जिलों में अशुभ क्रिया-कर्म के लिए निर्मित होने वाला। किस प्रान्तर का लेखक किस संकेत पर उस शब्द का प्रयोग करता है—यह जानना जरूरी है। हिन्दी में ऐसे शब्दों का व्याख्या सहित अनुवाद करना पड़ता है। इसी प्रकार, काडु (जंगल, श्मशान), अनाचारम् (अनाचार, भ्रष्ट, नीच), गुंडा (मोटा, बदमाश), पित्तम् (पित्त, पागलपन), दक्षिणै (दक्षिणा, घूस), पोकम् (भोग, फ़सल की बारी) इत्यादि।

8. तमिल से हिन्दी में अनुवाद करते समय सबसे अधिक समस्या स्रोत भाषा (तमिल) का अनिवार्य व्याघात है। तमिल के पदबंध, वाक्यांश, शब्दबंध,

शैली, प्रतीक और मुहावरे हिन्दी में खप नहीं पाते। अधिकांश तमिल भाषी हिन्दी अनुवादकों का हिन्दी-ज्ञान किताबी है, परिवेश के साहचर्य से शून्य और जीवंत चालू शैली से अपरिचित है। अतः तमिल के इन मुहावरेदार प्रयोगों को यथावत् हिन्दी में बिठा लेते हैं—"हवा लेने टहलते हैं; आँख से देखना, कान से सुनना ही सत्य है; काफ़ी या चाय—किसे खाना चाहते हो? झगड़ा डालने गये, डंडे की मार लेकर आये हैं; नदी पूरे प्रवाह के साथ दौड़ती है, तुम तुम्हारे काम को देखते हुए, मुँह बंद करते हुए जा पहुँचो; दोस्त घर (दोस्त का घर); घर घुसा है (घर में घुसा है); हवा बलपूर्वक फेंकती है (हवा ज़ोर से चलती है); माँ रसोई करती हैं; वे रेलगाड़ी में बम्बई गये, सहोदर पाश को कभी न भूलना (भाईचारे का रिश्ता कभी न भूलना)" इत्यादि ग़लतियाँ तमिल से हिन्दी अनुवादों में अकसर पायी जाती है।

9. तमिल शब्दों के ठीक हिन्दी पर्यायों का कोई प्रामाणिक बृहत् कोश अब तक प्रकाशित नहीं हुआ है। मुख्यतया व्यावहारिक जीवन से जुड़े शब्दों के पर्याय जानने में कठिनाई होती है। धोबी, नाई, राज, बढ़ई, लोहार, सुनार, किसान, पंसारी, दूकानदार आदि धंधेवालों में प्रचलित आम हिन्दी शब्दों का परिचय न होने के कारण तमिल भाषी हिन्दी अनुवादक को कठिनाई होती है। ऐसे शब्दों के लिए अलग व्यावहारिक कोशों का निर्माण होना परमावश्यक है।

10. आधुनिक तमिल शैली में—मुख्यतया बातचीत में तथा ललित साहित्य की गद्य शैली में—अंग्रेजी शब्दों की मिलावट अधिक होती जा रही है। हिन्दी अनुवादक को अंग्रेजी में भी दक्षता पाना अनिवार्य हो गया है। पर्याप्त घोष-अघोष अक्षरों के अभाव के कारण तमिल में अंग्रेजी शब्दों को तत्सम रूप में देते समय हिज्जे की भ्रांतियाँ हो जाती हैं—जैसे कि —'डिफ़ेन्स्' के लिए तमिल में 'टिपेनस्' लिखेंगे। इसी प्रकार फ़ादर और बादर के लिए तमिल में लिप्यंतर रूप 'पातर्' है। अनुवादक अच्छे अंग्रेजी-ज्ञान के बग़ैर इन शब्द रूपों को समझ नहीं पायेगा।

11. तमिल में लिंग, वचन तथा कारक की प्रयोगविधियाँ हिन्दी से भिन्न होने के कारण तमिल से हिन्दी में अनुवाद करते समय अनजाने में कुछ ग़लतियां हो जाने की संभावना रहती है। तमिल शब्दों का लिंग निर्धारण सरल है तभी मानव जातीय शब्द (संज्ञा, विशेषण, क्रिया) पुरुषवाची पुल्लिग के, तथा स्त्रीवाची स्त्रीलिंग के होते हैं। इसमें बहुत कम अपवाद हैं—जैसे कि शिशु, निकृष्ट मानव, पागल व्यक्ति, सामान्यवाची दैव आदि नपुंसकलिंग के रूप में प्रयुक्त होते हैं। बहुवचन-बोधक प्रत्यय सभी लिंगों के शब्दरूपों के लिए समान हैं—'कळ' प्रत्यय जोड़कर सभी शब्दों के बहुवचन रूप बनाये जा सकते हैं। जैसे कि पैयन् कळ (लड़के), पेण कळ् (लड़कियाँ), मरंकळ् (कई

पेड़), पोकिशर् कळ् (जाते हैं, जाती हैं), मानवेतर जाति के सभी शब्द नपुंसकलिंग माने जाते हैं। 'तु' एकवचन बोधक, 'न' बहुवचनबोधक प्रत्यय क्रियापदों के साथ जोड़े जाते हैं। विशेषण (सार्वनामिक कृदन्त आदि) रूप तमिल में अविकारी है। अच्छा, अच्छे, अच्छी—तीनों के लिए एक ही तमिल शब्द है—'नलल'। सार्वनामिक 'वह' के तीनों लिंगवाची शब्द तमिल में हैं—अवन् (पु०), अवळ्, (स्त्री), अदु (नपुं०), बहुवचन में पु० और स्त्री० के लिए एक ही शब्द है—'अवर्कळ्', नपुं० रूप है—'अवै'। तमिल भाषी हिन्दी अनुवादक प्रायः तमिल में सोचकर हिन्दी में लिखने की आदत से छूट नहीं पाते। इसीलिए उनकी हिन्दी में अस्वाभाविक शैली, अभिव्यक्ति की अस्पष्टता पायी जाती है। कुछ प्रतिष्ठित तमिल भाषी हिन्दी विद्वान यह दावा भी करने लगे हैं कि हिन्दी में अंग्रेजी, पंजाबी, उर्दू, मराठी, बँगला आदि उत्तर भारतीय भाषा-शैली की खपत हो सकती है, तो क्यों न तमिल आदि दक्षिणी भाषाओं के प्रभाव राष्ट्रभाषा हिन्दी में स्वीकार्य हो। यह बड़ी नाजुक समस्या है। खुले दिल से इस पर विचार-विमर्श होना चाहिए।

12. साहित्य अकादमी, नेशनल बुक ट्रस्ट; भारतीय भाषा परिषद्, कलकत्ता, भुवनवाणी ट्रस्ट, लखनऊ, कुछ प्रमुख प्रकाशक अनुवाद साहित्य रचना को प्रोत्साहित करते हैं। केन्द्रीय हिन्दी निदेशालय भारत सरकार के (शिक्षा) मानव विकास संसाधन मंत्रालय, कुछ औद्योगिक घरानों के ट्रस्ट, कुछ राज्य सरकारें इस दिशा में आंशिक अनुदान देकर प्रोत्साहन दे रहे हैं।

हिन्दी में बंगला, मराठी, पंजाबी, उर्दू, अंग्रेजी भाषाओं से जितने अनुवाद हर साल प्रकाशित होते हैं उनकी तुलना में दक्षिणी भाषाओं, विशेषकर तमिल भाषा से अनुवाद कम निकलते हैं। हिन्दी से तमिल आदि दक्षिणी भाषाओं में अधिक मात्रा में अनुवाद प्रकाशित होते हैं; चाव से पढ़े जाते हैं। पाठकीय अभिरुचि हिन्दी जगत् में दक्षिणी भाषाई क्षेत्रों की तुलना में संकुलित, संकीर्ण पायी जाती है।

तमिल में प्रेमचन्द, जयशंकर प्रसाद, सुदर्शन, अमृतलाल नागर, शिवानी, निराला, पंत, महादेवी वर्मा, भीष्म साहनी, धर्मवीर भारती, कमलेश्वर, फणीश्वरनाथ रेणु, भगवतीचरण वर्मा, अज्ञेय आदि हिन्दी साहित्यकार प्रकाशित हुए हैं और आधुनिक साहित्यकार भी प्रकाश में आ रहे हैं। मूल भाषा (हिन्दी) के द्वारा तो और अधिक लोकप्रिय होते जा रहे हैं जाने माने स्तरीय वर्तमान हिन्दी साहित्यकार। प्राचीन साहित्यकारों में तुलसी, सूर, कबीर और भारतेन्दु की रचनाएँ तमिल में अधिक आयी हैं।

13. हिन्दी अनुवाद के सन्दर्भ में एक और बड़ी समस्या है हिन्दी जगत की संकीर्ण

दृष्टि, प्रांतीय भावना और अनुदार प्रवृति। अधिकांश हिन्दी पाठकों, संपादकों समीक्षकों, लेखकों और प्रकाशकों में 'महाजनो येन गतः स पन्था' की दलबंदी, प्रवृत्ति, टीमटामप्रेम, सत्ताधीन आकांक्षा, पारस्परिक समझौता, पूर्वाग्रही राग-विराग, दंभभरी अहंता और असाहित्यिक अभिरुचि—ये सब अनुवाद साहित्य के संवर्धन में बाधक हैं। राष्ट्रीय संपर्क भाषा तथा भारत की राजभाषा हिन्दी के लिए ये बाधाएँ भारी पड़ती हैं, जो उसकी प्रगति और संवृद्धि में बाहरी बाधाओं से भी अधिक खतरनाक हैं।

समवेत प्रयास से ही अनुवाद-साहित्य के स्तर, मान और मूल्य बढ़ सकते हैं। इस राष्ट्रीयतावर्धक सारस्वत प्रयास में हिन्दी भाषी और हिन्दीतर भाषी विद्वान साहित्यकारों का सक्रिय सहयोग अपेक्षित है, अनिवार्य भी है।

# तेलुगु

## बालशौरि रेड्डी

अनुवाद शब्द विभिन्न नामों से अभिहित होता है—जैसे : भाषान्तर, रूपान्तर, उल्था, तर्जुमा, अनुकृति, अनुसरण इत्यादि। एक भाषा से दूसरी भाषा में मात्र शब्दों एवं वाक्यों का रूपान्तर अनुवाद नहीं कहलाता। मूल लेखक की सूक्ष्म अनुभूतियों, संवेदनशीलताओं, भावों तथा विचारों के साथ तादात्म्य स्थापित कर उसके हृदयगत सौन्दर्य का सजीव चित्रण जीवन्त भाषा में उतारना होता है। गहराई के साथ विचार करने पर हमें यह स्वीकार करना पड़ेगा कि प्रत्येक मौलिक रचना अनुवाद होती है। क्योंकि सर्जनात्मक साहित्य अनुभूतियों की तीव्रता के कारण निर्मित होता है, जब कि सृजन का रूप धारण करने के लिए अनुभूतियों को भाषा का कलेवर ओढ़ना पड़ता है।

### अनुवाद एक कला है

किसी भाषा में रचित कृति का दूसरी भाषा में रूपान्तर करते समय मूल भाषा के सौन्दर्य की रक्षा करनी होती है। इस प्रयत्न में अनुवादक को मूल लेखक के परिवेश, दृष्टिकोण तथा उसके देश, काल और स्थिति का यथार्थ ज्ञान आवश्यक हो जाता है।

जैसे चित्रांकन प्रकृति की अनुकृति या प्रतिरूप होता है, वैसे ही अनुवाद मूल रचना की प्रतिकृति होता है। इसका तात्पर्य यह हुआ कि मूल रचना का समस्त सौन्दर्य, शोभा, वैभव, उद्वेग, रस, शैली, भाव-विलास तथा शब्द विन्यास अनुवाद में भी दर्शित हों और प्रतिबिम्बित हों। जैसे चित्रकार एक कलाकार होता है, और चित्रांकन एक कला है, इसी प्रकार अनुवाद भी एक कला है जो मूल रचना की अनुकृति होता है। जैसे निसर्ग सहज ही सौन्दर्य का पुंजीभूत होता है और चित्रकार उसके रमणीय दृश्यों को अपनी कला के माध्यम से सही रूप में उतारने का प्रयास करता है, वह इस प्रयास में अपनी प्रतिभा जितनी मात्रा में प्रदर्शित कर पाता है उतनी ही मात्रा में उसकी कृति शोभा से युक्त होती है। कुछ सन्दर्भों में मूल से भी कहीं ज्यादा उसकी अनुकृति रमणीय बन पड़ती है। इसी में कला की सार्थकता निहित है। फोटोग्राफ तो मूल का प्रतिरूप या प्रतिबिंब होता है, पर चित्र अनुभूति

जन्य होता है। इसमें भाषाओं तथा कल्पनाओं का सम्मिश्रण लक्षित होता है।

इसी प्रकार अनुवाद किसी सर्जनात्मक कृति का फोटोग्राफ या प्रतिबिंब नहीं होता। वह कला से युक्त होता है। भाषा केवल कलेवर होता है, जबकि अनुभूतियाँ उस कला की आत्मा। इसका अर्थ यह हुआ कि किसी कृति की भाषारूपी बाह्य आवरण को कलात्मक ढंग से प्रस्तुत करना पर्याप्त नहीं है, अपितु उसके आत्मगत सौन्दर्य को आकर्षक एवं सरस शैली में प्रतिबिंबित करना उतना ही आवश्यक है।

कहानी एवं एकांकी के रूपान्तर करने वाले अनुवादकों को कहानी कला तथा एकांकी के टेकनिक का ज्ञान नितान्त आवश्यक है। अन्यथा सही अर्थों में इन सर्जनात्मक विधाओं का भाषान्तर सम्भव नहीं है। साथ ही सर्जनात्मक साहित्य का रूपान्तर वही लेखक सफलतापूर्वक कर सकता है जो दोनों भाषाओं पर समान अधिकार रखता हो, उभय भाषाओं की प्रकृति से पूर्णतया अभिज्ञ हो और मौलिक साहित्य के सृजन की क्षमता रखता हो अन्यथा वह अनुवाद शब्दों तथा वाक्यों का मात्र परिवर्तित रूप बनकर रह जाएगा।

कहानी लिखने की अपनी एक कला होती है, और एकांकी रचना का अपना एक अनोखा टेकनिक होता है। यह कला और टेकनिक सम्पूर्ण रचना में इस प्रकार व्याप्त होता है कि उसे अलग करके दर्शाया नहीं जा सकता। जैसे किसी चित्र या मनुष्य का सौन्दर्य उसकी समग्रता में प्रतिबिंबित होता है। उस सौन्दर्य को दूसरी भाषा या शैली में उतारने के लिए मूल लेखक के अन्तःस्तल में बैठना होगा। उनकी अनुभूतियों को आत्मसात करके उन्हें अपना बनाना होगा। साथ ही अनुवादक को उन पात्रों और परिवेश के साथ तादात्म्य स्थापित करना होगा। ऐसी स्थिति में अनुवादक की अनुभूतियाँ जो कि तीव्र बन जाती हैं, वैसी कृति अद्भुत होगी। अतः अनुवाद के लिए पहली शर्त यह है कि वह अनुवाद करने के पूर्व मूल रचना के स्रोत में निमज्जित हो। अपने व्यक्तित्व का आरोप अनुवाद में न करके मूल लेखक के कृतित्व के पूर्व के व्यक्तित्व का चोला धारण करे। कहानी जहाँ श्रव्य है, वहाँ पर एकांकी श्रव्य होने के साथ दृश्य रूपक होता है। एकांकी में अभिनय एवं वार्तालाप का महत्व अधिक होता है। पात्र अपने मनोगत भावों को प्रधानतः अभिनय के द्वारा प्रकट करते हैं और वार्तालाप उन भावों के प्रकटीकरण के लिए अत्यन्त सहायक होते हैं। रंगमंच पर पात्र अपने विभिन्न क्रिया-कलाओं के द्वारा प्रेक्षकों पर अपना प्रभाव डालते हैं, उनके हाव-भाव वार्तालाप के अनुरूप होते हैं। कथावस्तु के अनुरूप रंगकर्मी मंच को इस रूप से सजाते हैं कि सहज ही प्रेक्षकों को उसके परिवेश का बोध होता है। यदि एकांकी ऐतिहासिक हो, तो मंच पर राजमहल, दुर्ग, सिंहासन, दरबार तथा पात्रोचित वेषभूषा एवं उपकरणों द्वारा उस काल के इतिहास का वातावरण मंच पर प्रस्तुत करते हैं। ऐसी स्थिति

में पात्रोचित वार्तालाप के द्वारा घटनाक्रम का यथार्थ चित्र प्रेक्षकों को उस युग का बोध कराते हैं। इसी प्रकार सामाजिक एकांकी हो तो किसान, डाक्टर, वकील, मजदूरों की बस्ती, मध्यवित्त परिवार के दृश्य दिखाये जाते हैं। ऐसी स्थिति में अगर अनुवादक वस्तु की पृष्ठभूमि का सम्यक ज्ञान नहीं रखते तो नाटक का सारा मजा किरकिरा हो जाता है।

कुछ नाटक व्यंग प्रधान होते हैं। मूल भाषा में व्यंजित व्यंग को रूपान्तर में सही रूप में उतारना बड़ा ही कष्टसाध्य होता है। उदाहरण के लिए नार्ल वेंकटेश्वर राव कृत 'शकुन पक्षी' एकांकी को ले सकते हैं। उसमें प्रारम्भ से लेकर अन्त तक दर्जनों कहावतें और लोकोक्तियाँ भरी पड़ी हैं, जो तेलुगु की अपनी विशिष्टता से पूर्ण हैं।

## भाषा सम्बन्धी कठिनाइयाँ

अनुवाद करते समय शब्दों के चयन में अनुवादकों को बड़ी सतर्कता बरतनी पड़ती है, वरना उसका अर्थ कुछ का कुछ बन जाता है। उदाहरण के लिए तेलुगु में तत्सम शब्द जिस अर्थ में प्रयुक्त होते हैं, वे शब्द हिन्दी में भिन्नार्थ में प्रयोग में लाये जाते हैं।

उदाहरणः

चरित्र शब्द तेलुगु में इतिहास के अर्थ में प्रयुक्त होता है, जहाँ हिन्दी में चाल-चलन अथवा शील-स्वभाव के अर्थ में। इसी प्रकार व्यवसाय शब्द जहाँ तेलुगु में कृषि प्रयत्न, साधना या खेती के अर्थ में प्रयोग में लाया जाता है, वहाँ हिन्दी में उद्योग के रूप में। संगति शब्द तेलुगु में 'समाचार' के अर्थ में लिया जाता है जबकि हिन्दी में साहचर्य के रूप में।

लिंग-सम्बन्धी कठिनाइयाँ भी अनुवादक के सामने प्रश्नचिह्न खड़ा कर देती है। उदाहरण के लिए एक ही वस्तु के विविध शब्द भिन्न लिंगों में प्रयुक्त होते हैं—जैसे पुस्तक, किताब स्त्रीलिंग हैं, पर ग्रन्थ पुलिंग है। इसी भाँति आत्मा स्त्रीलिंग है। नयन और नेत्र पुलिंग हैं। टांग स्त्रीलिंग है। पैर पुलिंग है। यहाँ तक कि पुरुष बोधक मूँछें स्त्रीलिंग हैं।

तेलुगु स्वरांत (अजन्त) भाषा है, जबकि हिन्दी व्यंजनांत (हलंत) भाषा है। अतः उच्चारण सम्बन्धी कठिनाइयों के साथ अनुवादक को लेखन में भी मुसीबत का सामना करना पड़ता है जैसे—रामाराव—रामारावु यहाँ पर हम राव—शब्द का प्रयोग 'ऊ' स्वर के साथ उच्चारित करते हैं—इसी प्रकार जमुन शब्द तेलुगु में 'न' ह्रस्व लिखा जाता है जबकि हिन्दी में आकारांत जुड़ कर जमुना होता है।

'ने' प्रत्यय सम्बन्धी भी कठिनाइयाँ हैं—

मैं ने एक रोटी खाई
रामने दस रोटियाँ खाई ।
मैं ने एक रोटी को खाया—

इसी प्रकार मुहावरों तथा लोकोक्तियों के अनुवाद में भी व्यावहारिक दृष्टि से अनुवादक को माथा-पच्ची करनी होती है ।

मुहावरे और लोकोक्तियों का अनुवाद हिन्दी में उसी रूप में नहीं हो सकता, पर हम उस का भाव प्रस्तुत कर सकते हैं ।

अनुवाद के सन्दर्भ में नये मुहावरों व शब्दों को गढ़ने से कोई प्रयोजन सिद्ध नहीं होता । उसकी सफलता उनके प्रचलन में सार्थक होती है ।

उपर्युक्त कठिनाइयों के बावजूद तेलुगु से उत्तम अनुवाद प्रस्तुत हैं । ऐसे अनुवादकों की संख्या दर्जनों हैं, उन सबकी नामावली प्रस्तुत करना समयाभाव के कारण सम्भव नहीं है । यहाँ पर उपस्थित सभी विद्वानों ने हिन्दी की समृद्धि में अपना सराहनीय योगदान किया है । उनका मैं हृदय से अभिनन्दन करता हूँ ।

आशा करता हूँ कि भविष्य में इनसे प्रेरणा पाकर अनेक अनुवादक सामने आयेंगे और इस राष्ट्रीय यज्ञ में अपनी समिधा अर्पित करेंगे ।

# कन्नड़

## डॉ० एस० केशवमूर्ति

यदि वेद, उपनिषद और पुराणों की त्रिवेणी ने उत्तर भारत से निकलकर दक्षिण भारत को उर्वर किया तो, भक्ति गंगा, सहजानुभूति यमुना एवं सिद्धान्त सरस्वती के संगम ने दक्षिण भारत से निकलकर उत्तर भारत को आप्लावित किया। इस प्रकार के आदान-प्रदान पुरातन काल से ही होते आये हैं, आज भी हो रहे हैं और भविष्य में भी होते रहेंगे। कन्नड़ भाषा इसका अपवाद नहीं। कन्नड़ और हिन्दी के बीच सुमधुर बन्धुभाव पुरातन काल से बना हुआ है। लगभग तीन सौ से ज्यादा कृतियाँ कन्नड़ से हिन्दी और हिन्दी से कन्नड़ में अनूदित हुई हैं। यह भी हो सकता है कि इससे भी ज्यादा कृतियाँ प्रकाशित हुई हों। फिर भी यह सिद्ध है कि हिन्दी से कन्नड़ की अपेक्षा कन्नड़ से हिन्दी में बहुत कम अनूदित कृतियाँ पाई जाती हैं। कन्नड़ साहित्य की विपुल एवं समृद्ध साहित्यिक सम्पत्ति, हिन्दी में पहुँचना अत्यन्त आवश्यक है। भारतीय भावात्मक एकता की स्थापना तभी सम्भव है जब दोनों भाषाओं के उत्तम साहित्य एवं कृतियाँ अनूदित हों, आपस में आदान-प्रदान करें। आशा है कि भविष्य में यह आदान-प्रदान प्रचुर मात्रा में होगा।

प्रारम्भ में कन्नड़ से हिन्दी में हुई अनूदित कृतियों के सम्बन्ध में विचार किया गया है। बाद में संक्षेप में हिन्दी से कन्नड़ में आये ग्रन्थों की चर्चा है।

### (क) कन्नड़ काव्यों का हिन्दी अनुवाद

| काव्य का नाम | प्रकाशक/अनुवादक का नाम |
|---|---|
| 1. प्रभुदेव के वचन | काशी नागरी प्रचारिणी सभा, काशी |
| 2. पुरन्दरदास के भजन | बाबूराव कुमठेकर |
| 3. सती धर्म (संचि होन्नम्मा के हदिबदय धर्म) | एम० देवे गौड़ा |
| 4. बसवेश्वर के चुने हुए वचन | आर० सी० भूसनूर मठ व शकुन्तला भूसनूरमठ |
| 5. महात्मा वसवेश्वर के वचन | कर्नाटक विश्वविद्यालय, कर्नाटक |

| | |
|---|---|
| 6. बसवेश्वर के वचन | उमापति शास्त्री |
| 7. श्री रामायण दर्शनम (पूर्वरंग के एक संचिकामात्र) | डॉ० सरोजिनी महिषी |
| 8. मूढतिम्म का दर्शन (डि० वी० जी० के मंकुतिम्मकग्ग) | डॉ० सरोजिनी महिषी |
| 9. कवि कुवेंपु (कवि कुवेंपु के परिचय के साथ उनकी कुछ कविताओं का अनुवाद) | डॉ० एम० एस० कृष्णमूर्ति |
| 10. कवि बेंद्रे (बेंद्रे के परिचय के साथ उनकी कुछ कविताओं का गद्यानुवाद) | डॉ० एम० एस० कृष्णमूर्ति |
| 11. जयगीत (जयदेवी तायि लिगाडे के गीतों का हिन्दी गद्यानुवाद) | एस० शिवमूर्ति शास्त्री |
| 12. भारतीय कविता (1953, 1954-55, 1958-59 आदि संकलनों में संगृहीत कवियों की कविताओं का हिन्दी अनुवाद) | केन्द्रीय साहित्य अकादमी, दिल्ली |
| 13. अक्कनवचनगळु | उमापति शास्त्री |
| 14. श्री रामायण दर्शनम् | प्रधान गुरुदत्त, मैसूर विश्वविद्यालय |
| 15. वैशाख (चदुरंग कृत) | प्रधान गुरुदत्त, साहित्य अकादमी (अधूरा ही रह गया है।) |
| 16. जेडर दासिम्मय्या के वचन | भालचन्द्र जय शेट्टी |
| 17. चार तार (नाकुतन्ति, द० रा० बेंद्रे का) | धर्म के 24/11/74 वाला अंक |
| 18. बुद्धू तिम्म की राम कहानी (साहित्य अकादमी पुरस्कार) | डॉ० सरोजिनी महिषी |
| 19. पुरन्दरदास के चुने हुए पद | बाबूराव कुमठेकर |
| 20. बसवेश्वर के चुने हुए वचन | डा० एम० राजेश्वरय्या |

जहाँ तक मेरा ज्ञान है, उपर्युक्त 20 ग्रन्थ कन्नड़ से हिन्दी में अनूदित हैं। इन पर विहंगम दृष्टि डालना असंगत न होगा।

## विवेचन

नागरी प्रचारिणी सभा से प्रकाशित प्रभुदेव के वचन, कन्नड़ के कवि अल्लमप्रभु

के कुछ चुने हुए वचनों का संग्रह है। बाबूराव कुमठेकर द्वारा अनूदित पुरन्दरदास के भजन और वचन, हरिदास कवि पुरन्दरदास के चुने हुए भजनों का संग्रह है। ये भजन सामान्य अनुवाद मात्र हैं। पुरन्दरदास का परिचय प्राप्त करने के लिए काफी है। भक्ति की गहराई तक अनुवादक महोदय नहीं पहुँच पाये हैं।

महात्मा बसवेश्वर के वचन, बसवेश्वर के 200 चुने हुए वचनों का संग्रह है। श्रीमती और श्री भूसनूर मठ ने मिलकर इसका अनुवाद किया है। यह कौतूहल-वर्धक है। इसको भारत सरकार का पुरस्कार भी मिला है। मूल को न जानने वालों के लिए ठीक है पर जो मूल पदों को जानते हैं उनको यह कृति तृप्त नहीं कर सकती। बसवेश्वर के एक-एक शब्द में अभिव्यक्त अर्थपरम्परा को अभिव्यक्त करने में यह असमर्थ है। कभी-कभी मूल अर्थ से कोसों दूर भाग जाते हैं। कुछ उदाहरण प्रस्तुत हैं—

पशु क्या जानेगा—मैं पशु बन गया।

विषय भोग की हरियाली मेरे सामने न फैलाओ=मेरे सामने है।

पदों में अभिव्यंजित भावावेग एवं शब्दों का चयन अनुवाद में नहीं आ पाया है। तीन पंक्तियों का अनुवाद चार पंक्तियों में होकर भी अर्थहीन बन गया है। वचनों में निहित जनबोली या मुहावरों का प्रयोग उचित नहीं हो पाया है।

'निम्माणे=गवाह व 'साक्षी'=तेरी कसम होना चाहिए। अर्थ विस्तार द्वारा अर्थ का अनर्थ हो गया है।

ज्ञानपीठ पुरस्कार विजेता कुवेंपु का रामायण दर्शनम्, एक महाकाव्य है। इसका अनुवाद श्रीमती सरोजिनी महिषी ने किया है (एक अध्याय मात्र)। यह अनुवाद अपने काव्य सौन्दर्य को खो बैठा है। भाषा की प्रौढ़ता, भाषा का प्रवाह, मूलकाव्य का अमृतत्व, अनुवाद में नहीं हो पाया है। मूलकाव्य को पढ़ते समय पाठक तल्लीन हो, सम्मोहित हो जाते हैं। अनुवाद नीरस बना है। इसके कई कारण हैं—

1. शब्द के कन्नड़ और हिन्दी में एक होते हुए भी अर्थ की भिन्नता न पहचानने से, 2. शब्दों का उचित प्रयोग न करने से, 3. अनुवादक का भाषा पर पूर्ण अधिकार न होने से, 4. अनुचित शब्दानुवाद से, 5. अर्थ की विशालता और ध्वन्यर्थ के खो जाने से, 6. सरलीकरण के प्रयत्न से अर्थ में नीरसता आने से, 7. कवि की भावानुभूति की हत्या से, 8. 'मत' की जगह पर 'नहीं' का प्रयोग होने से अर्थ में बाधा होने से 9. अनुवादक का अनुवादक न बनकर व्याख्याकार बन जाने से, 10. शब्दों का अन्वय गलत होने से अर्थ में बाधा उपस्थित होने से, 11. व्याकरण के दोष (ने का प्रयोग सही न होने से) से आदि। इसके लिए यदि मैं उदाहरण देता जाऊँ तो इसके लिए कई अलग निबन्ध लिखने होंगे। अतः कुल मिलाकर अनुवाद उच्चकोटि का नहीं है।

'मूढतिम्म का दर्शन' का अनुवाद भी डा० सरोजिनी महिषी ने किया है। यह भी उपर्युक्त दोषों से भरा है। जैसे 1. 'पहेली' के लिए 'समझ' का प्रयोग हुआ है। 2. झटका बंडी=गाड़ी (जीवन की तुलना टाँगे गाड़ी के झटके से करने की अपेक्षा) 3. साहेब—मालिक को सारथी बना दिया है। 4. गाँव के सब लोगों का मित्र—दूसरों का मित्र, पहाड़ा—लेखा-जोखा। 5. गालियाँ देना=शोर। इस तरह अर्थ का अनर्थ हुआ है। अर्थ की गहराई में बैठकर देखने की क्षमता का लेखिका में अभाव है।

1953 की भारतीय कविता का अनुवाद डॉ० हिरण्मय ने किया है। उन्होंने भी काव्यानुवाद का असफल प्रयत्न किया है। कविता के भावों को शब्दानुवाद करने में तो सफल हुए हैं। अनुवाद असल में गद्य-पद्य में हुआ है। अर्थ की अभिव्यक्ति में सफल हुए हैं पर मूल कविता का गाम्भीर्य, माधुर्य, लय, शैली, प्रवाह आदि सब कुछ चौपट हो गया है। अर्थ तक पहुँचने के लिए अनावश्यक सर्वनामों का प्रयोग हुआ है। कुत्ते के थन के लिए—स्तन व थन दोनों का प्रयोग किया है। बहुवचन के लिए एकवचन का प्रयोग कर अर्थ में बाधा पहुँची है। 'सर्व साक्षी उसका प्रणय के लिए' के स्थान पर 'उसका प्रणय कटाक्ष सबके ऊपर था' कर दिया है। 'किसी तरह के लिए' के स्थान पर 'हाल में' कर दिया है। कुवेंपु की कविता में एक शब्द के लिए दो भिन्नार्थी शब्दों का प्रयोग हुआ है, जैसे तेरा नाम अनाम है, नाम रहित महिला। पदों के अन्वय ठीक तरह न करने से दोष आ गया है। जैसे—'होगळिकॆय कीर्ति शनि', 'याने प्रशंसा रूपी कीर्ति शनि' बन गया है। इस प्रकार प्रशंसा शनि हो गया। के० नरसिंह स्वामी के अहोरात्रि अर्थान्तर की दृष्टि से दोषपूर्ण बन गया है जैसे 'कनवरिसु' (स्वप्न में हड़बड़ाना) 'स्वप्न' बन गया है। 'बहुवचन' अनुवाद में 'एकवचन' बन गया है। 'छोड़कर' और 'छोड़ दिया' में कोई अन्तर नहीं माना गया है। गोपालकृष्ण अडिग के 'गोंदल पुर' में 'कत्तरिसि' (कैंची से काटकर) को 'इसको हटाकर' बना दिया है। 'शीतकाल को अकल नहीं' को शीतकाल में बुद्धि नहीं बना दिया है। इस तरह अर्थ का अनर्थ कर दिया है।

जयदेवी लिगाडे की 'भूख' कविता की पंक्तियाँ विस्तार से अनूदित होने से अर्थ का अनर्थ हो गया। जे० से० शिवरुद्रप्पा की कविता 'क्रान्तिकारी' में "कुपित होने पर कौन रोक सकता है?" को "कौन क्रुद्ध होने से रोक सकता है?" अनुवाद बेहूदा बन गया है।

'भारतीय कविता 1958-59' का अनुवाद बी० आर० नारायण और कारंत ने मिलकर किया है। यह केवल गद्यानुवाद है। अतः कविता के मूल तक पहुँचने में समर्थ हुए हैं। अनुवाद तृप्तिदायक हैं।

कवि कुवेंपु और कवि बेंद्रे पुस्तकों में इनकी चुनी हुई कविताओं का अनुवाद

डॉ० कृष्णमूर्ति ने प्रस्तुत किया है। दोनों कवि ज्ञानपीठ पुरस्कार विजेता हैं। मूल का विशद वर्णन कर मुक्त गद्यानुवाद प्रस्तुत कर स्तुत्य कार्य किया है।

जयदेवी तायी लिगाडे की 'जयगीते' का अनुवाद एस० शिवमूर्ति स्वामीजी ने किया है। इस रहस्यवादी कवयित्री की भावनाओं को बड़ी सुन्दरता से हिन्दी में अभिव्यक्त करने में लेखक ने सफलता प्राप्त की है। हिन्दी का अपनापन देखते ही बनता है। यह श्लाघनीय अनुवाद है।

'अक्कवचनगळु' और 'बसवेश्वर के वचन'—इन दो पुस्तकों के लेखक हैं श्री उमापति शास्त्री। वीरशैव संप्रदाय के अग्रणी एवं कवयित्री के सौ चुने हुए वचनों का अनुवाद प्रस्तुत किया गया है। अनुवाद काफी सुन्दर है। कुछ वचनों में अवश्य मूल भाव तक पहुँच नहीं हो पायी है। फिर भी अक्कमहादेवी और बसवण्ण के पदों का परिचय काफी हद तक हो जाता है।

## कन्नड़ से हिन्दी में आये उपन्यास

| **शीर्षक/मूल लेखक** | **अनुवादक या प्रकाशक** |
|---|---|
| 1. शान्तला (ऐतिहासिक उपन्यास) : (के० वी० अय्यर) | डॉ० हिरण्मय |
| 2. रत्नाकर : (जी० ब्रम्हप्प व एम० वी० श्रीनिवास) | डॉ० एन० एस० दक्षिणामूर्ति |
| 3. संध्याराग : (अ० न० कृ०) | पं० सिद्ध गोपाल काव्यतीर्थ |
| 4. हँसगीते : (ता० रा० सु०) | प्रताप सुधाकर |
| 5. दायरे आस्थाओं के : (डॉ० एस० एल० भैरप्पा) | लक्ष्मीचन्द्र जैन |
| 6. वंशवृक्ष : („ „) | डा० वासु० बि० पुत्रन |
| 7. गृहभंग : ( „ „) | „ „ |
| 8. उल्लंघन : ( „ „) | „ „ |
| 9. गोधूलि : ( „ „) | वी० आर० नारायण |
| 10. (काडु) जंगल : (कृष्ण आलनहळ्ळि) | चन्द्रकान्त कुसनूर |
| 11. संस्कार : (डा० यू० आर० अनन्तमूर्ति) | चन्द्रकान्त कुसनूर |
| 12. भारतीपुर : ( „ „) | डा० तिप्पेस्वामी और भालचन्द्र जयशेट्टी |
| 13. अवस्था : ( „ „) | भालचन्द्र जयशेट्टी |
| 14. (मरळि मण्णिगे) फिर माटी की ओर : (डॉ० शिवराम कारन्त) | बाबूराम कुमठेकर |

15. (अळिदमेले) बरबादी के लिए : (डॉ० शिवराम कारंत) (ज्ञानपीठ पुरस्कार विजेता) — गुरुनाथ जोशी
16. (चोमन दुडि) चोम का ढोल : ( „ „) — इंदिरा कृष्णमूर्ति और डॉ० हिरण्मय
17. (हंबल) हौसळा : (अश्वत्थ) — एस० रामचन्द्र
18. कृष्णदेवराय (ऐतिहासिक) : (डा० सूर्यनाथ कामत) — रसिक पुत्तिगे
19. अनादि अनन्त : (श्रीरंग) — प्रो० नागप्पा
20. उदयरवि : (बि० पुट्टस्वामय्या) — एन० डी० कृष्णमूर्ति
21. अपजय : (त्रिवेणी) — डॉ० एस० एम० रामचंद्रस्वामी
22. अपस्वर : ( „ „) — „ „
23. रमणमर्हषि (जीवनी, बालसाहित्य) : (ऐताळ) — डा० एस० केशवमूर्ति
24. नचिकेता (जीवनी) : (कैपु नरसिंह शास्त्री) — रसिक पुत्तिगे
25. मध्वाचार्य (जीवनी) : (बन्नंज गोबिन्दाचार्य) — रसिक पुत्तिगे
26. कनकदास (जीवनी) : (अन्तिकालोल्ल) — रसिक पुत्तिगे
27. उद्भव : (बी० वी० वैकुंठराजू) — डा० तिप्पेस्वामी और भालचन्द्र जयशेट्टी
28. दुख भरा राग (परसंगगेण्डेतिम्म) : (कृष्णहालनहळ्ळि) — भालचन्द्र जयशेट्टी
29. महादेवी : (डा० सिद्धय्य पुराणिक) — „ „
30. दानचिन्तामणि : (ब्रह्मप्पा) — भारती रमणाचार
31. साक्षी : (डॉ० एस० एल० भैरप्पा) — डॉ० वि० बी० पुत्रन

के० वि० अय्यर द्वारा लिखित **'शान्तला'** एक ऐतिहासिक उपन्यास है जिसका अनुवाद डॉ० हिरण्मय ने किया है। इसमें होयसळ वंश के राजा दिग्विजयी विष्णुवर्धन की कहानी है। शिलालेखों, तंजाऊर के सरस्वती भंडार में प्राप्त ऐतिहासिक ग्रन्थों का अवलोकन कर, होयसळ राजा विष्णुवर्धन के समकालीन व्यक्तियों के बारे में उपलब्ध तथ्यों के आधार पर कथा का प्रणयन हुआ है। जहाँ तक अनुवाद का सवाल है अत्यन्त समर्पित ढंग से किया गया है। अनुवाद की भाषा ज्यादा संस्कृतगर्भित है। पढ़ते समय ऐसा लगता है कि हम हिन्दी का ही उपन्यास पढ़ रहे हों। फिर भी कहीं-कहीं प्रवाह में बाधा महसूस होता है।

**'रत्नाकर'** का अनुवाद डा० एन० एस० दक्षिणमूर्ति ने किया है। अनुवाद अच्छा है। यह संध्याराग संगीत सम्राट की जीवनी पर आधारित है। इसका अनुवाद साधारण कोटि का है। **'हंसगीते'** एक ऐतिहासिक उपन्यास है जिसका

अनुवाद श्री प्रताप सुधाकर ने किया है। अनुवाद साधारण कोटि का है।

डा० एस० एल० भैरप्पा द्वारा लिखित 'दायरे आस्थाओं के', 'वंशवृक्ष', 'गृह भंग', 'उल्लंघन', 'साक्षी' आदि का अनुवाद डा० वासु बि० पुत्रन ने किया है और 'गोधूलि' का अनुवाद वी० आर० नारायण ने किया है। डा० वासु बि० पुत्रन का अनुवाद अत्यन्त उत्तम है। 'दायरे आस्थाओं के' में शब्दानुवाद न होकर भावों को बनाये रखने का प्रयत्न हुआ है। हिन्दी का अपनापन खूब निखरा है। अनुवाद स्तरीय है। बड़ा दोष नहीं माना जाता।

'गृहभंग' एक आँचलिक उपन्यास है। उसकी आँचलिकता को बनाये रखते हुए, बड़े सुन्दर ढंग से इसका अनुवाद किया गया है। भाषा, पद प्रयोग, गालियाँ, ग्रामीण बोली का उचित प्रयोग आदि हिन्दी के अनुरूप है। हिन्दी का अपनापन खूब निखर उठा है। ऐसे उपन्यासों का हिन्दी अनुवाद एक प्रकार से चुनौती है। भैरप्पा ने भाषा को उसी तरह खूब नचाया है, जैसे फणीश्वरनाथ रेणु, नागार्जुन आदि ने। ऐसे अनुवाद कन्नड़ से हिन्दी में इने-गिने ही मिलेंगे। 'कुरुबर हट्टी', 'नीरुगंटु', 'हेळित्ताने' आदि आँचलिक शब्द दर्जनों छूट गये हैं। 'विद्या' 'प्रशिक्षण' हो गया।

'साक्षी' उपन्यास में, "शिव और अशिव के बीच शाश्वत द्वन्द्व ही जीवन है"—यह दर्शाने का प्रयत्न किया है। उपन्यासकार ने जीवन के विभिन्न पक्षों का अनुसंधान किया है और यह सिद्ध किया है कि अशिव, सत्य के मूल्यों को नष्ट भी कर देता है। अनुवाद समर्पक है। "वंशवृक्ष" जातीयता, सामाजिक अव्यवस्था आदि पर आधारित एक सामाजिक उपन्यास है। इसका भी अनुवाद अत्यंत समर्पक ढंग से किया गया है। "वंशवृक्ष" और "दायरे आस्थाओं के" दोनों उपन्यासों पर आधारित फिल्में जनप्रिय हुईं। 'गोधूलि' का अनुवाद बी. आर. नारायण ने किया है! पुत्रन के अनुवाद से उसकी तुलना नहीं हो सकती है। फिर भी अनुवाद बुरा नहीं है। कन्नड़ उपन्यास पढ़ते समय जो तल्लीनता मिलती है वह नहीं आ पाई है।

कृष्ण हालन हळ्ळि द्वारा रचित "काडु" का अनुवाद चंद्रकांत कुसनूर ने किया है। अनुवादक ने न्याय नहीं किया है। कृति और लेखक की हत्या हुई है। उसकी शैली शिथिल है। भाषा, पदबंध आदि का प्रयोग नहीं हुआ है। वाक्यों को तोड़-मरोड़ कर बिगाड़ दिया है। कन्नड़ के विशिष्ट प्रयोगों को हिन्दी की प्रकृति के अनुकूल नहीं ढाला जा सका। "नागी के साथ स्कूल आया-जाया करता था" के स्थान पर—"वही नागि के साथ स्कूल चला जाता था" हो गया है। शब्दों के चयन में भी कमी पाई जाती है। 'तोपु' (बाग) अमराई के अर्थ में प्रयुक्त हो गया है। देव्व (भूत) देवता बन गया है। अनंतमूर्ति के "संस्कार" उपन्यास की भी यही फजीहत हुई है कूसनूर के अनुवाद में। अतः उनके संबंध में कुछ न कहना ही ठीक

होगा। अनंतमूर्ति कृत उपन्यास, "भारतीपुर" एवं **'अवस्था'** के अनुवाद डॉ० तिप्पेस्वामी और भालचंद्र जयशेट्टी द्वारा किये गये हैं। हिन्दी और कन्नड़ के बीच आदान-प्रदान के संबंध को अविरल बनाये रखने में इन दोनों का बड़ा हाथ है। अनुवाद तो इतना सुंदर है कि पढ़ते समय पाठकों को कभी यह आभास नहीं होता कि यह अनुवाद है। बहुत बारीकी से ध्यान देने पर एकाध शब्दरूप एवं लोकोक्ति और मुहावरे यांत्रिक लगते हैं, बस। इन दोनों में अनुवाद के लिए उत्तम चुनाव और अभिरुचि है। उनकी शक्ति और सामर्थ्य दिन-व-दिन उन्नति कर रहे हैं। अत: दोनों बधाई के पात्र हैं।

ज्ञानपीठ पुरस्कार विजेता डॉ० शिवराम कारंत द्वारा रचित **"फिर माटी की ओर"**, **"बरबादी के बाद"** और **"चोम का ढोल"** उल्लेखनीय सामाजिक उपन्यास हैं, जिन्हें क्रमश: बाबूराम कुमठेकर, गुरुनाथ जोशी एवं इंदिरा कृष्णमूर्ति तथा डॉ० हिरण्मय ने किया है। तीनों उपन्यासों के अनुवाद अच्छे बन पड़े है। (**चोम का ढोल**) पर बनी फिल्म कर्नाटक में अत्यंत लोकप्रिय हुई है।

अश्वत्थ के प्रसिद्ध उपन्यास "हैबल" का "अनुवाद" "हौसला" नाम से श्री एस. रामचंद्र ने किया है। अनुवाद अत्यंत सुंदर है। मूल वाक्य-गठन को सरल बनाकर भी भाव को सुरक्षित रखते हुए हिन्दीपन को बनाये रखने में सफलता प्राप्त हुई है। कहीं-कहीं कुछ शब्दों को छोड़ने और जोड़ने का भी प्रयत्न किया गया है। हिन्दी मुहावरों और लोकोक्तियों को जैसे को तैसे अनुवाद न कर उससे मिलते जुलते हिन्दी मुहावरों और लोकोक्तियों का प्रयोग किया गया है। यथा—
(कहावतों का अनुवाद हू-बहू न होकर समानार्थी का प्रायोगिक है)

हुच्चमुण्डे मदुवेली उण्डोणे जाणा = अंधे के हाथ बटेर लग गई।

सिक्दोरगे सीरुंडे = बहती गंगा में हाथ धो लेना।

नीनू गाँधी मरी, नेहरू मोट्टहागे आडबेड = तुम गाँधी का चेला या नेहरू की पूँछ मत बनो।

चिंते याके कांते पेलो, तोरु मुखवने = खामोशी न भली बालमा, सूरत दिखला दे।

ऐसे उत्तम अनुवाद पाठकों को फिर से पढ़ने के लिए प्रेरित करता है, मन की कली को खिला देता है। उनके उत्तम गुणों पर सोचते समय, उनके दोष गायब हो जाते हैं।

ऐतिहासिक उपन्यास 'कृष्णदेवराय' का अनुवाद रसिक पुत्तिगे ने किया है। अनुवाद में ऐसी कोई विशेष बात नहीं है।। श्रीरंग द्वारा रचित **'अनादि अनंत'** का अनुवाद प्रो० नागप्पाजी ने किया है। अनुवाद अच्छा है। बि. पुट्टस्वामय्या जी का उपन्यास **'उदयरवि'** का अनुवाद श्री एन. डी. कृष्णमूर्ति ने किया है। यह ऐतिहासिक उपन्यास कर्नाटक के महान संत बसवेश्वर की जीवनी पर आधारित

है। साधारणतः ठीक है।

कन्नड़ की उपन्यास-साम्राज्ञी त्रिवेणी के (अपस्वर) एवं (अपजय) दोनों का अनुवाद डॉ. एस. एम. रामचंद्र स्वामी ने किया है जो सामाजिक उपन्यास है। इन उपन्यासों ने मनोवैज्ञानिक विश्लेषण द्वारा कन्नड़ उपन्यास क्षेत्र में नया आयाम जोड़ा था। अनुवाद सुंदर है। कुछ जगहों पर विश्लेषणात्मक पुट ज्यादा हो गया है। रमणमहर्षि, नचिकेता, मध्वाचार्य, कनकदास आदि जीवनी पर आधारित लघु उपन्यास हैं जो छोटे बालकों के लिए उपयोगी हैं। डॉ. एस. केशवमूर्ति और रसिक पुत्तिगे ने इनका अनुवाद किया है। अनुवाद सरल एवं सरस है। बालकों के लिए उपयुक्त है। 'महादेवी' कन्नड़ की श्रेष्ठ संत कवयित्री अक्कमहादेवी की जीवनी पर आधारित है। "दानचिंतामणि" जैनभक्त की जीवनी पर आधारित है। दोनों का अनुवाद भी काफी अच्छा हुआ है।

साठोत्तर कन्नड़ साहित्य को नई दिशा की ओर ले जानेवाले बी. वी. वैकुंठ राजू संप्रति ख्यात कन्नड़ दैनिक "प्रजावाणी" के रविवारीय परिशिष्ट के संपादक हैं। उनका उपन्यास 'उद्भव" मूल्यों के विघटन और नैतिक अधःपतन को अनावृत करता है। जीवन मूल्यों की हँसी उड़ानेवाले व्यंग्यात्मक उपन्यास का सुंदर अनुवाद लोगों के मन में संवेदना पैदा करने में सफल हुआ है। यह हिन्दी के लिए कन्नड़ साहित्य की अनुपम देन है।

इस तरह उपन्यास के क्षेत्र में कन्नड़ से उत्कृष्ट कृतियाँ हिन्दी में आई हैं।

## कन्नड़ से हिन्दी में आये कथासंग्रह एवं कहानियां

| शीर्षक / कहानीकार | अनुवादक |
|---|---|
| 1. गल्पविहार : अश्वत्थ | एस. रामचंद्र |
| 2. कन्नड़ की प्रतिनिधि कहानियाँ : कई कहानीकार | डॉ. मे. राजेश्वरय्या |
| 3. कन्नड़ कहानियाँ : संपादक एल. एस. शेषगिरिराव | गुरुनाथ जोशी |
| 4. मलेनाड चित्रगळु : कुवेंपु, ज्ञानपीठ पुरस्कार विजेता | शिवमूर्तिस्वामी |
| 5. त्रिवेणी सप्तक : त्रिवेणी | डॉ. एस. रामचंद्रस्वामी |
| 6. वड्डाराधना कथालोक : आर. एल. अनंतरामय्या | डॉ. एस. केशवमूर्ति |
| 7. बादल : वीणा शांतेश्वर | भालचंद्र जयशेट्टी |
| 8. मर्द माने तथा दो कहानियाँ : ········· | ··· ··· |

'गल्पविहार' कन्नड़ के कहानीकार अश्वत्थ की कहानियों का संग्रह है जिसका अनुवाद श्री एस. रामचंद्र ने किया है। अनुवाद उत्कृष्ट है।

"कन्नड़ की प्रतिनिधि कहानियां" कन्नड़ के चौदह कहानीकारों की चुनी हुई कहानियां हैं। ये बड़े रोचक हैं एवं कन्नड़ की कहानियों की विविध शैली से परि-

चित कराती हैं। इसमें श्रीमास्ती वेंकटेश अय्यंगार की 'राह चलती औरत' अ० न० कृष्णराव की 'हृदय की पुकार' त० रा० सुब्बाराव की 'वह चेहरा' निरंजन की 'डीलक्स' चतुरंग की 'चार हाथ जमीन' त्रिवेणी की 'बेड नं० सात' ब्यासराय बळ्ळाह की 'चंपे का फूल', पी. वी. नंजराज अरसु की 'अदृश्य पथ', उमाशंकर की 'एम० वैबी० 2328', वीरभद्र की 'औरत तेरी यही कहानी' पूर्णचंद्र तेजस्वी की 'हुलियूर की सीमा', प्रधान गुरुदत्त की 'भाभी', कडेंगोडलु शंकर भट्ट की 'कैदी', अश्वत्थ की 'अभिसार' आदि कहानियां संगृहीत हैं। गुरुनाथ जोशी द्वारा अनूदित कन्नड़ कहानियाँ साधारण कोटि की हैं। अनुवाद अच्छा है। ज्ञानपीठ पुरस्कार विजेता श्री कुवेंपु की कहानियाँ "मलेनाडिन चित्रगळु" मलनाड के प्राकृतिक सौंदर्य के साथ वहाँ के रहनेवाले व्यक्तियों का सुंदर ज़ीवन प्रस्तुत करती है। मानव-जीवन की अपेक्षा प्राकृतिक संबंधों का सुंदर निरूपण इन कहानियों में हुआ है। कुछ लोग इन्हें कहानियों की अपेक्षा निबंधों के रूप में मान्यता देते हैं।

त्रिवेणी द्वारा रचित "त्रिवेणी सप्तक" सात कहानियों का संग्रह है। इस में 'चिन्मयी', 'वह साँझ', 'दो जीव', 'अलि व अनिल', 'बेड नं. सात', 'पुत्री का शुभ नाम', 'प्रेम का आलोक' आदि कहानियाँ संकलित हैं। इनका अनुवाद एस० एम० रामचंद्र स्वामी ने किया है। पात्रों के सजीव वर्णन के साथ हृदय की गहराई तक पैठकर देखने की अनुभूति एवं मनोवैज्ञानिक विश्लेषण इन कहानियों की विशेषताएँ हैं। अनुवाद सुंदर है।

अनंतरामय्या द्वारा लिखित आधुनिक कन्नड़ की कृति "वड्डाराधना कथा लोक" दसवीं शताब्दी में लिखित शिवकोट्याचार्य कृत वड्डाराधना का (पुरानी कन्नड़ का) अनुवाद है। उसका हिन्दी अनुवाद श्री डॉ० एस. केशवमूर्ति ने किया है। अभी प्रकाशनाधीन है। इस में 18 जैन कहानियाँ हैं। अनुवाद बढ़िया है। कहानी तंत्र की दृष्टि से तथा धर्म प्रचार की दृष्टि से यह महत्वपूर्ण कृति है। दक्षिण में जैन धर्म किस प्रकार प्रचार में आया और बारह साल अकाल पड़ने पर चंद्रगुप्त दक्षिण की ओर कैसे आया, इस पर प्रकाश डालता है।

वीणा शांतीश्वर द्वारा रचित 'बादल' और 'मर्द माने' दो कहानियों का भालचंद्र जयशेट्टी ने अनुवाद किया है। अनुवाद शैली के बारे में उपन्यास के प्रसंग में कह दिया गया है। अत्यंत सुंदर अनुवाद है।

उपर्युक्त अनुवाद के साथ अनेक कन्नड़ कहानियाँ हिन्दी की पत्र-पत्रकाओं में प्रकाशित हुए हैं। उनका लेखा-जोखा रखना अत्यंत कठिन है। उनमें मुख्य हैं श्री डा० एस० केशवमूर्ति। उन्होंने त० ह्रीनागराज की कहानी 'हाँ रफा दफा कर दीजिये', शारदा अय्यंगार की 'प्रेम भीरुता', हनुमंतराव की 'अग्नि परीक्षा', एन्टन-चेखव की 'बाजी' आदि। इसके अलावा भालचंद्र जयशेट्टी, रसिक पुत्तिगे,

एम० वी० नागराजराव, तिप्पेस्वामी, सिद्धलिंग पट्टन शेट्टी, गुरुदत्त, डॉ० कृष्णमूर्ति, नागराजस्वामी, डॉ० एन० श्रीनाथ आदि ने सैकड़ों कन्नड़ कहानियों का अनुवाद कर हिन्दी साहित्य को समृद्ध किया है।

## कन्नड़ के नाटक साहित्य का हिन्दी में अनुवाद

| | शीर्षक : मूल लेखक | अनुवादक |
|---|---|---|
| 1. | तोगलक (ऐतिहासिक नाटक) : (गिरीश कर्नाड) | वि० वि० कारंत |
| 2. | केळु जनमेजय (सुनो जनमेजय) : (श्रीरंग) | नाम पता नहीं |
| 3. | चाळेश : (डॉ० चंद्रशेखर कंबार) | रसिक पुत्तगे |
| 4. | आदि जिनतनय : (जी० गुण्डण्णा) | मृत्युंजय व टी० जी० प्रभाशंकर |
| 5. | अंगुलीमाल : (डॉ० प्रभुशंकर) | राजेश्वरैया और गुरुदत्त |
| 6. | महाशिल्पी : (एच० बी० ज्वालनय्या) | एस० रामचंद्र |
| 7. | रक्ताक्षी : (कुवेंपु) | डॉ० हिरण्मय |
| 8. | आम्रपाली : (डॉ० प्रभुशंकर) | वि० पी० चंद्राबाई |
| 9. | नागरिक : (एम० आर० श्रीनिवास मूर्ति) | श्री रं० दिवाकर |
| 10. | ठन-ठन गोपाल अंदर जंटलमैन बाहर : (डॉ० वेंकटेशिकाचार) | शैलज |
| 11. | पियक्कड़ रत्न : (जी० पी० राजरत्नम) | शैलज |
| 12. | जनमेजय : (श्रीरंग) | बि० वि० कारंत |
| 13. | (जलगारा) भंगी : (के० वी० पुट्टप्पा) | प्रताप सुधाकर |

प्रथम चार नाटकों का अनुवाद बढ़िया है। 'अँगुलीमाल' पुरानी कन्नड़ कृति है जिसका प्रणयन प्रभुशंकर ने किया है। उसका अनुवाद राजेश्वरय्या और प्रधान गुरुदत्त ने किया है। अनुवाद साधरण कोटि का है। पुरानी कन्नड़ की वह छवि हिन्दी में नहीं आ पाई है। अनुवाद करना भी कष्टकर है। पुरानी कन्नड़ की छवि को आधुनिक कन्नड़ में उतारना भी बड़ी कठिन है। डॉ० प्रभुशंकर रचित 'आम्रपाली' की भी वही स्थिति है। चंद्राबाई ने पूरा प्रयत्न किया है। कुवेंपुजी की 'रक्ताक्षी' का अनुवाद डॉ० हिरण्मय ने किया है। सुंदर अनुवाद है। 'ठनठन-गोपाल अंदर, जैटलमैन बाहर' हास्य रस प्रधान व्यंग्य नाटक है। 'पियक्कडरत्न' गीतिनाट्य है। हास्य एवं व्यंग्य प्रधान है। अनुवाद साधारण है।

## कन्नड़ से हिन्दी में अनुदित निबंध साहित्य

| शीर्षक : लेखक | अनुवादक |
|---|---|
| 1. कर्नाटक की शिव शरणियाँ : (सरस्वतीदेवी गौडर) | शंकरराव कोप्पीकेरी और एस० शिवमूर्ति स्वामी |
| 2. प्रमथाचार दीपिका : (मृत्युंजय महास्वामीजी) | मंजप्पहरडेकर |
| 3. मान्टेसारी शिक्षण कला : (डॉ० रंगप्पा) | रसिक पुत्तिगे |
| 4. उर्मिला (आलोचना) : (डॉ० एम० राजेश्वरय्या) प्रधान गुरुदत्त | डॉ० एम० राजेश्वरय्या प्रधान गुरुदत्त |
| 5. व्यावहारिक कन्नड़ : (एच० एस० कृष्णस्वामी अय्यंगार) | प्रधान गुरुदत्त |
| 6. देजगौ व्यक्ति, साहित्य भाग-1 : कई लेखक | बि० एम० दालप्पा, और ए० एम० राम चंद्र |
| 7. पंपा यात्रा (यात्रा साहित्य) : (वि० सीतारामय्या) | प्रो० नागप्पा |
| 8. हिन्दी और कन्नड़ में कृष्णभक्ति : (डॉ० एस० केशवमूर्ति) | डा० एस० केशवमूर्ति |
| 9. विश्व व्यापी विनायक का विकास ... ... और उसकी कहानियाँ | ... ... |
| 10. मधुव्रत (निबंध संग्रह) : (एन० प्रहलाद) | भालचंद्र जयशेट्टी |
| 11. स्वतंत्र समाज शिक्षण पद्धति : (एस० वि० जवळी) | प्रधान गुरुदत्त |
| 12. भारतीय काव्य मीमांसा : (ति० नं० श्री) | भालचंद्र जयशेट्टी |
| 13. चिंतन चषक : (डॉ० हा० मा० नायक) | ... ... |

'कर्नाटक की शिव शरणियां' अनुवाद अच्छा है। इसमें केवल परिचयात्मक निबंध हैं। 'मान्टेसारी शिक्षण कला' शिक्षण पर लिखित पुस्तक है। इसका अनुवाद भी अच्छा है। 'उर्मिला' एक आलोचनात्मक पुस्तक है। हिन्दी साहित्य में उर्मिला को विरहिणी के रूप में और कन्नड़ साहित्य में उर्मिला को तपस्विनी के रूप में प्रस्तुत किया गया है। इन्हीं के आधार पर इन दोनों को मिलाकर औत्तरेय विरहिणी तथा दाक्षिणात्य तपस्विनी के रूप में उर्मिला का चरित्र प्रस्तुत कर उत्तर और दक्षिण को मिलाने का प्रयत्न किया गया है। अनुवाद उत्तम है।

'व्यावहारिक कन्नड़' हिन्दी माध्यम से कन्नड़ सीखनेवालों के लिए उत्तम ग्रंथ है। 'देजगौ : व्यक्तित्व और साहित्य' मैसूर विश्वविद्यालय के कुलपति की

महत्वपूर्ण कार्यकलापों का ब्यौरा है। अनुवाद उत्तम है। 'पंपा यात्रा' कौतूहल-वर्धक यात्रा साहित्य है। अनुवाद अच्छा है। डा० केशवमूर्ति द्वारा लिखित "हिन्दी और कन्नड़ में कृष्ण भक्ति साहित्य" एक तुलनात्मक निबंध है। अनुवाद अच्छा है। 'विश्वव्यापी विनायक का विकास एवं उसकी कहानियां' ज्ञानवर्धक पुस्तक है जिसमें विनायक के सर्वोपांग विकास का वर्णन है एवं कहानियां सरल एवं सरस ढंग से अनूदित है। उनकी विद्वत्ता देखते ही बनती है। उसको पढ़ते समय ऐसा नहीं लगता कि वह अनूदित पुस्तक है।

उपर्युक्त अनुवादों के आधार पर यह कहा जा सकता है कि कन्नड़ से सैंकड़ों ग्रंथ अनूदित होकर हिन्दी में आये हैं और आगे भी आते रहेंगे। केवल कर्नाटक में ही नहीं सारे दक्षिण में अनुवादक विद्वान गण यह महसूस करते हैं कि दक्षिण का हृदय जितना विशाल है उतना विशाल उत्तर का हृदय नहीं है। मेरे और मेरे दर्जनों मित्रों के सैंकड़ों ग्रंथ अनूदित होकर आलमारी में सड़ रहे हैं। उसको प्रकाशन में लाने के लिए मेरे मित्रों के पास पैसों का अभाव है। मैं अपने तीस साल के कटु अनुभवों को लिखूँ तो एक पुस्तक ही लिख सकता हूँ। बिना पुस्तक देखे ही उत्तर के प्रकाशक हमें टाल देते हैं। दक्षिण में एक ऐसी संस्था खोलना अत्यंत आवश्यक है जो दक्षिण के अहिन्दी भाषी हिन्दी लेखकों को प्रोत्साहित कर सके। हो सकता है कि कुछ लेखकों का भाषा-कौशल हिन्दी में उतना अच्छा न हो, फिर भी उनको प्रोत्साहन देना और उनका सुधार करना हिन्दी मातृभाषा वालों का कर्तव्य है। केन्द्रीय हिन्दी संस्थान को इस पर अधिक जोर देना है। केन्द्रीय निदेशालय की प्रशाखाएँ दक्षिण में खोल कर, दक्षिण के समृद्ध साहित्य को हिन्दी में अनुवाद कर, हिन्दी साहित्य को समृद्ध करना एवं उसको भारतीय एकात्मकता का वाहक बनाना अत्यन्त आवश्यक है। हिन्दी पर भारत सरकार जो व्यय कर रही है उनमें से इन पांडुलिपियों का प्रकाशन होना चाहिए।

## रूपांतरण

अनुवाद का दूसरा रूप है रूपांतरण। कर्नाटक में ही नहीं सारे दक्षिण में हिन्दी में लिखनेवाले सैंकड़ों लेखक हैं। वे अनुवाद में रुचि नहीं रखते। कन्नड़ से विषय तो लेते हैं पर उसका अनुवाद न प्रस्तुत कर मौलिक रूप में हिन्दी में लिखकर हिन्दी साहित्य को समृद्ध करना चाहते हैं। सैंकड़ों तुलनात्मक शोध प्रबन्ध टंकित रूप में विश्वविद्यालयों की अलमारी में बन्द है। उनका परिश्रम जनता तक नहीं पहुँच पा रहा है। उदाहरण के लिए कर्नाटक के लेखक डॉ० केशवमूर्ति द्वारा रचित पचासों ऐसे ग्रन्थ हैं जो प्रकाशित नहीं हो पाये हैं। तीस से ज्यादा छोटी-छोटी पुस्तकें छप गई हैं। उनकी पुस्तकों को भारत सरकार और उत्तर भारत की कई संस्थाओं से पुरस्कार मिल चुके हैं। उनसे लिखित 'कर्नाटक की लोक कथाएँ'

—भाग एक, भाग दो, 'कर्नाटकी कहानियाँ' 'आण्डाल', 'अक्कमहादेवी', 'रमण-महर्षि', 'वड्डाराधना कथा लोक', 'आण्डाल मीरा', 'अक्क महादेवी : एक तुलनात्मक अध्ययन', 'भारतीय भावात्मक एकता की दृष्टि से भारतेन्दु साहित्य का अध्ययन', 'पंचदश कहानियाँ', 'गंगा, यमुना, कावेरी संगम', 'युगादि', 'कलाकार का सपना' आदि उल्लेखनीय हैं। इस प्रकार का रूपांतरण साहित्य लिखने वाले कर्नाटक में दर्जनों लेखक हैं। उनमें उल्लेखनीय हैं—भालचन्द्र जयशेट्टी, तिप्पेस्वामी, डी०एन० श्रीनाथ, रसिक पुत्तिगे, एम० वी० नागराजराव, वासु बि. पुत्रन, एम० एस० कृष्णमूर्ति, दक्षिणमूर्ति, एस० रामचन्द्र, एस० एम० रामचन्द्रस्वामी, गुरुनाथ जोशी आदि।

**अनुवाद साहित्य में उनके योगदान की मात्रा के आधार पर उनका स्थान नीचे दिया गया है। :**

1. डि० एन० श्रीनाथ, असिस्टन्ट मास्टर, कस्तूरबा जूनियर कालेज हाईस्कूल, शिवमोग्गा पिन: 577201 (450 कहानियों और 10 उपन्यासों का अनुवाद किया है।)
2. भालचन्द्र जयशेट्टी, सरकारी कालेज, सेदम रोड, गुलबर्गा, पिन: 585105, (दस से अधिक उपन्यासों और दर्जनों कहानी-संग्रहों का कन्नड़ में अनुवाद किया है।)
3. तिप्पेस्वामी, प्रवाचक, स्नातकोत्तर हिन्दी विभाग, मानसगंगोत्तरी, मैसूर विश्वविद्यालय, पिन: 570006, (बीस से ज्यादा पुस्तकें कन्नड़ में और पाँच कन्नड़ से हिन्दी में लिखी हैं और दर्जनों कहानियाँ अनुवाद कर प्रसिद्ध लेखक बने हैं।)
4. रसिक पुत्तिगे, (यी० सुब्रमण्याचार्य) 2, क्रास एक्सटेंशन, चेन्नपट्टणा, पिन: 571501 (बीस से ज्यादा पुस्तकें और दर्जनों कहानियों का अनुवाद किया है।)
5. प्रधान गुरुदत्त, प्रवाचक, अनुवाद विभाग के अध्यक्ष, कन्नड़ अध्ययन संस्था, मैसूर विश्वविद्यालय, मानसगंगोत्तरी, पिन: 570006, (इन्होंने यशपाल के दस से अधिक उपन्यासों और कहानी, आलोचना, निबन्ध आदि की सैकड़ों रचनाओं का अनुवाद किया है।)
6. एम० वि० नागराजराव प्राध्यापक, सरकारी जूनियर कालेज, चिक्कनायकनहळ्ळि, तुमकूर डिस्टिक, कर्नाटक। (अमृत भटनागर के कई उपन्यासों और सैकड़ों कहानियों का अनुवाद प्रस्तुत किया है।)
7. सिध्दलिंग पट्टण शेट्टी, प्रवाचक हिन्दी, कर्नाटक कालेज, धारवाड। (मोहन राकेश की दर्जनों कहानियों का अनुवाद और कई दर्जन अन्य कहानियों का कन्नड़ में अनुवाद प्रस्तुत कर प्रसिद्ध हुए हैं।)

8. ए० एम० रामचन्द्र, प्रवक्ता हिन्दी, बी० एड० सरकारी हिन्दी अध्यापक, प्रशिक्षण कालेज, वसन्तमहल, मैसूर—570010, (हिन्दी में कई कन्नड़ ग्रन्थों का तथा हिन्दी से कई ग्रन्थों और कहानियों तथा हिन्दी के पाठ्यपुस्तकों का कन्नड़ में अनुवाद किया है.)
9. डा० एस० केशवमूर्ति, प्राध्यापक, क्षेत्रीय शिक्षा महाविद्यालय, मैसूर—570006, (कन्नड़ से हिन्दी और हिन्दी से कई ग्रन्थों तथा कहानियों का कन्नड़ में अनुवाद कर तथा हिन्दी में 40 से अधिक मौलिक ग्रन्थों की रचना करके प्रसिद्ध हुए हैं। 6 राष्ट्रीय पुरस्कार भी प्राप्त कर चुके हैं। सैकड़ों कार्यशिविर अहिन्दी अध्यापकों को हिन्दी पढ़ाने के लिये आयोजित किया है। सरकारी पाठ्यपुस्तकें लिखने के लिए कई कार्य शिबिर चलाये हैं।)
10. बि० वै० ललितांबा, रीडर, 811, 10वाँ मेयिन 'ए', प्रथम स्टेज, इंदिरा नगर, बेंगलूर—560038.
11. डॉ० एम० एस० कृष्णमूर्ति, प्रोफ़ेसर, हिन्दी स्नातकोत्तर विभाग, मानस गंगोत्री, मैसूर विश्वविद्यालय—570006, (अनुवाद तथा मौलिक लेखन, मैसूर साहित्य अकादमी पुरस्कार विजेता)
12. डॉ० दक्षिणामूर्ति, प्रोफसर, हिन्दी स्नातकोत्तर विभाग, मानसगंगोत्री, मैसूर विश्वविद्यालय—570006.
13. डॉ० रामचन्द्रस्वामी, अवकाश प्राप्त रीडर, सरकारी कालेज, बेंगलूर।
14. डॉ० वासु० बि० पुत्रन (कन्नड़ से हिन्दी में बहुत बढ़िया अनुवाद करते हैं।)
15. बी० आर० नारायण (कन्नड़ से हिन्दी अनुवाद करने में सिद्धहस्त हैं।)
16. श्री गुरानाथ जोशी (कन्नड़ से हिन्दी अनुवाद करने में अच्छी योग्यता रखते हैं।)
17. उमापति शास्त्री (कन्नड़ से हिन्दी में अच्छा अनुवाद करते हैं।)
18. डॉ० एम० राजेश्वरय्या, अवकाश प्राप्त प्रोफेसर, जयनगर रेलवेगेट के पास, मैसूर। (प्रधान गुरुदत्त के साथ मिलकर कई ग्रन्थों का अनुवाद किया है।)
9. प्रताप सुधाकर (हिन्दी से कन्नड़ में अनुवाद करते हैं।)
20. म० सु० कृष्णमूर्ति (हिन्दी से कन्नड़ में अनुवाद कार्य करते हैं।)
21. बल्लूर सुब्बराय अडिग (हिन्दी से कन्नड़ में अनुवाद करते हैं।)
22. बि० नं० चन्द्रय्या, मैसूर विश्वविद्यालय के कन्नड़ प्राध्यापक (कन्नड़ में अनुवाद करते हैं।)
23. रामलिंगय्या, मंगळूर (हिन्दी से कन्नड़ में अनुवाद करते हैं।)
24. के० आर० उडुप (हिन्दी से कन्नड़ में अनुवाद करते हैं।)
25. बि० एम० शर्मा, मंगळूर (हिन्दी से कन्नड़ में अनुवाद करने में सिद्धहस्त हैं।)

# मलयालम

## डॉ॰ एन॰ ई॰ विश्वनाथ अय्यर

भारत के प्रान्तों में सबसे छोटा और दक्षिणतम प्रान्त केरल है। यद्यपि यह विस्तार में छोटा है तो भी आबादी और शिक्षा के क्षेत्र में अन्य प्रान्तों की तुलना में काफ़ी आगे है। इस प्रान्त की मुख्य भाषा मलयालम है। दक्षिण केरल में तमिल और उत्तर केरल में कन्नड़ अल्पसंख्यकों की भाषा के रूप में व्यवहृत हैं। अन्य भाषाएँ भी हैं। मलयालम का साहित्य भी हिन्दी साहित्य की तरह करीब हज़ार वर्ष पुराना है। यह काफ़ी सशक्त रहा है। आधुनिक युग में तो इसकी बहुमुखी प्रगति हुई है। इस प्रगति का श्रेय एक हद तक अन्य भाषाओं की कृतियों के मलयालम अनुवाद को है। जैसे मलयालम के साहित्यप्रेमी अन्य भाषाओं की रचनाओं से आकृष्ट हुए वैसे ही मलयालम का साहित्य-सौष्ठव देख कर अन्य भारतीय भाषाओं में उसके अनुवाद का दौर चल पड़ा है। यह प्रवृत्ति प्रबल होती जा रही है। इस पृष्ठभूमि में मलयामम से हिन्दी में अनुवाद की सुविधाएँ एवं समस्याएँ भाषा-प्रेमियों के लिए विचारणीय हैं। यह बहुत गहरा व बारीक विषय एक बड़े ग्रन्थ में भी पूर्णतः चर्चित नहीं हो सकता। हम एक छोटे अध्याय में कुछ मोटी रेखाएँ ही खींच पायेंगे।

### लिप्यंतरण

आधुनिक भाषा-वैज्ञानिक कैटफोर्ड ने अनुवाद के कई पहलुओं पर प्रकाश डाला है। उनके मत में एक भाषा के शब्दों को अन्य भाषा की लिपि में लिप्यन्तरित करना भी अनुवाद का एक पहलू है। पहली नज़र में अनुवाद से लिप्यन्तरण का कोई नाता दिखाई नहीं पड़ता। मगर संज्ञा शब्दों—खासकर व्यक्तिवाचक संज्ञा शब्दों, सांस्कृतिक शब्दों को अन्य भाषा में लिप्यन्तरित रूप में ही प्रस्तुत करना पड़ता है। एक छोटा उदाहरण लीजिए :—'कोरन कोल्लत्तु पोयि।' (कोरन कोल्लम गया) इस वाक्य में कोरन और कोल्लम मलयालम शब्द हैं और व्यक्तिवाचक संज्ञाएँ भी। इनका अर्थानुवाद बेमतलब रहेगा। अतएव लिप्यन्तरण अनिवार्य होता है। इसलिए उसी की समस्या को पहले लेते हैं। मलयालम व हिन्दी में वर्णमाला प्रायः समान है। किंतु स्वरों में मलयालम में ह्रस्व ए, ह्रस्व ओ और संवृत का विशेष चिह्न

होता है। केन्द्रीय हिन्दी निदेशालय ने परिवर्धित नागरी वर्णमाला में इनका निर्वाह विशेष चिह्नों से बताया है—उदा :—रामनँ, औटुविल़ आदि। फिर भी बड़े पैमाने पर उपन्यास आदि लिखते समय भाषावैज्ञानिक चिह्न असंभव-सा होता है। वहाँ तो जानकारों का मार्गदर्शन ही संभव है।

व्यंजनो में ष, र, रर तीन द्राविड़ी व्यंजन हैं। इनके लिए परिवर्धित चिह्नों का उपयोग अनिवार्य तो है, लेकिन कहीं ष् की जगह ळ् लिखते हैं। शब्द :—र, रर का प्रयोग मुश्किल से किया जाता है।

## रूप एक, अर्थ अनेक

वर्णों के बाद हम शब्दों पर आते हैं। मलयालम ने संस्कृत भाषा से निःसंकोच शब्द लिये हैं। अतएव उसमें तत्सम शब्दों की भरमार है। तत्सम शब्दों के विषय में हिन्दी भी उसी कोटि की है। इसलिए तत्सम शब्दों का प्रयोग करते हुए अनुवाद सुगम होता है। इसमें दो बातों का ध्यान रखना पड़ता है। हिन्दी की सुन्दरता कहीं-कहीं उचित उर्दू शब्दों के प्रयोग से बढ़ती है। वहाँ तत्सम शब्द अच्छे नहीं लगते। दूसरे, कई प्रसंगों पर कुछ तत्सम शब्दों का अर्थ हिन्दी में कुछ रहता है, मलयालम में और कुछ। इस अर्थभेद के कई कारण हो सकते हैं। जो भी हो, इस अर्थभेद पर ध्यान दिये बिना अनुवाद कर डालने से अनर्थ हो सकता है। ऐसे अर्थ-भेद के कुछ नमूने :—

| तत्सम शब्द | मलयालम में अर्थ | हिन्दी में अर्थ |
|---|---|---|
| अतिशय | अचरज | विशेष, अत्यधिक |
| उग्र | सशक्त, बढ़िया | सशक्त |
| उद्योग | नौकरी | प्रयत्न |
| कल्याण | ब्याह | मंगल |
| धैर्य | हिम्मत | धीरज |
| चिन्ता | विचार | व्यथा |
| दाह | प्यास | जलाना |
| दीन | बीमारी, दीन | दीन |
| सन्तोष | खुशी | संतृप्ति |
| क्षेत्र | मन्दिर | अंचल |

हर भाषा की अलग-अलग सांस्कृतिक परम्परा होती है। उसके अनुसार उसके पास शब्द-सम्पदा रहती है। किसी अन्य भाषा में ऐसे शब्दों के पर्यायवाची नहीं मिल सकते। जैसे—कठपुतली, होली, करवा चौथ आदि शब्दों पर अन्य भाषा में टिप्पणी ही दी जा सकती है, वैसे ही मलयालम के ओणम, कथकलि, संबन्धम् आदि शब्दों की व्याख्या ही की जा सकती है।

## व्याकरण

शब्दावली पर अधिकार कर लेने पर भी उनका व्याकरणसम्मत प्रयोग करना अनुवादक के लिए बड़ी चुनौती रहता है। अन्य-भाषा-भाषी जब कोई भाषा इस्तेमाल करते हैं तब व्याकरणिक बातों में वे गलतियाँ कर डालते हैं, क्योंकि अयाचित रूप से मातृभाषा का प्रभाव उन पर छा जाता है। इसे अनुवाद-विज्ञान में व्याघात पुकारा जाता है। एक छोटे लेख में इस कोटि के सारे बिन्दु प्रस्तुत करना असंभव है। केवल दिग्दर्शन ही संभव है।

## संज्ञा

संज्ञा शब्दों के विषय में अनुवादक लिंग व कारक में बहक सकता है। मलयालम में तीन लिंगों की व्यवस्था रहने से निर्जीव वस्तुओं एवं अमूर्त भावों के बोधक शब्दों के लिए नपुंसक लिंग स्वीकार किया गया है। इनकी जगह पर हिन्दी में कहीं अर्थ के आधार पर, कहीं अंतिम प्रत्यय के आधार पर, कहीं अन्य भाषा की परम्परा के आधार पर—यों विविध प्रकार से लिंग की पहचान की जाती है। इस अंतर के कारण अनुवादक से, सावधानी बरतने पर भी, कभी-कभी चूक हो ही जाती है। किसी सरल अनुवाद कुशल ने कहा है कि "अनुवाद Customs house (चुंगी निरीक्षणालय) है जिससे कभी-कभी चतुर गलत शब्द चोरी-चोरी निकल जाते हैं।" लिंग की भूल को भी इसका उदाहरण बताना गलत नहीं होगा। दो चार उदा. :—

| **हिन्दी** | **मलयालम** |
|---|---|
| आत्मा (स्त्री) | आत्मा (पुं०) |
| संतान (स्त्री) | संतान (अलिंग) |
| विधि (स्त्री) | विधि (पुं०) |
| गुण (पुं०) | गुण (पुं०) |

## क्रिया

लिंग व्यवस्था की यह विषमता वाक्य-रचना के समय बड़े रोड़े अटकाती है। कारण यह है कि हिन्दी वाक्य-संरचना में क्रिया-शब्द लिंग व वचन में कर्ता वा कर्म (वाच्यानुसार) का अनुसरण करता है। मलयालम में सर्वत्र क्रिया स्वतन्त्र है, व्यावहारिक गद्य में लिंग-वचन का बन्धन नहीं है। काव्य और प्राचीन मलयालम में कहीं-कहीं यह मिले तो इसे अपवाद ही समझिए।

**उदाहरण**—

बालक पठिक्कुन्नु—बालक सीखता है।

बालन्मार पठिक्कुन्नु—बालक सीखते हैं।

बालिक पठिक्कुन्नु—बालिका सीखती है।

बालिकमार पठिक्कुन्नु— बालिकाएँ सीखती हैं।

मलयालम के प्रेमी अपनी भाषा की सरलता व सिधाई पर गर्व कर सकते हैं। हिन्दी प्रेमी अपनी भाषा की स्पष्टार्थता पर नाज कर सकते हैं। मगर अनुवादक की समस्या तो बढ़ ही जाती है।

## कारक

कारकों के प्रयोग की समस्या सचमुच अनुवादक को दुविधा में डालती है। मलयालम में द्राविड़ भाषा की पुरानी परम्परा से कुछ कारक प्रयोग चालू हैं। इन्हें बदलना ठीक नहीं माना गया है। संस्कृत के थोड़े से प्रयोग मलयालम में आ गये हैं। किन्तु आधुनिक युग में सारी अन्य भाषाओं की तरह मलयालम ने भी अंग्रेजी के कारक-प्रयोग बड़ी मात्रा में स्वीकार किये हैं। जहाँ दोनों भाषाओं में एक ही कारक सम्बन्ध हो वहाँ भी भाषा के मुहावरों के अनुसार प्रयोग बदलना है। उदाहरण—

मलः—ञांङळ ओरू पशुविने व ङिच्चु

(हमने एक गाय को खर्र दा)

हिः—हमने एक गाय खरीदी।

मलः—रमा कालेजिलेक्कु पोयि

(रमा कालेज को गयी)

हिः—रमा कालिज गई

मलः—कलक्टर कारिल वन्नु

(कलकटर मोटर गाड़ी में आये)

हिः—कलक्टर मोटर गाड़ी से आये।

कारकों की समस्या में सब से टेढ़ी 'ने' की है। हिन्दी भाषी के लिए 'ने' अगर खीर है तो हिन्दीतर भाषी के लिए वह करैला है। द्राविड़ भाषा के लिए यह अजनबी है। हिन्दी के कुछ भूलों से इसकी ममता है, दूसरों से यह घबराता है। ये सब बातें पहचानते हुए अनुवाद करना पड़ता है। जैसे आजकल सड़कों पर 'स्पीड-ब्रेकर' कदम-कदम पर गाड़ी-चालक को सावधान रहने को मजबूर करता है वैसे ही समझिए।

## अन्य शब्द भेद

क्रियाविशेषण व सम्बन्धबोधक अव्यय और विस्मयादिबोधक अव्यय के विषय में अतिरिक्त समस्या कम उठती है। चूँकि मलयालम प्रत्यय-प्रधान भाषा है इसलिए उसमें प्रत्यय जोड़ते-जोड़ते अनेक शब्दों की रचना कर सकते हैं। हिन्दी एक तो

विभक्तिप्रधान है। दूसरे अब समास से विश्लेषण की ओर भाषाओं की गति है। इसलिए सीधे मलयालम तत्सम शब्दों को हिन्दी में लिखते जाना ठीक नहीं है; भाषा के अनुकूल शब्दों का प्रयोग करना पड़ता है।

समुच्चयबोधक अव्ययों के विषय में मलयालम की संरचना हिन्दी की संरचना से भिन्न होती है। उदाहरणार्थ हिन्दी के 'और' शब्द के लिए मलयालम में 'उं' प्रत्यय का प्रयोग करते हैं, 'या' के लिए 'ओ' प्रत्यय। मलयालम में हर शब्द के साथ इनकी आवृत्ति होती है। पर हिन्दी में कुछ फरक है। उदाहरण :—

मल:—रामनुं लक्ष्मणनुं सीतयुं वनत्तिलेक्कु पोयि।

हि:—राम, लक्ष्मण और सीता वन गये।

मल:—नाम राविले काप्पियो चाययो कुटिक्कुन्नु।

हि:—हम सबेरे काफी या चाय पीते हैं।

## वाक्यगठन

शब्दों की रचना और वाक्य का गठन भाषा के मुख्य तत्व हैं। अतएव इनका उचित प्रयोग कर लेने से अनुवाद आसान हो जाता है। फिर भी हर भाषा की अपनी कुछ वाक्य-संरचनाएँ होती हैं। वे दूसरी भाषा में नहीं होतीं। उदाहरणार्थ मलयालम में कृदन्तों के प्रयोग से वाक्य सरल रहते हैं। हिन्दी में 'जो, वह', सर्वनाम और उन सर्वनामों से निप्पादित कई विशेषण व क्रिया-विशेषण होते हैं।

जो—जैसा, जैसे, जितना, जहाँ, जिधर, जब आदि।

वह—वैसा, वैसे, उतना, वहाँ, उधर, तब आदि।

मल:—अच्छन वरूपोळ राघवन पठिक्कुं।

शब्दानुवाद :—(पिता आते समय राघव पढ़ेगा)

हिन्दी :—जब पिता आते हैं तब राघवन सीखता है।
पिता के आने पर राघव सीखता है।

मलयालम :—उत्तर भारतत्तिल कथक प्रियमायप्पोळ केरलत्तिळ कथकळक्कु प्रचारं उण्डु।

शब्दानुवाद :—(उत्तर भारत में कथक प्रिय हुआ तो केरल में कथकलि का प्रचार है)

हिन्दी :—केरल में कथकलि लोकप्रिय है जबकि उत्तर भारत में कथक प्रिय रहा है।

मलयालम की वाक्य-संरचना में कर्तृवाच्य को वरीयता दी जाती है। यद्यपि हिन्दी में भी कर्मवाच्य को कम वरीयता दी जाती है तथापि हिन्दी में वह प्रचुर है। इसलिए हिन्दी की प्रवृत्ति के अनुसार इसे लिखना होता है।

**उदाहरण :—**

मल :—दीपावलिक्कु अवधि कोडुक्कुन्नु ।

(दीपावली को छुट्टी देते हैं ।)

हिन्दी :—दीपावली को छुट्टी दी जाती है

## 'कि' की कड़ी

मलयालम में परोक्षकथन के प्रसंग पर मिश्रित (Complex) वाक्य में मुख्य वाक्य बाद में आता है—अंग वाक्य पहले । लेकिन हिन्दी में पहले मुख्य वाक्य आता है, बाद में अंग वाक्य ।

**उदाहरण :—**

मल :—सिगरट बलिक्कस्तुँ एन्नु डाक्टर उपदेशिच्चु ।

(सिगरट फूँकना मत कि डाक्टर ने उपदेश दिया)

हिन्दी :—डाक्टर में उपदेश दिया कि सिगरट मत पीओ ।

कहने की जरूरत नहीं कि संरचना का यह अंतर अनुवादकों को कितनी सावधानी से अमल में लाना पड़ेगा ।

## मुहावरे व कहावतें

भाषा में शब्द और वाक्य अवश्य होते हैं । लेकिन भाषा की आत्मा उसके मुहावरों और कहावतों में मिलती है । ये मुहावरे और कहावतें अनेक स्रोतों से निकलती हैं और भाषा का अनिवार्य अंग बन जाती हैं । मुहावरे का शब्दार्थ कभी नीरस या बेतुका लग सकता है । पर पूरे मुहावरे का लक्ष्यार्थ या व्यंग्यार्थ प्रभावशाली होता है । इसी तरह कहावत में अर्थ के अलावा अनुप्रास का चमत्कार और कभी-कभी कोई रूढ़ि भी सम्मिलित होती है । इसे पहचानकर ही अनुवाद करना चाहिए । संभव है, मूल कहावत में जो रूढ़ि या भाव हो वह लक्ष्यभाषा के पाठक समाज के लिए अपरिचित हो । ऐसी दशा में कहावत के भाव से मिलते-जुलते भाव बतानेवाली लक्ष्यभाषा की कहावत से काम लेना चाहिए, बल्कि वही वांछनीय है । यदि लक्ष्यभाषा में ऐसी कहावत मिलनी कठिन है तो बिना कहावत के सामान्य ढंग से ही अनुवाद करना चाहिए । उदाहरण—

## मुहावरे

| मलयालम | शब्दार्थ | अर्थ |
|---|---|---|
| 1. चेण्डा कोट्टिक्कुक | बाजा बजवाना | उपहास कराना |
| 2. कुळं तोंडुक | तालाब खोदना | किसी को कंगाल बना देना |

| | | |
|---|---|---|
| 3. काट्टु केरूक | जंगल में घुसना | बहककर विषयांतर में घुसना |
| 4. मनप्पायसं कुटिक्कुक | मन का खीर पीना | हवाई किले बनाना |
| 5. तविडु पोटियाक्कुक | सानी चूर करना | चूर-चूर करना |

## कहावतें

| मलयालम | अर्थ |
|---|---|
| 1. अटियोळं नन्नल्ल अण्णन तंपि | भाई भी पिटाई के समान लाभकारी नहीं। |
| 2. कंण्डतेल्लां कोंडाल कोंडतेल्लां कटम | बिना सोचे सब कुछ खरीदते जावें तो सारी खरीद कर्ज बनेगी। |
| 3. मटियन मल चुमक्कुं | आलसी पहाड़ ढोता है। |
| 4. मुट्टत्ते मुल्लक्कु मणं इल्ला | आंगन की जुही में खुशबू नहीं होती। |
| 5. अच्चिक्किचि पक्षं नायक्कुं कोंचु पक्षं | पत्नी को अदरख पसन्द है तो पति को मछली चाहिए। |

## काव्यानुवाद

मलयालम से हिन्दी में अनुवाद करने के कुछ बुनियादी मुद्दों पर हमने अभी विचार किया है। साहित्य की विभिन्न विधाओं के अनुवाद में अलग-अलग सवाल उठ खड़े होते हैं। कविता के अनुवाद में मलयालम के द्राविड़ी छन्दों को हिन्दी के मात्रिक छन्दों में प्रस्तुत करना कठिन होता है। यद्यपि वार्णिक छन्द—खासकर संस्कृत छन्द दोनों भाषाओं के जानकारों के लिए परिचित हैं तो भी अब वार्णिक छन्दों की लोकप्रियता बहुत कम हो चली है। अतएव ज्यादातर मुक्तछन्द ही हिन्दी में पसन्द किया जाता है। द्राविड़ी संगीत मुक्त छन्द में लाना कठिन है। उपन्यास-कहानी के क्षेत्र में मलयालम की बोलियाँ और आँचलिक शब्दावली समस्या प्रस्तुत करती हैं। एक तो मलयालम-भाषी हिन्दी लेखक अधिकतर खड़ी बोली, सो भी साहित्यिक खड़ी बोली ही लिख पाता है। वह हिन्दी की बोलियाँ और आँचलिक शब्द कम जानता है। मलयालम बोलियाँ हिन्दी की बोलियों की तरह स्वतन्त्र अस्तित्व रखनेवाली विस्तृत बोलियाँ नहीं हैं। इन बोलियों में देशी शब्दावली, देशी मुहावरे आदि की अधिकता रहती है—इतना ही। फिर भी नंपूतिरि बोली, नायर बोली, मछुआ बोली, मुस्लिम बोली, ईसाई बोली आदि अनेक भेद हैं। इसी तरह दक्षिण की मलयालम, मध्य मलयालम, उत्तर की मलयालम आदि आँचलिक शैलियाँ होती हैं। ये सब केरल की बारीकियाँ हैं और

इनका मज़ा मलयालम भाषा में पढ़ते समय ही मिल सकता है। केरल के विभिन्न धर्मवालों व आँचलवालों की समानता हम हिन्दी प्रदेश के किन लोगों से करें ? यह टेढ़ा सवाल है। यही नहीं, हिन्दी प्रदेश में रहनेवाले लोगों के चिन्तन व रूढ़ियाँ केरलीयों के चिन्तन व रूढ़ियों से अलग हैं। इसके सामाजिक कारण होते हैं। हिन्दी अनुवाद के पाठकों को इन तथ्यों का ख्याल रखते हुए ही अनुवाद पढ़ना चाहिए। यह बात मलयालम ही नहीं, सारी द्राविड़ भाषाओं के विषय में लागू है। भौगोलिक, सांस्कृतिक और ऐतिहासिक कारणों से द्राविड़ भाषाओं से हिन्दी की जो दूरी है उसे मानकर ही चलना पड़ेगा। हाँ, हम प्रयत्न करके दूरी को पाटते जा रहे हैं। इस प्रयत्न में अनुवादक हिन्दी-भाषी सहयोगी से भी मदद ले तो उसका काम अधिक आसान हो जायेगा।

# अन्य

उर्दू
संस्कृत

# उर्दू से हिन्दी में अनुवाद की समस्याएँ

प्रोफेसर नज़ीर मुहम्मद

भारतीय संविधान की आठवीं अनुसूची में संविधान द्वारा स्वीकृत भाषाओं में तमिल सबसे प्राचीन प्रचलित भाषा और उर्दू सबसे नवीन प्रचलित भाषा है। भारतवर्ष में हिन्दी के अनन्तर बहु-प्रचलित भाषा उर्दू ही है। यह काश्मीर की राज्य-भाषा है। बिहार और उत्तर प्रदेश में द्वितीय राजभाषा के रूप में सम्मानित हो चुकी है। पंजाब और आन्ध्र में इसका प्रचलन है। साथ ही यह पश्चिमी पाकिस्तान की राष्ट्रभाषा भी है।

'उर्दू' मूलतः तुर्की भाषा का शब्द है जिसका अर्थ है सेना का पड़ाव, छावनी या लश्कर। अबुल फज़ल द्वारा लिखित 'आईन-ए-अकबरी' में उर्दू (छावनी) का विस्तृत वर्णन किया गया है। उस उर्दू (छावनी) में पत्थर के मकान और रंगीन कपड़े के तम्बू थे; अस्तबल, बाग़-बग़ीचे और दफ्तर थे। बादशाह-बेगमों और बच्चों के खेमे बीच में थे, इसके चारों कोनों पर चार उर्दू बाज़ार भी थे। इत्यादि। शाहजहाँ के समय में उर्दू का अर्थ छावनी से युक्त किला या कोट से था। मुअल्ला अरबी शब्द है जिसका अर्थ है: 'सबसे बढ़िया', 'शाही पड़ाव'। शाहजहाँ द्वारा दिल्ली में बनवाये गये किले का नाम उर्दू-ए-मुअल्ला (बड़ा किला) रखा गया था। लाल पत्थर का बना हुआ होने के कारण इसी को बाद में लोग 'लाल किला' कहने लगे।

उर्दू (छावनी) बाजारों में भारतीय व्यक्ति अरबी, फारसी, तुर्की बोलने वालों से और विदेशी व्यक्ति यहाँ के व्यक्तियों से एक दूसरे को अपनी बात समझाने के लिए ऐसी भाषा का प्रयोग करते होंगे जिसमें दिल्ली के आसपास की हरयाणी एवं खड़ी बोली तथा मध्यदेश में प्रचलित भाषा के साथ ही अरबी, फ़ारसी, तुर्की के शब्दों का भी प्रयोग हो।

इस प्रकार अपभ्रंश-पुत्री मध्यदेशीय जन-भाषा में अरबी, फ़ारसी के सम्मिश्रण से एक भाषा बनी जिसे स्थान उर्दू (छावनी) के नाम पर आगे चलकर उर्दू ज़बान कहा जाने लगा।

अरबी-फ़ारसी शब्दावली का बाहुल्य होने तथा इन भाषाओं के बोलने, लिखने वालों के द्वारा अधिक प्रयुक्त होने के कारण इसका व्याकरण अरबी-फ़ारसी के

आधार पर चला और इसे फारसी लिपि में लिखा जाने लगा।

मध्यकाल में फ़ारसी लिपि का इतना अधिक प्रचार हुआ कि हिन्दी भाषा के अनेक ग्रन्थ फ़ारसी लिपि में ही लिखे गये। मुल्लादाऊद, कुतुबन, मंझन, मलिक मुहम्मद जायसी आदि की प्रेम-गाथाएँ, अब्दुर्रहीम खानखाना की संस्कृत, हिन्दी रचनाएँ और तुलसीकृत 'रामचरितमानस' भी फ़ारसी लिपि में लिखे हुए प्राप्त होते हैं।

प्रारम्भ में फ़ारसी लिपि में लिखे होने पर भी समस्त साहित्य को 'हिन्दी' कहा गया। आतिश ने उर्दू के लिए हिन्दी शब्द का ही प्रयोग किया—

मतलब की मेरे यार न समझे तो क्या अजब
सब जानते हैं तुर्क की हिन्दी ज़बाँ नहीं।

इसी प्रकार भाषा के रूप में हिन्दी शब्द का प्रयोग करते हुए मीर तकी मीर ने कहा—

ना जानूं लोग कहते हैं किसको सरुरे कल्ब।
आया नहीं है लफ्ज़ यह हिन्दी ज़ुबाँ के बीच॥

फोर्ट विलियम कालेज की स्थापना के बाद हिन्दी उर्दू को दो अलग-अलग भाषाओं के रूप में स्थापित किया गया—

"इस प्रकार एक ही भाषा लिपि की भिन्नता के कारण हिन्दी और उर्दू कहाई और ज्यों-ज्यों समय बीतता गया हिन्दी का उर्दू रूप साधारण फ़ारसी से पुष्ट हुआ और अन्त में उर्दू बिलकुल जुदा भाषा ही बन गयी।"[1]

इसी तथ्य को प्रकाशित करते हुए 'सफ़ी लखनवी' ने कहा है—

फ़ारसी हिन्दी की आमेज़िश से है इसका वजूद
यादगारे इत्तिहादे अहले इस्लामे हिनूद।

एक ही स्रोत से निकलकर पली, बढ़ी उर्दू-हिन्दी भाषाओं में आज बहुत बड़ा अन्तर है। उर्दू अपनी बनावट, तड़क-भड़क, नाज़ो-अदा, व्याकरण और शैली में हिन्दी से दूर हो चुकी है। आसान उर्दू को बोलने, समझने में कठिनाई नहीं, लेकिन किताबी सख़्त उर्दू समझना हिन्दी के जानकारों के लिए कठिन हो गया है। इस दशा में उर्दू से हिन्दी में अनुवाद कार्य की आवश्यकता है।

संसार में इतनी भाषाएँ हैं कि सभी का ज्ञान प्रत्येक व्यक्ति को होना कठिन है। प्रत्येक भाषा में ज्ञान-विज्ञान की अनेक बातें तथा साहित्यिक अभिव्यक्तियों का समूह समाहित हो सकता है। इस प्रकार के ज्ञानभण्डार से लाभान्वित होने के लिए, अन्य भाषा के साहित्यिक सौन्दर्य से परिचय प्राप्त करने के लिए अपनी

1. पं० अम्बिका प्रसाद वाजपेयी—'हिन्दी पर फ़ारसी का प्रभाव', द्वितीय संस्करण, पृ० 71

भाषा में उस भाषा के साहित्य का अनुवाद बहुत सहायक है।

यह अनुवाद का युग है। भारत जैसे बहुभाषी देश में अनुवाद का महत्त्व अधिक है। विभिन्न भाषाओं से अनुवाद कार्य का उद्देश्य भाषा और साहित्य की समृद्धि के अतिरिक्त एक दूसरे को समझना तथा इस प्रकार के पारस्परिक अवबोध के सहारे एक दूसरे के अधिक निकट आना है।

धीरे-धीरे उर्दू लिपि के जानकारों की संख्या कम होती जा रही है, लेकिन उर्दू साहित्य का परिचय चाहने वालों की संख्या बढ़ती जा रही है। इस माँग की पूर्त्यर्थ आसान उर्दू की रचनाओं को तो लिपि-परिवर्तन करके प्रस्तुत किया जा सकता है। बहादुरशाह 'ज़फ़र' की इस प्रसिद्ध ग़ज़ल की कुछ पंक्तियाँ तो ऐसे ही देवनागरी में लिखी जा सकती हैं—

है कितना बदनसीब 'जफर' दफ़्न के लिए।<br>
दो गज़ जमीन मिल न सकी कूये यार में।

अनुवाद की मुख्य विशेषता है अनुवाद-सा न लगना। अनुवाद की यान्त्रिकता के कारण अक्सर पाठक ऊब जाते हैं। आधार भाषा के आशय को लक्ष्य भाषा में सरलतापूर्वक प्रस्तुत करने में ही अनुवादक की कुशलता है।

उर्दू की प्रसिद्ध पंक्तियाँ हैं—

इब्तिदाए इश्क में रोता है क्या।<br>
आगे-आगे देखिए होता है क्या।

वैसे तो सरल है लेकिन 'इब्तिदाए इश्क' पल्ले न पड़ता हो तो यों कर लीजिए—

प्रेम का प्रारम्भ है रोता है क्या ?<br>
आगे-आगे देखिए होता है क्या ?

अनुवाद को प्रायः बहुत सरल कार्य समझा जाता है। लेकिन यह भी चित्रकला, संगीतकला, शिक्षणकला की भाँति ही एक कला है। केवल दो भाषाओं के ज्ञान मात्र से कोई व्यक्ति सफल अनुवादक नहीं हो सकता। अनुवाद में रुचि रखने वाला व्यक्ति ही अभ्यास द्वारा अनुवाद-कार्य में निपुण हो सकता है। अनुवाद-कार्य के लिए दोनों भाषाओं के अच्छे ज्ञान के साथ ही दोनों भाषाओं की प्रवृत्ति, प्रकृति और संस्कृति का ज्ञान होना भी आवश्यक है। भाषा संस्कृति की भी सूचक होती है और वातावरण को भी चित्रित करती है। हम अभिवादन-प्रणाली पर ही ध्यान दें तो प्रतीत होता है कि राम-राम, जैराम जी की, जै श्रीकृष्ण, राधे-राधे में भगवन्नाम स्मरण करने-कराने का प्रयास है। नमस्कार में दूसरे के प्रति नमन भाव है। छोटों द्वारा नमस्कार कहे जाने पर बड़े-बूढ़ों द्वारा 'नमस्कार' का उत्तर नमस्कार से ही देना कभी-कभी अनुचित-सा प्रतीत होता है। प्रणाम में प्रणम्य-भाव है। दण्डवत् तो दण्ड के समान भूमि पर गिर कर अत्यन्त नम्रतापूर्वक विशिष्ट गुरुजनादि को प्रणाम करने की प्रणाली है। अरबी 'सलामोअलेकुम' का अर्थ 'तुम

पर सलामती (शान्ति, अमन, रक्षा, स्वास्थ्य) हो', होता है। इसका उत्तर 'वलेकुम अस्सलाम' का भाव 'तुम पर भी सलामती हो', है। इस प्रकार इसमें बड़े-छोटे की भावना नहीं। दोनों की एक दूसरे पर 'सलामती' होने की दुआ है। इसका अनुवाद केवल नमस्कार या प्रणाम ही उचित नहीं है। 'आदाब अर्ज़' फारसी शब्द में आदाब अदब का बहुवचन है, जिसका अर्थ है शिष्टता, आदर, सत्कार। 'अर्ज़' निवेदन, प्रार्थना के लिए है, 'शिष्टता के साथ निवेदन' करने की बात है। इसी प्रकार 'शब ख़ैर' में अरब ईरान के बियावान जंगल में ख़ैरियत से रात गुज़ारने की इल्तिजा है। 'हिलाले ईद' या 'ईद के चाँद' को देखने की ख़ुशी महीने भर रोज़ा रखने वाले मुसलमानों की आँखों से परखिए। 'ईद मुबारक' का सही अनुवाद भी उन्हीं को प्राप्त हो सकता है। केवल मुबारकबाद पेश करने की धुन रखने वाले 'मुहर्रम मुबारक' कहते हुए भी सुने गये हैं। न जानकार लोग ज़िन्दों, ज़वानों को भी 'निजात' हासिल करा देते हैं। उर्दू बोलने के जोश में खाना (भोजन) को भी ख़ाना (मकान) बोलते हैं। ग़रीबख़ाना, दौलत ख़ाना, मिज़ाज शरीफ़, नियाज़ मन्द, ख़ाकसार, तस्लीमात अर्ज़ आदि शब्द संस्कृति-विशेष के द्योतक हैं।

उर्दू के प्रतीक बिम्ब, मिथक, अन्तर्कथाएँ मिश्र, अरब या फारस से अधिक सम्बन्धित होने के कारण हिन्दी के अनुवादकों के लिए अधिक ध्यान देने योग्य हैं। यहाँ वीरों में रुस्तम और सुहराब का, प्रेमियों में लैला और कैस तथा शीरीं और फरहाद का, उदारता में हातिमताई का वर्णन है। सौन्दर्य में यूसुफ, वात्सल्य में याकूब, धनपतियों में कारूँ, न्यायकर्ताओं में नौशेरवाँ प्रसिद्ध हैं। पक्षियों में बुलबुल, कुमरी और हुमी, पुष्पों में नरगिस, सोसन, लाला तथा वंदना, माला और व्रत के लिए नमाज़, तस्वीह और रोज़ा है। अनुवादक को इस प्रकार की समस्त वस्तुओं का ज्ञान अपेक्षित है।

उर्दू भाषा में बहुत से शब्द ऐसे हैं जिनके लिखने में वर्तनी के थोड़े अन्तर से ही अर्थ में बहुत बड़ा अन्तर आ जाता है। इस प्रकार के शब्दों में से एक शब्द 'असीर' है।

इसकी वर्तनी और अर्थ निम्नलिखित रूप में है—

अ़सीर (ऐन, से, ये, रे) अ० पु०—धूलि, गर्द।

असीर (अलिफ, से, ये, रे) अ० पु०—उच्च, बुलन्द, अन्तरिक्ष, आकाश. ख़ालिस।

असीर (अलिफ, सीन, ये, रे) अ० वि०—बंदी, कैदी।

अ़सीर (ऐन, स्वाद, ये, रे) अ० पु०—निचोड़ा हुआ अरक़, अंगूर की मदिरा।

'असीर' शब्द की नज़ीर के साथ तुक मिल जाने के कारण मियाँ नज़ीर अकबराबादी ने अपनी नज़्मों के अंतिम पदों में इसे बहुत प्रयोग किया है—

आशिक कहो 'असीर' कहो आगरे का है।
बागो चमन के गुंचए गुल में न हो 'असीर' इत्यादि।

इस प्रकार के शब्दों का अनुवाद करते समय शुद्धता का ध्यान रखना आवश्यक है।

उर्दू भाषा की लिपि बिन्दु-बहुला निराली लिपि है। एक ही टेढ़ी-मेढ़ी, आड़ी, तिरछी रेखा के ऊपर नीचे अगल बग़ल एक दो तीन बिन्दु लगाकर उसके अधिकांश वर्णों की संरचना होती है। बे, पे, ते, से, जीम, चे, ख़े, ज़ाल, ज़े, शीन, ज्वाद, ज़ोइ, ग़ैन, फ़े, क़ाफ़, नून की रचना इसी प्रकार हुई है। इनमें से कुछ वर्णों की ध्वनियों के अक्षर हमारी देवनागरी वर्णमाला में नहीं हैं, जिनकी पूर्त्यर्थ हमें वर्णों के नीचे बिन्दुओं का प्रयोग करना आवश्यक है।

उर्दू भाषा के शब्दों की उच्चारणगत शुद्धता बनाये रखने के लिए नागरी लिपि में बिन्दुओं का प्रयोग आवश्यक है। फ़ारसी भाषा का शब्द कमर (कटि) अरबी भाषा के शब्द क़मर (चन्द्रमा) से भिन्नार्थवाचक होने के कारण क़मर जलालाबादी लिखते समय बिन्दु लगाने की आवश्यकता होगी। लेकिन बिन्दु लगाते समय भी वैज्ञानिकता का ध्यान रखना आवश्यक है। कहीं अनावश्यक रूप में बिन्दु न लग जाय अथवा अनुचित स्थान पर ही न लगा दिया जाय! अरबी विशेषण शब्द जलील (महान) के ज के नीचे यदि बिन्दु लगा दें तो अरबी विशेषण शब्द ज़लील बन जायेगा जिसका अर्थ हुआ नीच, पामर। इसी प्रकार मिज़ाज शब्द में अन्तिम ज के नीचे भी बिन्दु लगा देना भूल ही होगी। उर्दू से हिन्दी में लिप्यंतरण करने का सरल उपाय यह है कि मूल को सही शब्दों में लिखकर नीचे कठिन शब्दों के अर्थ दे दिए जायें। पिछले सत्तर-अस्सी वर्ष से यह कार्य हो भी रहा है और अनेक कवि और गद्यकारों की रचनाएँ देवनागरी में कठिन शब्दों के अर्थों के साथ प्रकाशित हुई हैं। कथा-साहित्य में प्रयुक्त उर्दू सरल सुबोध होती है। अधिक शब्दार्थ देने की भी आवश्यकता नहीं पड़ती। हिन्दी में 'ब' और 'व' के लिखने में अधिक ध्यान नहीं रखा जाता, लेकिन उर्दू में बे और वाउ में बहुत अन्तर है। फ़ारसी का एक शब्द है बाम। इसका अर्थ है अटारी। मंसूर के सूली पर चढ़ते समय का एक शेर प्रसिद्ध है—

चढ़ा मंसूर सूली पर पुकारा इश्कबाज़ों को।
ये उसके बाम (अटारी) का ज़ीना है आए जिसका जी चाहे।

लेकिन 'वाम' शब्द का अर्थ 'ऋण' होता है।

हिन्दी उर्दू के कुछ शब्दों को हम मिलते-जुलते शब्द कह सकते हैं, लेकिन उनका ग़लत प्रयोग हास्यास्पद स्थिति का कारण बन सकता है।

कुछ शब्द देखें :

| | |
|---|---|
| जवान (युवा) | ज़बान (भाषा, जिह्वा) |
| राज (राज्य) | राज़ (रहस्य) |
| ज़लाल (प्रताप, तेज़) | ज़लाल (पाप, गुनाह) |
| जंग (युद्ध) | ज़ंग (लोहे पीतल पर लगा मोरचा) |
| जरी (वीर, बहादुर) | ज़री (सोने-चाँदी के तारों से युक्त) |
| गज (हाथी) | गज़ (नाप) |
| ताज (मुकुट) | ताज़ (आक्रमण) |

दोनों भाषाओं के व्याकरण और शब्दावली का सही ज्ञान अपेक्षित है। अनुवाद की भाषा स्वच्छ और साधारण होनी चाहिए। अनुवाद आशय का हो, केवल शब्दों का न हो तो अधिक प्रभावोत्पादक बन सकता है।

साहित्य के अतिरिक्त अन्य विषयों के अनुवाद उर्दू से हिन्दी में करते समय दो प्रकार के व्यक्तियों की आवश्यकता है—एक तो उनकी जो इस विषय के विद्वान् हों। दूसरे, वे जो उर्दू की भाषिक एवं साहित्यिक विशेषताओं और उसके शब्द-कोश का पूर्ण ज्ञान रखते हुए हिन्दी में अनुवाद कर सकते हों।

उर्दू की कुछ रचनाएँ इतनी सरल और बोलचाल की भाषा में होती हैं कि उनका अनुवाद नहीं, लिप्यन्तर ही स्वाभाविक होता है :

आज हर सम्त भागते हैं लोग,
गोया चौराहा हो गये हैं लोग।
हर तरफ़ से मुड़े-तुड़े हैं लोग,
जाने कैसे टिके हुए हैं लोग।
अपनी पहचान भीड़ में खोकर,
ख़ुद को कमरों में ढूंढ़ते हैं लोग। (निज़ाम)

"उर्दू कविता के हिन्दी में लिप्यन्तर की प्रवृत्ति का मुख्य कारण उर्दू कविता के अनुवाद की कठिनता न होकर दोनों भाषाओं की प्रकृति में अनेक समान तत्त्वों का होना है। ये समान तत्त्व भाषा के बाह्य रूप और उसके काव्य दोनों से सम्बन्धित हैं। हिन्दी और उर्दू की अनेक संज्ञाएँ, क्रियाएँ, सर्वनाम, विशेषण, क्रिया-विशेषण, कारक चिह्न, मुहावरे, लोकोक्तियाँ और मिथक आदि समान हैं। दोनों भाषाओं के साहित्य में पेड़, पौधे, फूल, पत्ते और नदी, नाले समान हैं, दोनों के मौसम एक जैसे हैं और दोनों भाषाओं के पंछी भी एक जैसी बोली में बोलते हैं। तब ऐसा बहुत कम बच रहता है जिसके अनुवाद की जरूरत हो।"[1]

---

1. डा० सुधेश—उर्दू और हिन्दी के बीच आदान-प्रदान अनुवाद, अंक 65 से उद्धृत

# संस्कृत

## प्रो॰ विश्वनाथ शुक्ल

विश्वभाषाओं में भारत-यूरोपीय भाषा संस्कृत को ही यह प्रथम श्रेय-सौभाग्य प्राप्त है कि उसमें विश्व का प्राचीनतम ग्रन्थ 'ऋग्वेद' विद्यमान है। व्यापकता और विविधता की दृष्टि से भी सर्वाधिक प्राचीन साहित्य संस्कृत में उपलब्ध है। ज्योतिष सम्बन्धी आन्तरिक प्रमाणों के आधार पर विद्वानों ने संस्कृत भाषा का अस्तित्व अब से लगभग छह हजार वर्ष पूर्व अनुमानित किया है। इस प्रकार एक भाषा से दूसरी भाषा में अनुवाद-स्रोत भाषा के रूप में भी संस्कृत ही विश्व की प्रथम स्रोत-भाषा सिद्ध हो जाती है। संस्कृत भाषा और साहित्य आज दो रूपों में उपलब्ध है—वैदिक और लौकिक। इन दोनों ही रूपों में काल की कराल दंष्ट्राओं में अकूत सामग्री के कवलित हो जाने पर भी संस्कृत का विपुल-वाङ्मय अपने मूल और अनूदित रूप में आज भी विश्वमानव को श्रेय और प्रेय का मार्ग निर्देश कर रहा है। विश्व भाषाओं के स्तर पर और विशेषकर प्रायः सभी भारतीय भाषाओं की स्रोतस्विनी एवं अग्रजा के रूप में अनुवाद-मात्रा में भी संस्कृत ही सबसे समृद्ध भाषा है, जिससे विश्व की अनेक भाषाओं और भारत की सभी प्रादेशिक भाषाओं और अनेक उपभाषाओं में अनुवाद हुए हैं। वेद संहिताओं, ब्राह्मण आरण्यक, उपनिषदों, वाल्मीकि रामायण, महाभारत, उसके अन्तर्गत श्रीमद् भगवद् गीता, श्रीमद् भागवत आदि पुराण, पंचतंत्र, हितोपदेशादि नीतिकथा साहित्य, गीत गोविन्द आदि अद्भुत गीत काव्य, कादम्बरी जैसे विशिष्ट गद्यकाव्य और शाकुन्तलम जैसी कालजयी नाट्य कृतियों के अनुवाद भारतीय भाषाओं में बहुत पहले से होते रहे हैं। डा॰ वी॰ राघवन् ने ठीक ही कहा है कि "(भारत की) प्रादेशिक भाषाओं में उत्कृष्ट साहित्य के प्रथम ग्रंथ संस्कृत के अनुवाद मात्र थे। ये सभी भाषाएँ शब्दराशि, दार्शनिक एवं धार्मिक पृष्ठभूमि, विषयवस्तु और साहित्यिक शैलियों के लिए संस्कृत पर ही पूरी तरह आश्रित थीं।"[1] वस्तुतः भारत की प्रायः सभी भाषाओं में—और कुछ भाषाओं, जैसे गुजराती, मराठी, बंगला,

---

1. भारतीय साहित्य रत्नमाला, पृ॰ 811

तेलुगु और मलयालम में संस्कृत की बहुत सी भाषिक प्रवृत्तियाँ सहजात हैं। इसी अन्तःसम्बन्ध के कारण इन भाषाओं में संस्कृत से प्रभूत अनुवाद की प्रेरणा मिली है और आज भी वह परम्परा अक्षुण्ण है।

जिस चतुर्थ प्राकृत से अधिकतर आधुनिक भारतीय भाषाओं और राष्ट्रभाषा खड़ी बोली हिन्दी का विकास हुआ है, वह संस्कृत के निकट रही होगी, किन्तु उसके उदाहरण उपलब्ध नहीं और जो प्राचीन प्राकृत (पाली, अपभ्रंश) साहित्य में प्राप्त है, उससे हिन्दी का गठन मेल नहीं खाता। किन्तु संस्कृत से हिन्दी का बहुत मेल है। हिन्दी व्याकरण के आधार सम्बन्धी अन्तिम विचार-विमर्श और मौलिक शोध से हिन्दी के स्वरूप का सीधा सम्बन्ध संस्कृत से बताते हुए स्व० आचार्य किशोरीदास वाजपेयी के बहुचर्चित ग्रन्थ 'हिन्दी शब्दानुशासन' में संस्कृत विभक्तियों से ही हिन्दी विभक्तियों के विकास की तर्क-संगत स्थापना की गई है।[1]

संस्कृत और हिन्दी का यह विभक्तिगत सम्बन्ध अनुवाद में आधारभूत महत्व रखता है, यह बताने की आवश्यकता नहीं है।

दूसरी बात है संस्कृत और हिन्दी की कृन्दत क्रियाओं का प्रयोग-साम्य। इससे हमें संस्कृत से हिन्दी में अनुवाद एक सहज विकासक्रम जैसा लगता है। उदाहरणार्थ—

बालकः पाठशालां गत :।
(बालक पाठशाला (को) गया।)
बालिका गृहं गता।
(बालिका घर (को) गई।)
छात्रेण पाठः पठितः।
(छात्र ने पाठ पढ़ा।)
छात्रया पुस्तिका पठिता।
(छात्रा ने पुस्तिका पढ़ी।)

उपर्युक्त उदाहरणों से स्पष्ट है कि शब्द-साम्य और वाक्य विन्यास में यहाँ दोनों भाषाओं में कोई भेद नहीं है। हिन्दी कृन्दत क्रिया प्रधान भाषा है। इसी बात को लक्ष्य में रखकर काव्य मीमांसाकार राजशेखर (910 ई०) ने कहा था—'कृत्प्रिया उदीच्याः।' (उत्तर-पश्चिम प्रदेश के निवासी अपनी भाषा में कृदन्त प्रयोगों के प्रति अधिक रुचि रखते हैं।) संस्कृत में तिङन्त और कृदन्त दोनों प्रयोग चलते हैं, किन्तु संस्कृत कृदन्त प्रयोगों के साथ हिन्दी का मेल सहज रूप में बैठ जाता है।

---

1. किशोरीदास वाजपेयी, 'हिन्दी शब्दानुशासन', चतुर्थ सं०, 2045 वि० (लेखक का निवेदन) पृ० 3

संस्कृत से हिन्दी अनुवाद की सहजता के उक्त कुछ उदाहरणों से यह नहीं समझ लेना चाहिए कि हिन्दी संस्कृत की पूर्णतया अनुगामिनी है या कि दोनों की प्रकृति नितान्त सम है। दोनों की प्रकृति में ऐतिहासिक कालक्रम में महान् भेद भी उत्पन्न हुए हैं। लम्बे विकास काल में संस्कृत के हजारों प्रतिपादिकों से हिन्दी ने अपने प्रातिपदिक भी बनाए हैं और सिद्ध तत्सम शब्द भी ग्रहण किए हैं। संस्कृत विभक्तियों से वर्ण व्यय आदि व्यापारों से अपनी स्वतन्त्र विभक्तियाँ निर्मित की हैं। हिन्दी ने अपने अव्यय (जैसे ई—'कभी' में) तद्धितीय अव्यय (जहाँ, तहाँ, कहाँ आदि) स्वतन्त्र रूप से ढाले हैं। अतः संस्कृत से हिन्दी अनुवाद करते समय दोनों भाषाओं की प्रकृति-प्रत्यय सम्पदा का इदमित्थं ज्ञान अनुवादक के कार्य को शुद्धता और प्रामाणिकता प्रदान करता है।

संस्कृत भाषा की प्राचीनता ने उसे ज्ञान, विज्ञान, कला, धर्म, संस्कृति, दार्शनिक चिन्तन आदि का जो असीम-अपरिमित रिक्थ दिया है, उसी ने उसे अत्यन्त समृद्ध शब्दकोश और उतनी ही वैविध्यपूर्ण अभिव्यक्ति-सामर्थ्य भी दी है। संस्कृत को इस समस्त सम्पदा के स्वायत्तीकरण की बात तो दूर, अभी उसके अधिष्ठान और आयाम का ठीक-ठीक अनुमान भी नहीं हो सका है। अतः अनुवादक से अधिक से अधिक यही आशा की जा सकती है कि वह किसी एक विपय पर दृष्टि केन्द्रित करे। किन्तु किसी भी विषय की कृति के अनुवाद के जिए स्रोत-भाषा और लक्ष्य-भाषा की गहरी पकड़—शब्द-शक्ति, बागव्यवहार (मुहावरे) लोकोक्तियाँ, रूढ़ियाँ, सांस्कृतिक पृष्ठभूमि, इतिहास, भूगोल आदि का प्रामाणिक ज्ञान अनिवार्य हैं।

अनुवाद कार्य केवल शब्दकोश साध्य नहीं है। कोशगत शब्द के अनेक अर्थों में से अनुवादक तद्विषयक औचित्यपूर्ण तात्पर्य तब तक ग्रहण नहीं कर सकता जब तक उसे उस विषय-विशेष की शास्त्रीय शब्दावली का ठीक-ठीक ज्ञान न हो। संस्कृत में ऐसे विषयों की प्रचुरता के कारण अनुवाद की प्रामाणिकता के खतरे बहुत हैं। उदाहरणार्थ संस्कृत में संगीत का प्रचुर वाङ्मय है। इस वाङ्मय में संगीत के जो पारिभाषिक शब्द हैं, उनके यथार्थ ज्ञान के बिना किसी सामान्य हिन्दी भाषा भाषज्ञ से आप संगीत के किसी संस्कृत-ग्रन्थ के प्रामाणिक हिन्दी अनुवाद की आशा-अपेक्षा कैसे कर सकते हैं। संगीत के पारिभाषिक शब्दों, जैसे, अंश, अलंकार, अवनद्ध, आघात, उल्लंघन, औडव, षाडव, कोमल, तीव्र, त्रिक, न्यास, प्रबंध, सत्त्व आदि सहस्रावधि शब्दों को केवल शब्दकोश के बल पर कैसे समझा जा सकता है। इसी प्रकार कला, दर्शन और ज्ञान-विज्ञान के अनेक ऐसे क्षेत्र संस्कृत में हैं जिनके प्रामाणिक ज्ञान के लिए जीवनव्यापी कृच्छ्र साधना अपेक्षित है। इस दृष्टि से संस्कृत से अन्य भाषाओं में अनुवाद एक दुष्कर कार्य है।

यह तो रही संस्कृत की विशिष्ट ज्ञान विषयक कृतियों के अनुवाद की बात।

संस्कृत भाषा से सामान्यतया हिन्दी में अनुवाद के लिए भी संस्कृत की अपनी विशिष्ट कथनशैली को आत्मसात् करना होता है। कतिपय उदाहरण उपयुक्त होंगे—

1. अतिभूमि गतोऽस्यांनुरागः (इस (स्त्री) के प्रेम की सीमा ही नहीं रही। असीमितता के लिए 'अतिभूमि' शब्द का विशिष्ट प्रयोग)
2. सकलवचनानामविषयं तत्स्थानम् (उस स्थान का वर्णन नहीं हो सकता। अवर्णनीयता का बोध कराने के लिए 'अविषय' शब्द का विशिष्ट प्रयोग)
3. शृणुमे सावशेषं वचः (मेरी बात अन्त तक सुनो। अन्त तक के लिए 'सावशेष' शब्द का प्रयोग)
4. सयौवनपदवीमारूढ़ः (वह युवा हो गया।)
5. स महति जीवित संशये वर्तते (वह भारी मृत्यु-संकट में है।)
6. स वाच्यतां याति (वह दोषी बनता है।)
7. स्वगृहनिर्विशेषमत्रवस (अपने घर की भाँति यहाँ रहो।)
8. गात्राणामनीशोऽस्मि संवृतः (मेरा अपने अंगों पर भी वश नहीं रहा।)
9. आगमिष्यामि न चेदन्यत्व ार्यातिपातः (यदि और कोई काम न रहा तो आऊँगा।)
10. अलमन्यथा गृहीत्वा (ग़लत न समझो।)
11. केन वान्येन साधारणी करोमि दुःखम् (किस से अपने मन का दुःख बांटूं।)

इस प्रकार संस्कृत में अभिव्यक्ति के अगणित प्रकार हैं। इसीलिए साहित्यशास्त्र के आचार्यों ने 'असंख्येयाः खलु वागविसर्गाः' (अभिव्यक्ति के प्रकार संख्यातीत हैं।) जैसे अभिमत स्थिर किए हैं।

अभिव्यक्ति के ही प्रकारों में संस्कृत में नाम धातु के प्रयोग भी ध्यातव्य हैं— कुटीयति प्रासादे (वह महल में भी कुटी की तरह रहता है।) वह्निः जलायते (अग्नि जल का काम करती है।) सिंहः कुरंगायते (सिंह हिरन बन जाता है।) मृगः सिंहायते (हिरन सिंह बन जाता है।) आदि।

मुझे याद है, संस्कृत के विशिष्ट शब्द प्रयोगों से अनभिज्ञ एक संस्कृत एम० ए० अध्यापिका ने 'अर्धचन्द्रं दत्वा निष्कासितः' वाक्य का अनुवाद कक्षा में छात्रों को 'आधा चन्द्रमा देकर निकाल दिया गया' इस प्रकार लिखवा दिया था। कैसी हास्यास्पद बात है। 'अर्धचन्द्र देना' तो खुले हाथ से गर्दनिया देकर धकियाना है। यह संस्कृत का विशिष्ट शब्द प्रयोग जाने बिना अनुवाद कैसे शुद्ध होगा।

संस्कृत से हिन्दी में अनुवाद करते समय प्रथमादि विभक्तियों के कर्ता आदि विभिन्न कारकों में निश्चित प्रयोग तो ध्यातव्य हैं ही, संस्कृत की विशिष्ट प्रयोग शैली में प्रत्येक विभक्ति का भिन्न-भिन्न कारक में भी प्रयोग होता है। यद्यपि संज्ञा, सर्वनाम, विशेषण शब्दों की सात विभक्तियों में रूप योजना होती है, किन्तु

कारक तत्त्वतः वह शब्द-स्थिति है, जिसका क्रिया से सीधा सम्बन्ध होता है। इस दृष्टि से वाक्य में षष्ठी का क्रिया से कोई सम्बन्ध नहीं रहता। इसलिए षष्ठी तत्त्वतः विभक्ति श्रेणी में नहीं आती। षष्ठी का सम्बन्ध संज्ञा, सर्वनाम में सीमित रहता है। 'रामस्य सेवकः आगच्छति' इस वाक्य में 'रामस्य' में षष्ठी का सम्बन्ध 'सेवकः' से ही है, 'आगच्छति' क्रिया से नहीं। किन्तु प्रथमा से लेकर षष्ठी के अतिरिक्त सप्तमी तक सभी विभक्ति कारकों का सीधा सम्बन्ध क्रिया से रहता है—जैसे प्र० रामः पठति। द्वि० रामं स्मरामि। तृ० रामेण हतो बाली। चतु० रामाय नमोऽस्तु। पं० रामात् परं तत्त्वं न जाने। सप्त० रामे भक्तिर्भवतु। पाणिनि के सूत्र 'षष्ठी-शेषे' (2. 3. 50) से उन बातों को षष्ठी से बताया जाता है, जो अन्य विभक्तियों से नहीं बताई जा सकतीं। वास्तव में सम्बन्ध विशेष (जन्य-जनक कार्य-कारण, आदि) ही वे ज्ञातव्य-मन्तव्य हैं। कुछ शब्द विशेषों—जैसे 'हेतु' के साथ षष्ठी का प्रयोग (षष्ठी हेतु प्रयोगे—2. 3. 26) होता है, कार्यस्य हेतोः स नगरं गच्छति। (वह काम के लिए नगर को जाता है।) अन्य नियमों के अनुसार—तृतीया, पंचमी और षष्ठी के प्रयोग भी होते हैं, जैसे—'केन हेतुना,' कस्मात् हेतोः, कस्य हेतोः। 'निमित्त' शब्द और उसके समानार्थी 'कारण', 'हेतु', 'प्रयोजन' आदि शब्दों के साथ प्रयुक्त सर्वनाम में सभी विभक्तियों का प्रयोग हो सकता है—किं निमित्तम्, को हेतुः, किं प्रयोजनम् (प्र०) किं निमित्तम्, कं हेतुम्, किं प्रयोजनम् (द्वि०)केन निमित्तेन, केन हेतुना, केन प्रयोजनेन (तृ०) कस्मैनिमित्ताय, कस्मैहेतवे, कस्मैप्रयोजनाय (च०) कस्मात्निमित्तात्, कस्मात्हेतोः, कस्मात् प्रयोजनात् (पं०) कस्य निमित्तस्य, कस्यहेतोः, कस्य प्रयोजनस्य (षं) कस्मिन् निमित्ते, कस्मिन् हेतौ, कस्मिन् प्रयोजने (स०) किन्तु इन सभी प्रयोगों का अर्थ है—'किस लिए'। अनुवादक को यह तथ्य ज्ञात होना चाहिए।

संस्कृत में नामधातु के प्रयोगों का उल्लेख किया जा चुका है। णिजन्त (णिच् प्रत्ययान्त प्रेरणार्थक—चोरयति=चुरवाता है, रोधयति—रुकवाता है आदि) सन्नन्त(सन् प्रत्ययान्त—किसी कार्य को करने की इच्छा का बोध कराने वाली—जिगमषति - जाना चाहता है। जिघांसति=मारना चाहता है, आदि) यङ्न्त (यङ् प्रत्ययान्त—क्रिया को बार-बार या अधिक करने का बोध करानेवाली—नेनीयते=बार-बार ले जाता है, देदीयते=खूब देता है आदि) धातुओं के प्रयोगों के सम्यक् ज्ञान से अनुवाद की शुद्धता और प्रामाणिकता सिद्ध होती है। यङन्त में तो कुछ और भी अर्थों में प्रयोग विशेष हैं, जैसे—व्रज + यङ =वाव्रज्यते = कुटिलं व्रजति=टेढ़ा चलता है। आदि।

विश्व की अन्यतम वागविभूति महर्षि पाणिनि (500 ई० पूर्व और 400 ई० पूर्व के मध्य विद्यमान) ने अपने अद्वितीय विश्वविश्रुत व्याकरणग्रन्थ अष्टाध्यायी में संस्कृत भाषा के स्वरूप की जो वैज्ञानिक प्रतिष्ठा की थी, वह आज भी अक्षुण्ण

है। संस्कृत का प्रौढ़ और निर्विकल्प ज्ञान प्राप्त करने के लिए पाणिनीय व्याकरण का मनोयोगपूर्वक अध्ययन अनिवार्य है। संस्कृत से हिन्दी अथवा किसी भी भाषा में अनुवाद की वास्तविक क्षमता तो तभी प्राप्त हो सकती है। "यद्यपि बहुनाधीषे पठ पुत्र तथापि व्याकरणम्" जैसी उक्तियाँ इसीलिए प्रचलित हुईं। अस्तु।

इस प्रकरण में संस्कृत के विश्वविश्रुत-लोकप्रिय ग्रंथ 'पंचतंत्र' (विष्णु शर्मा द्वारा संकलित) आदि की कतिपय पंक्तियों के हिन्दी अनुवाद से पल्लवित करना उपादेय होगा। प्रयत्न यह है कि अनुवाद सुबोध, शुद्ध हो और मूल वस्तु के निकटतम पहुँच सके। उसमें ऐसा प्रवाह हो कि मूल रचना का सा आनन्द अनुभव हो। कोई शब्द अननूदित न रहे किन्तु मक्षिका स्थाने मक्षिका वाली दृष्टि न रख कर मूल की आत्मा और भाव पर सजग दृष्टि रहे। मूल गद्यांश निम्नांकित है—

'अस्ति दाक्षिणात्ये जनपदे महिलारोप्यं नाम नगरम्। तत्र सकलार्थिकल्पद्रुमः प्रवरमुकुटमणि मरीचिमञ्जरीचर्चितचरणयुगलः सकलकलापारंगतोऽमरशक्तिर्नाम राजा बभूव। तस्य त्रयः पुत्राः परम दुर्मेधसो बहुशक्तिरुग्रशक्तिरनन्तशक्तिश्चेति नामानो बभूवुः। अथ राजा ताञ्शास्त्र-विमुखानालोक्य सचिवानाहूय प्रोवाच— भोः, ज्ञातमेतद्भवद्भिर्यन्ममैते पुत्राः शास्त्रविमुखा विवेकरहिताश्च। तदेतान्पश्यतो मे महदपि राज्यं न सौख्यमावहति'।

(पंचतंत्र, कथामुख)

**हिन्दी अनुवाद** : 'दाक्षिणात्य प्रदेश में महिलारोप्य नामक एक नगर है। वहाँ अमरशक्ति नामक राजा राज्य करता था, जो समस्त कलाओं में पारंगत था। वह समस्त याचकों के लिए कल्प वृक्ष के समान था। श्रेष्ठ जनों के मुकुटों की मणियों से निकलनेवाली किरणों के समूह उसके चरणों को छूते थे। उसके तीन पुत्र थे, जिनके नाम थे, बहुशक्ति, उग्रशक्ति और अनन्तशक्ति। वे तीनों अत्यंत मंद बुद्धि और मूर्ख थे। अपने पुत्रों के शास्त्र-विमुख होने के कारण राजा बहुत दुःखी था। एक दिन उसने अपने मन्त्रियों को बुलाकर कहा, हे मंत्रियो, आप सब जानते हैं कि मेरे ये पुत्र शास्त्रों से विमुख और अविवेकी हैं। इनकी यह दशा देख कर इतने बड़े राज्य के भोग से भी मुझे कोई सुख नहीं प्राप्त होता है।

इस संस्कृत प्रघट्टक के हिन्दी अनुवाद में लक्ष्य करने की बात यह है कि 'तत्र' से आरम्भ तथा 'बभूव' पर अन्त होने वाले समासप्रधान, विशेषण युक्त, अलंकृत एक लम्बे वाक्य का अनुवाद तीन पृथक्-पृथक् वाक्यों में किया गया है। इस वाक्य के कथ्य के क्रम को भी कहानी कहने की शैली में स्वाभाविकता पर ध्यान रखते हुए बदल दिया गया है। इसी शृंखला में संस्कृत से हिन्दी अनुवाद का एक और उदाहरण लें—

तद्यथा पुरुषस्य धनं यत् किंचिद् धर्मौपयिकं बहुकृच्छाधिगतं साक्षात्परमपुरुषाराधनलक्षणो योऽसौ धर्मस्तं तु सांपराय उदाहरन्ति। तद् धर्म्यं धनं दर्शन-

स्पर्शनश्रवणास्वादनावघ्राण-संकल्पव्यवसायगृहग्राम्योपभोगेन कुनाथस्याजितात्मनो यथा सार्थस्य तथाजितात्मनो विलुम्पन्ति' ॥

(श्रीमद्भागवत 5-14-2, भवाटवी का तात्पर्य कथन)

**हिन्दी अनुवाद :** "मनुष्य का सत्कर्म उसके पवित्र धन के समान है। इसका उपयोग साक्षात् परम पुरुष परमेश्वर की निष्काम आराधना के रूप में होना चाहिए। सत्कर्म रूपी धन परलोक में परम निःश्रेयस का हेतु बताया गया है। किन्तु अत्यंत कष्ट से प्राप्त इस सत्कर्म रूपी धन को अजितेन्द्रिय पुरुष की इन्द्रियाँ विषय भोगों में फँसा कर नष्ट कर देती हैं। ये इंद्रियाँ छह हैं—शब्द, स्पर्श, रूप, रस, गंध को ग्रहण करने वाली पाँच ज्ञानेन्द्रियाँ और संकल्प-विकल्प-निश्चय करने वाला छठा मन। यह ठीक वैसे ही है, जैसे उस असावधान व्यापारी के बड़े कष्ट से उपार्जित धर्मोपयोगी धन को लुटेरे लूट लेते हैं, जिसका तथाकथित रक्षक दुष्ट और प्रमादी है।"

इस उदाहरण से स्पष्ट होता है कि संस्कृत की तत्त्वज्ञानमयी संक्षिप्त, समासशैली को आत्मसात् करके हिन्दी की व्यासशैली में पृथक् छोटे-छोटे वाक्यों द्वारा अनुवाद करना ही समीचीन वैज्ञानिक पद्धति है। इसी प्रकार संस्कृतगद्य की श्लिष्ट, अलंकृत, दीर्घ समासयुक्त 'वासवदत्ता'(सुबन्धु), 'दशकुमारचरित' (दण्डी) 'हर्षचरित', 'कादम्बरी', (बाणभट्ट) 'शिवराजविजय' (अम्बिकादत्त व्यास) जैसी रचनाओं के हिन्दी अनुवाद में भी मूल भावों को आत्मसात् कर पृथक् छोटे वाक्यों का प्रयोग उचित होगा।

परिशिष्ट

# लेखक-परिचय

**असमियां** : डा० रमानाथ त्रिपाठी

असमिया, बंगला, हिन्दी के विद्वान, हिन्दी विभाग, दिल्ली विश्वविद्यालय, दिल्ली

**संपर्क** : 26, वैशाली, पीतमपुरा, दिल्ली- 10034

**उड़िया** : डा० शंकर लाल पुरोहित

उड़िया, हिन्दी के समर्थ लेखक

**संपर्क** : D-35, B. J. B. Flats भुवनेश्वर-14, 751014 (उड़ीसा)

**उर्दू** : डा० नजीर मुहम्मद

संस्कृत, हिन्दी, उर्दू के विद्वान, पू० प्रोफ़ेसर तथा अध्यक्ष, हिन्दी विभाग, अलीगढ़ मु० विश्वविद्यालय, अलीगढ़

**संपर्क** : राहतकदा, डिग्गी रोड, अलीगढ़-202001 (उत्तर प्रदेश)

**कन्नड़** : डा० एस० केशवमूर्ति

क्षेत्रीय शिक्षा महाविद्यालय, मैसूर-570006 (कर्नाटक)

कन्नड़, हिन्दी के सुप्रसिद्ध लेखक

**संपर्क** : 401, A & B Block, Kvempunagar, Mysore 23

**कश्मीरी** : डा० ओंकारनाथ कौल

कश्मीरी, हिन्दी के विद्वान, पू० प्रिंसपल, उत्तरीकेन्द्र, भारतीय भाषा संस्थान, पटियाला

**संपर्क** : प्रोफ़ेसर, हिन्दी तथा प्रादेशिक भाषाएं ल० ब० शास्त्री राष्ट्रीय प्रशासन अकादमी, मसूरी 248179 (उत्तर प्रदेश)

**कोंकणी** : डा० एल० सुनीता बाई
कोंकणी, मलयालम, हिन्दी की विदुषी
**संपर्क** : प्रोफ़ेसर, हिन्दी विभाग, विज्ञान तथा प्रौद्योगिकी विश्वविद्यालय, कोचीन (Kochin) 682022 (केरल)

**गुजराती** : श्री कालिदास त्रिवेदी
गुज़राती, संस्कृत, हिन्दी के विद्वान्
**संपर्क** : नियामक, भाषा, गुजरात सरकार, जीवराज महेता भवन, गांधीनगर-382010 (गुजरात)

**डोगरी** डा० वीणा गुप्त
डोगरी, हिन्दी की विदुषी
**संपर्क** : रीडर, डोगरी विभाग, जम्मू विश्वविद्यालय, जम्मू (जम्मू-कश्मीर)

**तमिल** : श्री र० शौरि राजन
तमिल, हिन्दी के वरिष्ठ लेखक
**संपर्क** : A. P. 293, 41st Street, 8th Sector, K. K. Nagar, Madras-78 (मद्रास 600078, तमिलनाडु)

**तेलुगु** डा० बालशौरि रेड्डी
तेलुगु, हिन्दी के सुप्रसिद्ध लेखक
**संपर्क** : निदेशक, भारतीय भाषा परिषद, 36ए, शेक्सपियर सरणि कलकत्ता-700017

**नेपाली** डा० घनश्याम नेपाल
नेपाली, हिन्दी के मान्य अध्यापक
**संपर्क** : रीडर (नेपाली), भारतीय भाषा विभाग, बनारस हिन्दू विश्वविद्यालय, वाराणसी-221005 (उत्तर प्रदेश)

**पंजाबी** कु० रचना
भाषाविदुषी, हिन्दी, पंजाबी की लेखिका
**संपर्क** : भारती नगर, मैरिस रोड, अलीगढ़ 202001

**बंगला** : डा० इन्द्रनाथ चौधुरी
हिन्दी, बंगला के विशिष्ट विद्वान, पू० प्रोफ़ेसर, स्नातकोत्तर तथा शोध विभाग, दक्षिण भारत हिन्दी प्रचार सभा, हैदराबाद
**संपर्क** : सचिव, साहित्य अकादमी, रवीन्द्र भवन, फीरोजशाह रोड, नई दिल्ली-110001

**मणिपुरी** : डा० जगमल सिंह
हिन्दी, मणिपुरी के वरिष्ठ अध्यापक
**संपर्क** : प्रोफ़ेसर, हिन्दी विभाग, मणिपुर विश्वविद्यालय, कांचीपुर, इम्फाल (मणिपुर)

**मराठी** : डा० प्रभाकर आ० ताकवले
मराठी, हिन्दी के मान्य लेखक
**संपर्क** : 15/206 लोकमान्य नगर, पुणें-411030 (महाराष्ट्र)

**मलयालम** : डा० एन० ई० विश्वनाथ अय्यर
मलयालम, हिन्दी के मान्य विद्वान् लेखक
पू० प्रोफ़ेसर तथा अध्यक्ष, हिन्दी विभाग, कोचीन विश्वविद्यालय
**संपर्क** : कालेज लेन, त्रिवेन्द्रम (केरल)

**संस्कृत** : डा० विश्वनाथ शुक्ल
संस्कृत, हिन्दी के प्रकांड पंडित, पू० प्रोफ़ेसर तथा अध्यक्ष, हिन्दी विभाग, अ० मु० विश्वविद्यालय
**संपर्क** : भारती नगर, मैरिस रोड, अलीगढ़-202001 (उ० प्र०)

**सिंधी** : डा० मुरलीधर के० जेतली
सिंधी, हिन्दी के विशिष्ट विद्वान लेखक, सिंधी उपविभाग, भारतीय भाषा विभाग, दिल्ली विश्वविद्यालय
**संपर्क** : डी-127, विवेक विहार, दिल्ली-110095